O tapete voador

O tapete voador

cristiane Sobral

Copyright © Cristiane Sobral, 2016.
Todos os direitos reservados.
ISBN 978-85-92736-04-0

Projeto gráfico: BR75 texto | design | produção
Seleção e organização: Vagner Amaro e Cristiane Sobral
Imagem de capa: Adaptação realizada pela BR75 da obra "Odara", de Muha Bazila.
Revisão: Léia Coelho

Texto revisado segundo o novo Acordo Ortográfico da Língua Portuguesa. Proibida a reprodução, no todo, ou em parte, através de quaisquer meios.

Dados internacionais de catalogação na publicação (CIP)
Vagner Amaro CRB—7/5224

S677t   Sobral, Cristiane

O tapete voador/ Cristiane Sobral. – Rio de Janeiro: Malê, 2016. 100 p.; 21 cm.

ISBN 978-85-92736-04-0

1. Contos brasileiros. II. Título

CDD – B869.301

Índice para catálogo sistemático:
1. Conto brasileiro

2016
Todos os direitos reservados à Malê Editora e Produtora Cultural Ltda. www.editoramale.com.br
contato@editoramale.com.br

Sumário

07
O tapete voador

13
Vox mulher

17
Bife com batata frita

23
A discórdia do meio

27
Elevador a serviço

31
Nkala: um relato de bravura

37
Pixaim

43
O limpador de janelas

47
A samambaia

51
Lélio

57
Olga

63
Lulília

65
Afrodisíaco

69
O galo preto

75
Memórias

79
Flor

81
Espelhos negros

89
Metamorfose

95
Renascença

O tapete voador

Todo mundo tem a oportunidade de se reinventar a partir de um momento de crise. No caso da Bárbara, tudo aconteceu quando estava trabalhando e conseguindo ótimos resultados. Era estimada pela equipe, tudo estava caminhando para o êxito. A moça estava tão empolgada que fez uma carta pedindo o apoio da empresa para começar um curso de pós-graduação. De um dia para o outro, foi convocada pelo presidente da empresa. Do jeito que as coisas aconteceram, pensou, *quem sabe não recebo uma promoção, seria ótimo, crescimento profissional, um salário melhor...*

Eis que chegara o dia da esperada audiência. Enquanto aguardava na sala de espera do gabinete da presidência, observava os móveis, a decoração, tudo um tanto antiquado, em sua opinião, mas de excelente qualidade. Sua reflexão foi subitamente interrompida pela secretária do presidente, que perguntou se preferia chá ou café. Estava a saborear o chá escolhido quando pensou sobre a incrível experiência de nesta altura da vida, *ser servida por alguém.* Ela, filha de empregada doméstica e porteiro, criada para trabalhar, e trabalhar pesado, tinha orgulho de ter conquistado, naquela renomada empresa, um ofício importante, pois era uma das funcionárias mais requisitadas da assessoria de comunicação.

Divagações íntimas enquanto aguardava confortavelmente assentada a flertar com a sua imagem refletida no espelho na mesa de centro. Era vaidosa, experimentava ao máximo as possibilidades do seu cabelo afro, com presilhas, turbantes, prendedores, faixas, enfim, tudo que pudesse iluminar e exaltar a sua identidade. Nesse dia, especialmente, fizera um penteado trançado, com desenhos adornando a cabeça inteira, como uma preciosa moldura. Foi interrompida pelo som alto dos saltos dos sapatos da secretária, cuja imagem invadiu a sala, com a urgência das secretárias dos grandes escritórios:

— Boa tarde, senhorita Bárbara, por favor, queira me acompanhar. O presidente vai recebê-la daqui a pouco.

Entrar no gabinete do presidente era vislumbrar um território estranho, nunca antes imaginado. Mas ora, *o escritório era como são os escritórios!* No centro da sala havia uma mesa enorme, repleta de papéis, jornais do dia, revistas, muitos cartões de visita, embalagens de presentes ainda fechadas e canetas finas. Ah, uma caixa de charutos. Ainda uma pasta de despachos no centro da mesa, com demandas a transbordar em formato de papéis diversos.

O presidente era um homem muito ocupado. Bárbara sentou na cadeira indicada pela secretária. Era um local onde cada um devia saber o seu lugar. Ansiosa, mexia os dedos das mãos, acariciando a aliança de compromisso que usava. Distraída, perdeu a chegada rápida do presidente. Surpresa, Bárbara levantou bruscamente. Não estava sonhando. Estava surpresa! O presidente era um homem negro! Um negro na presidência daquela multinacional! Nunca havia visto fotos do presidente, pois só falava por meio do seu port-voz, e ele não costumava comparecer aos eventos sociais, devido a impedimentos de agenda. O presidente era tão importante que fazia questão de ser invisível, intocável. Bárbara estava atônita! Com gestos precisos, ele estendeu a mão negra, que saltou ágil, da beirada da manga do terno branco impecável, muito bem cortado:

— Obrigado por ter atendido ao meu convite. Seja bem-vinda. Fique à vontade, prometo ser breve, seu tempo deve ser tão precioso quanto o meu. Você é sem dúvida um grande talento desta empresa. Em primeiro lugar, peço que o assunto aqui tratado fique entre nós. Admiro a sua dedicação e o seu profissionalismo, acredito no seu potencial, por isso vou tentar tecer alguns comentários que poderão ser fundamentais à sua ascensão profissional. Em primeiro lugar, quero fazer alguns esclarecimentos: vivemos em um país que desperdiça muitos talentos, você sabe. Por isso saiba que você tem um excelente emprego nesta instituição, muitos gostariam de ocupar o seu lugar.

O presidente fez uma pausa para diminuir ainda mais a temperatura do ar-condicionado, já bastante frio, o que fez com que a sala reproduzisse uma atmosfera climática um tanto europeia.

— Eu confesso que aprendi a duras penas o que é preciso para crescer aqui. Creio que devo alertá-la. Sobre a sua carta, bem, eu entendo o seu desejo de querer estudar. Você de fato chegou longe considerando a maioria negra deste país, deve se orgulhar! Veja o caso das mulheres negras então! Você é dona de uma trajetória ímpar.

Bárbara estava ficando confusa. Onde aquela conversa iria parar?

— Entretanto, há outras coisas que você deve aperfeiçoar. O seu *marketing* pessoal, por exemplo. Não me leve a mal, mas já temos bons produtos para minimizar acidentes genéticos desagradáveis, como o cabelo do negro. É um dos seus defeitos. Seu cabelo é péssimo. Mas não se aflija com isso, eu posso ajudar. Costumo viajar para o exterior e minha esposa poderá trazer ótimos cosméticos, sem nenhum incômodo. Nem vai ser preciso agradecer. Entenda esse gesto como um investimento nos recursos humanos da empresa. A cor não precisa ser um fardo para os mais desenvolvidos. Vou fazer a minha parte, mas prometa que não vai deixar a sua negritude assim tão evidente. É possível sim, sua pele não é tão escura, poderá ser facilmente disfarçada. Você só precisa de alguns esclarecimentos...tem um futuro brilhante, alvíssimo, sem dúvida.

O Presidente acendeu um charuto. Fumou em silêncio. Fez uma pausa dramática.

— Desculpe. Com o passar do tempo estou tendo alguns "brancos", cada vez mais frequentes... São instantes de paz.

A moça estava imóvel.

— Mais uma dica. Você precisa aprender a jogar conforme as regras. Para que insistir em ser negra em um país racista? Quanto menos você declarar a sua negritude, melhor. Veja, por exemplo, o caso de alguns negros bem-sucedidos. A sociedade deu uma oportunidade de crescimento a eles e eles retribuíram, casando com mulheres distintas, brancas, recatadas, exímias donas de casa, puras, com bons genes, para que o futuro seja melhor, sem esses defeitos de cor. Digo isso porque fiquei sabendo que você tem um namorado negro. Desculpe invadir a sua privacidade, mas isso é um atraso! Vai levar você para um mundo degradado! O mundo dos alcoólatras, dos vagabundos, dos criminosos. Mas eu entendo você. Também já fui negro um dia. Numa fase dolorosa, que procuro esquecer, aliás, pago um ótimo terapeuta alemão, que tem reformulado a minha autoimagem. Tenho dinheiro suficiente para estar acima de qualquer suspeita. Sou a prova de que o racismo não existe para aqueles que sabem se misturar à paisagem, como os camaleões. Quem olha para mim, hoje, nunca vai dizer que sou negro, é digamos, apenas um detalhe biológico. Entendeu o meu ponto de vista? Não sou negro, somos todos iguais, vivemos em uma democracia racial, onde todos os que se esforçam podem vencer. Se não venceram, é porque ainda não se esforçaram o suficiente.

    O telefone tocou. Era a secretária. Ele disse que aguardasse dez minutos, já estava no fim. Bárbara estava sem ação. Não conseguia controlar as lágrimas a escorrer pelo rosto aflito. O presidente ofereceu um lenço branco, ela recusou. Deixou que as lágrimas trouxessem alguns escurecimentos à tona e limpassem as imagens de terror que embaçavam a sua visão. Ela estava lívida após aquela sessão de *afropessimismo* e tentativa de lavagem cerebral. Estava com as pernas trêmulas, quase sem chão, prestes a desmoronar em suas convicções. Mas levantou decidida, firme em suas certezas.

    — Veja Senhor Presidente, eu sou negra. Negra! Quando acordo, quando durmo, quando amo, quando trabalho. Eu sou apaixonada por um homem negro e sonho em ter filhos negros um dia. Jamais poderei deixar de ser o que sou. Agradeço pela oportunidade, mas não posso corresponder à expectativa desta empresa. Eu me demito.

Bárbara retirou o crachá da empresa e deixou sobre a mesa do chefe.

Ele ainda tentou argumentar, dizendo que ela iria se arrepender, mas ela não deu ouvidos. Saiu sem olhar para trás.

Os próximos passos não foram fáceis. Para não cair, teve que aprender a caminhar, a triturar todos os problemas diante dos seus pés. Tudo ficou muito óbvio a partir de então. Foi conquistando oportunidades, desbravando trilhas de afirmação da sua identidade, sempre resistindo às tentações enganosas do embranquecimento. Quando o Presidente puxou o seu tapete, Bárbara aprendeu a voar.

Vox mulher

Estou aqui ansiosa esperando. O tempo é uma entidade, não consigo entender. Confesso que já estou meio cansada de esperar. Sinto que todas as mulheres esperam. No nosso último encontro, você parecia meio confuso. Será que você é mais um daqueles que não conseguem entender o que as mulheres desejam? Eu, por exemplo, nesta tarde chuvosa, gostaria de receber um beijo. Um daqueles beijos que podem expulsar a monotonia e desafiar o mau humor das segundas-feiras. Ah, seria ótimo se o beijo chegasse via Sedex, colado com papel de seda, em fita durex e com seu cheiro grudado. Gostaria de desfilar em praça pública com meu ímã de boca escancarado e com todos aqueles bilhetes de declaração de amor que você me fez, ali, anexados. Para que ser discreta. A vida é curta, louca, e logo ficamos menos excitados, envolvidos e apaixonados, nesta eterna roda viva dos amores, neste universo inegavelmente infinito e provisório...

Não sei se causei má impressão, posso ter parecido estranha, porque costumo usar saias longas com meia calça grossa, não mostro minhas pernas a qualquer um... Sei lá, é mania mesmo. O que ninguém sabe é que sempre torci para que um dia, com o meu consentimento, arrancassem minha saia e rasgassem minhas meias. Sempre sonhei com alguém que rompesse os meus muros, me descabelasse em praça pública, me livrasse do tédio.

Um dos meus artifícios para mudar o estado das coisas é mudar a aparência, principalmente os cabelos. Cortei os cabelos ontem. Será que ele percebeu? Cansei da minha imagem alisada. Ficou bom. Eu estou me sentindo ótima, mais negra, mais viva. Tenho que confessar, não resisti, flertei deliberadamente com o cabeleireiro, um jovem precocemente calvo, mas muito orgulhoso, pois dizia que a calvície é típica dos nobres, já que nunca encontrou um mendigo careca. Em sua opinião, calvície parecia algo típico de pessoas chiques.

Nem sei se ele era tão bom profissional assim, mas durante o tempo que passamos juntos, entre uma lavagem e outra, além do toque com as tesouras e mãos, acrescentei outras ideias e piadas ao meu vocabulário diário, às vezes tão sisudo, que sempre contradiz as palavras sacanas que adoro recitar nas madrugadas igualmente circunspectas.

Tudo bem, eu sei, prometi não filosofar. Se ele vier, vou mudar de assunto. A verdade é que gosto de flertar. Em uma esquina qualquer, em uma mesa de bar, gosto de exercitar meu olhar e alimentá-lo com corpos vivos e atraentes.

Gosto da ousadia dos beijos roubados, de subir nas mesas, das bibliotecas, dos escritórios, e, principalmente, das camas sem cabeceira, com colchões caríssimos e lençóis de seda. Sempre tive a impressão de ter sido gerada num quarto de hotel, não sei, sinto algo tão familiar naquela impessoalidade toda...

Outro dia visitei um amigo; em sua casa se encontrava um convidado que tentou me seduzir com uma dose de uísque; de qualidade, não posso negar, mas o cara não percebeu, eu é que estava paquerando. Na verdade, tracei o roteiro daquela noite já no primeiro toque do telefone, quando aceitei o convite do meu amigo e, estrategicamente, coloquei preservativos em minha inocente bolsinha de mão. Eu e o desconhecido terminamos a noite fazendo sexo da melhor qualidade. Puro. Sem dúvida. Sintonias visíveis ao primeiro olhar.

O telefone não tocou e continuo aqui esperando, sem saber se vale a pena: se eu quisesse de você apenas sexo, seria fácil encontrar. Não posso dizer o mesmo quando é amor, sem dúvida, pois há mais mistérios entre um corpo e outro do que jamais pode supor minha anatomia. E também estratégicas alianças ocultas, telefones gravados no subconsciente, casos mal resolvidos e muito mais.

Se ligar agora, depois de tanta espera, terei a certeza de que ligou porque devo ser a última opção depois de ter recebido algumas negativas de outras mulheres. Nunca gostei de homens mentirosos. Também nunca conheci homens verdadeiros. Mentir para quê? Detesto frases feitas e alguns homens são tão comuns! Principalmente aqueles que sempre começam pelas zonas erógenas padronizadas.

O corpo da mulher é um continente a ser explorado. Totalmente diverso. Tudo é uma questão de criatividade. Ultimamente tenho lido sobre o pompoarismo; na teoria vou dominar o mundo, na prática não consigo dizer não ao que me incomoda. Contradições femininas, totalmente explicáveis à luz dos hormônios. Mundo mais óbvio este nosso, não podemos controlar tudo, e às vezes não sabemos dizer não. Três letras que conseguem transformar a ordem sem fazer desordem. Quebram espelhos sem o menor esforço.

Eu digo sim muitas vezes ao dia e acabo me envolvendo em confusão, mesmo sem proferir palavra alguma. Meu rosto, com o passar do tempo, já formou rugas de quem concorda com tudo, como uma máscara.

Aqui estou, esperando você com essa cara de quem diz sim a tudo, mesmo estando frustrada, apagando essas declarações inúteis da minha secretária eletrônica. Não há nada que mereça ser guardado. É preciso encarar a verdade. Você não ligou. Isso dói. A solidão machuca. Mas posso gravar algo que gostaria de ouvir. Fazer outra voz. Eu sempre fui ótima para imitar outras pessoas, pareço mais com os outros do que comigo mesma.

Hoje à noite vou sair e procurar um orelhão, eu sei, isso é loucura, ninguém mais usa orelhão, mas será divertido passar a noite procurando um telefone público em perfeito estado. Quando eu estiver diante do aparelho, vou ligar para meu número residencial, ouvir minha mensagem gravada e dizer a mim mesma algo que pareça carinhoso, útil, ou pelo menos familiar neste mundo insensível e estranho. Hoje vou ter uma noite feliz.

Bife com batata frita

Em um bairro de um subúrbio, uma simpática menina negra com pequenos olhos castanho-escuros, meio acinzentados pelo horizonte sem perspectivas está sentada na calçada de cimento grosso e mal-acabado de sua casa, enquanto brinca com um travesseiro que é sua *boneca* preferida, na sua interminável tentativa de criança que deseja ocupar o papel de mãe pelo puro exercício de organizar seu mundo.

Ióli acha que não fica bem para boneca alguma andar por aí sem roupa e por isso veste no travesseiro-brinquedo uma camisa branca estampada com propaganda de algum partido político e um short surrado, destes ganhos em qualquer quermesse bem-intencionada preocupada em oferecer algum conforto aos pobres.

A menina rechonchuda, pela péssima dieta repleta de pães, macarrão e arroz, mas desnutrida, pois raramente digere frutas e legumes, artigos de luxo em famílias pobres alimentadas com cestas básicas de caridade e leite de programas de alimentação do governo, usa roupas doadas por estranhos, provenientes de vários templos da fé onde na maioria das vezes é possível encontrar um enorme contingente de pobres de espírito, com armários abarrotados de peças de roupa de grife. Ióli vive em um bairro ocupado por moradores de baixíssima renda, com inúmeras igrejas de diferentes denominações, e nenhuma agência bancária. Cidades desenvolvidas podem ser medidas pela quantidade de bancos. Cidades esquecidas podem ser medidas pelo número de igrejas.

Há três dias esta pequena canhota chora a ausência da mãe inesperadamente desaparecida após uma ida ao hospital. A verdade é que sua mãe estava sempre ausente de casa, pois trabalhava em dois turnos. Seus pequenos e expressivos olhos, agora vermelhos e inchados, embaçavam a realidade provocando fortes dores de cabeça. A menina tenta amenizar a dor da saudade e do medo ao colocar roupas no travesseiro grande e fofo de propriedade exclusiva da sua mamãe. Esta encantadora menina cor de chocolate ao leite tem os pés chatos e as pernas tortas, por isso precisa usar sistematicamente as implacáveis botas ortopédicas pretas que só tira para dormir. Essas botas, compradas com o suor do trabalho de sua mãe, que sempre se desdobrou atuando como doméstica em duas residências, provocavam fortes dores nos pés. Mais tarde, no decorrer da vida, vai detestar sapatos.

Em sua casa de dois quartos e um enorme quintal de terra batida, paga em parcelas durante trinta anos, adquirida por meio de um sistema popular de financiamento de uma grande empresa administradora de crédito, ladeada por outras casas compradas adquiridas no mesmo sistema, reinava um silêncio amarelo carregado de angústia. Ninguém tinha autorização para comentar a ausência da mãe, nem mesmo as vizinhas fofoqueiras com muitos filhos já criados, atualmente ocupadas com os relatos distorcidos da vida alheia. Brincar parecia ser a única alternativa em meio ao caos.

Onde estaria a sua mãe? No seu momento mais dramático, Ióli apertou a bonequinha improvisada e abraçou o seu corpo macio procurando sentir o cheiro da mamãe. Fez isso enquanto empurrava discretamente uma lágrima de saudade para o cantinho do olho, porque seu irmão mais velho estava por perto e não lhe havia concedido nenhuma autorização para chorar. Ióli era uma menina obediente. O tempo passou apertado, trazendo a noite e tatuou as marcas da ansiedade nos expressivos olhos daquela menina de cabelo crespo da cor do azeviche. Naqueles dias, ninguém almoçou, ninguém jantou, nem tomou banho. Era assim quando a mãe não estava por perto. Todo mundo ficava meio perdido, meio filho desmamado, meio cachorro criado em casa, sem rumo nas ruas. Ióli vestia o mesmo short rosa e a camiseta de alcinhas listradas, havia vários dias, e infelizmente aquela roupa era inadequada, justamente num dia em que fazia muito frio naquela cidade onde quase todos os dias eram de verão.

De repente, o irmão mais velho entrou pela porta da sala correndo, sem camisa, com o seu cabelo grande e crespo despenteado e as suas pernas pretas magras foscas, enquanto Ióli brincava na banheira, doada por uma tia abastada, transformada em piscina das crianças. O irmão estava totalmente descontrolado:

— Mamãe morreu! Ninguém chora, ninguém grita aqui, mamãe morreu!

A cena ficou muda no pequeno universo desta pequena que despiu e jogou longe a falsa boneca—travesseiro e correu para o banheiro com chão de azulejos minúsculos e coloridos. Ióli decidiu pela primeira vez tomar banho, sem mãe, sozinha. Abriu o chuveiro e deixou a água cair na sua cabeça cheia de pensamentos nublados, *eu já sei tomar banho sozinha, mamãe ensinou*. Resolveu chorar para despedir-se da própria infância. A menina de sete anos e oito meses escoou pelo ralo inundado pelas lágrimas com as suas memórias, os desenhos infantis, as comidinhas da infância, as brincadeiras da escolinha e todas as noites de insônia em que dormia agarrada no braço da mãezinha. Ióli tinha medo do escuro. Depois do banho, foi ao quarto e escolheu as próprias roupas.

Na sala, agora entupida de curiosos, apareceram três vizinhas fofoqueiras, com os seus olhos esbugalhados e vestidos de bolinhas com enormes botões frontais. A mais velha, muito magra, pálida e rabugenta, segurou Ióli pelo braço e em um movimento rápido expressou imediatamente o seu temperamento autoritário, arrastando a menina com firmeza até a porta de saída da casa. Ióli tentou resistir. Em vão. Ficou minúscula dentro do espaço enorme e cheio. Lembrou-se de uma de suas festas de aniversário de não sabe que ano. Naquela ocasião, sua mãe confeitou o bolo reaproveitando um saco de leite de vaca. Lembrou-se dos vestidos bonitos costurados pela mãe, mas, definitivamente, as botas ortopédicas não combinavam com nada. Lembrança engraçada em momento triste.

Em seu passo apressado a arrastar a pequena boneca negra pelo braço, a velha seguiu pela ladeira de paralelepípedos e Ióli se deixou levar. Ficou a pensar se saberia amarrar os sapatos na hora de vestir a roupa para o enterro, pois ainda não sabia amarrar os próprios sapatos. Ficou a pensar se crianças poderiam entrar nos cemitérios, porque a morte, sem sombra de dúvida, não era assunto para gente pequena.

Ao chegar à casa dessa tal vizinha, Ióli ficou a pensar se conseguiria sobreviver sem a proteção da mãe. Por ora teria que enfrentar Verônica. A velha tinha uma neta da mesma idade de Ióli, Verônica era a menina mais cruel da rua. Mesmo em um dia trágico como aquele a garota pegou um pedaço de Bombril e ficou a comparar com o cabelo de Ióli que pensava em reagir, em vão. Ela estava muito distante dessa realidade. Sua infância acabara de ser sequestrada com a morte da mãe. Nenhuma das maldades da neta estagiária do empreendimento de atrocidades da avó poderiam furar a espessa redoma de dor e dúvidas daquela garotinha.

Engraçado como todas as casas pareciam iguais. Ióli derrubou o seu corpo em qualquer canto da sala humilde, devidamente adornada ao centro por um enfeitado aparelho de televisão. O gordo barbudo marido da vizinha assistia à sessão da tarde e fumava um cigarro em silêncio, como um xerife frustrado em final de carreira. Parecia um personagem daqueles filmes de caubói que o irmão mais velho de Ióli adorava.

A vizinha entra impaciente e diz com voz de taquara rachada:

— Hora do almoço.

Todo mundo comia sentado no chão da cozinha apertada com o prato na mão. O marido parecia viver em outro planeta enquanto a comida caía do prato e sujava a vida real. Só despertou com o grito estridente da velha:

—— Hoje só temos arroz com sardinha.

Ióli remexeu a comida sem apetite algum e ficou a pensar na sua volta para casa, nos seus três irmãos, na necessidade de organizar as coisas, porque na sua casa havia muito tempo ninguém almoçava, ninguém jantava nem tomava banho. Ficou a pensar em um sonho antigo. Sonhava um dia poder comer um bife grande, do tamanho do prato, com salada, arroz, feijão e batata frita. Ióli deixou o prato de lado. Chorou desesperadamente. Um pranto, que traduziu uma angústia indescritível, a falta da mãe. Como seria a vida das crianças que têm mãe e pai e comem bife com batata frita?

A discórdia do meio

Irmãos. Unidos pela discórdia do meio. Meio-irmãos. Ela, uma negra quarentona retinta; ele, de pele mais clara, cabelo não tão crespo, finalizando os trinta, cheio de marcas da traição materna oculta pelo tempo e motivo da picuinha eterna entre os dois. Para ela, recalcada pelo suposto amor menor que recebera da mãe, mais cuidadosa com o filho do amor impossível, o irmão era indigno.

A irmã era Jupira, mulher arrogante que usava os gritos para impor a sua vontade, humilhando o meio-irmão como podia, e ele, acuado, jamais reagira aos múltiplos insultos. Jupi era um homem inseguro e adotara, desde sempre, um comportamento apático. Jupira tinha duas filhas professoras, Magda e Estela. Naquela casa, as mulheres falavam mais alto.

O irmão Jupi não tinha bens materiais, mas tinha sua vida, esposa, dois filhos, o Pedro, jornalista; o Antônio, aviador; e dois netos, João e Pedro. As famílias encontravam-se eventualmente na casa de Jupira, para desfrutar os quitutes preparados pela matriarca, Dona Benedita, já viúva e sem muitos problemas de saúde ou de outra natureza, graças ao amparo da gorda pensão deixada pelo falecido almirante, o Sr. Sebastião.

Entre os irmãos havia uma espécie de cumplicidade maligna, um mudo pacto de discórdia que a ambos destruía. Mas qual a verdadeira mágoa de Jupira? Por que o irmão tanto a incomodava? Ela tinha família, marido, filhas bem criadas. Morava em casa própria, gozava de alguns confortos, era amada, então por quê?

No primeiro domingo de um mês de agosto qualquer, houve um daqueles almoços. Na ocasião, Jupira usara um vestido vermelho escuro, sua cor preferida, e prendera os seus cabelos lisos, num elegante coque. Jupi havia chegado mais cedo e já estava todo animado depois da amizade com uma garrafa de vinho de boa procedência que estava à mesa. Tinha um fraco para a bebida. Na sua lógica, beber rimava com esquecer e Jupi precisava de uns goles de paz. Mas Jupira não perdoou o irmão e mais uma vez manifestou o seu desprezo, entrando na sala a destilar insultos. Seus olhos negros imensos estavam dilatados de ódio quando começou a gritar sem piedade:

— Negro sem valor, parasita filho da puta, vê se te manca, tá pensando o quê? Sabe quanto custou esse vinho que está caindo na tua barriga? Está querendo moleza, malandro! Pede aos seus filhos, que nunca prestaram para nada, uns infelizes que nem sabem que são pretos, frutos da infeliz mistura com a família branca da tua mulher!

A filha mais velha de Jupira, Deise, militante do Movimento Negro, não aturava as grosserias da mãe. Pedia calma aos gritos. Nessa família negra, todos falavam alto, mas naquele dia, os sons estavam amplificados, no fundo do quintal, até os cachorros latiam. O Almir, marido de Jupira, tentou intervir, mas o coitado era gago, não tinha voz ativa mesmo. Os filhos de Jupi acudiam a avó, nervosa. A esposa de Jupi, a Olga, abaixou a cabeça sobre a mesa e chorou copiosamente. Jupira estava descontrolada. Continuava a desferir os seus insultos.

No ápice da confusão, Jupi, com as mãos encharcadas de um molho vermelho escuro, comia nervosamente os ossos da coxa de um frango ensopado em sua habitual inércia. Sugava a carne com fúria e seus dentes, muito brancos, emitiam um som estranho, como um sinistro assovio. Jupira, não satisfeita, soltou mais um feitiço:

— Vem aqui só para isso, comer, sem lutar por nada. Escória. Filho da sacanagem!

Dona Benedita ficou branca num segundo. Tão chocada que engasgou com um imenso grão de arroz meio cru. Foi amparada pelas duas netas. Eis que aconteceu o impensável. Jupi, o meio-irmão, sentado na lateral esquerda da mesa de mogno escuro, levantou de supetão, com as mãos ensopadas de molho de galinha, e cravou os dedos no coque de Jupira, trazendo nas mãos imundas a inexplicável peruca que ela sempre usou, para o espanto da família.

— Ô, Jupira, que palhaçada é essa? Eu nunca disse nada, mas agora todo mundo vai saber. Você nunca me aceitou porque eu sou mais claro, o meu cabelo é bom e eu não estou nem aí, não dou a mínima para essa porcaria, enquanto você gasta os tubos para esconder a sua carapinha preta. Eu sou um homem bom, todo mundo aqui sabe. Sou filho de um amor escondido de minha mãe com um branco que soube lhe dar valor e prazer, ao contrário da estupidez legítima do seu pai, que você herdou. Eu sou esse mestiço, só eu sei o preço que pago por isso. Mas eu sou gente, isso eu sempre soube ser. Estou e sempre estive no meio dessa confusão, mas culpado não sou. Se você quiser acusar alguém, acuse o racismo, que você não enxerga e nem procura entender. O racismo é a razão. Você não gosta de ser negra, acha que eu tenho privilégios por ser mais claro, o que é ridículo, com mais ou menos melanina, nós dois somos negros e vivemos em um país onde o racismo impera. Outra coisa. Você vive incomodada com a mulher que eu amo e que me faz feliz, porque é branca? Acorda, Jupira!

Jupi entornou a garrafa de vinho tinto na tigela cheia de carne branca e molho vermelho onde depositou a peruca de Jupira.

— Agora contemple o seu vinho, boa safra, caríssimo. Até que ele fica bem ensopado com caldo de peruca. Vem, beba à vontade!

Jupira correu para o seu quarto, bateu a porta com força. Não daria mesmo o braço a torcer.

Não houve quem apoiasse a sua atitude. A sala nunca esteve tão silenciosa. Ninguém mais teve apetite para a refeição. Só mesmo a dona Benedita, sentada na cabeceira da mesa, ajeitou nervosamente os seus óculos de grau para melhor chupar os ossos da carne do pescoço meio passado que restou no seu prato fundo. O racismo era sem dúvida um osso meio duro de doer.

Elevador a serviço

Manhã de sol. Primeiras horas. Ela saiu de casa para mais um dia de ensaios. Com passos tranquilos, resolveu pegar o elevador de serviço, já que o outro parecia ter travado na recepção. Entrou no elevador do prédio de luxo no 12º andar assoviando uma música de Jovelina Pérola Negra. O elevador estava vazio. Gostava mesmo da Jovelina, pois seu ouvido musical fora moldado em casa, desde a infância, quando sua mãe cantava e alimentava os filhos com palavras de exaltação à cultura negra. Seria interessante, nesse momento da sua carreira de cantora, discutir com a equipe a possibilidade de montar um show com um repertório de músicas da Jovelina, Clementina de Jesus, Dona Ivone Lara e outras cantoras e compositoras negras que mereciam e deviam mesmo ser homenageadas como pilares do nosso patrimônio cultural.

Sua inspiração foi suspensa pela parada do elevador, no oitavo andar. Não gostava muito de elevadores. De repente, eis que o apertado recinto abriu suas portas para uma senhora branca de meia-idade. Não era muito simpática, nem parecia confortável naquele exíguo elevador de serviço. Malena achou melhor desligar a sua *rádio interna* e ficar atenta. Não gostava de olhares de soslaio. Acabara de receber um. Daqueles olhares com texto e subtexto. A senhora, começou a tossir. Não era um bom sinal. Por ser artista, Malena costumava observar muito bem as pessoas. A senhora logo soltou o seu primeiro petardo:

— Bom dia! Acho que estamos com problemas nos elevadores. De qualquer forma, ouvi dizer que agora os elevadores são para todos. A síndica me disse, inclusive, que o nosso condomínio vai seguir as normais e leis, para evitar problemas. Acho justo.

Malena respondeu com um sucinto "bom dia".

— Nossa! Não tinha reparado como você é simpática. E bonita! Parabéns pelo seu cabelo! Acho o máximo quando as mulatas assumem a sua raça. É um sinal de evolução.

O elevador travou no quinto andar.

— Desculpe o meu mau jeito, a intromissão... Mas sabe o que é? Será que você não poderia me indicar alguém assim como você para trabalhar em minha casa? Preciso tanto de uma empregada! Quero dizer... Sem preconceito algum. Na minha família nunca houve isso. Tive uma empregada que herdei dos meus pais; cuidou de todos lá em casa. Ela foi minha mãe de leite. Infelizmente faleceu recentemente. Mas cuidamos de tudo, já que não tinha família nem teve filhos. Uma mulher muito valiosa. O caso típico da alma branca, rara hoje em dia. Muitos primos meus brigavam para tê-la em casa. Não sei se encontraremos mais alguém tão dedicado. Está tão difícil contratar! Não entendo essa confusão toda. Aliás, somos todos empregados, não é verdade? Mas, hoje, encontrei você aqui por um motivo especial, sabe? Deus tem um propósito para tudo! Eu sou muito católica!

Malena não estava enganada. Não mesmo. Ali, travada no elevador onde aquela senhora, racista, queria posar de "miss mito da democracia racial brasileira". Bem que ela percebeu, desde que mudara, que não havia moradores negros no prédio. *Negros?* Só os motoristas, porteiros e empregados. Mas não acreditava em lugares interditados em parte alguma do planeta. Era uma mulher livre. Tinha que dar uma resposta à altura. Respirou fundo.

— Muito obrigada pelos elogios. Não é todo dia que recebemos notícias de pessoas que oferecem empregos em elevadores, não é? Realmente, os tempos são outros. Mas veja a coincidência! Sabe, eu também estou procurando alguém que possa me atender profissionalmente, assessorar quero dizer. Será que a senhora não teria alguma indicação? Uma filha, uma sobrinha ou afilhada? Se for bem qualificada, eu pago um salário justo, faço questão de estabelecer relações de trabalho coerentes com os novos tempos. O conhecimento deve ser valorizado, não é verdade? Nas relações trabalhistas, tudo deve ser feito de forma "clara", para evitar equívocos, principalmente em um país como o Brasil, com séculos de herança escravocrata. Não é tempo de repetir antigos erros. Nossas relações de trabalho e convivência precisam ser revistas, hoje e sempre. Não é verdade?

Impossível descrever a palidez da senhora. O elevador, que agora estava descendo, foi invadido pelo som de sua tosse compulsiva, seguido de um pedido de desculpas em tom baixo, logo acompanhado por um sorriso em tom amarelo. Ela ainda disse:

— Esses elevadores de serviço costumam favorecer o acúmulo de bactérias.

Finalmente o elevador voltou a funcionar, a porta abriu, anunciando a chegada ao térreo. Malena já saiu do prédio com o celular na mão, pronta para ligar para o seu produtor, certa de que faria o show, de que invocaria a memória das ancestrais. Estava decidida. Não bastava ser contra o racismo. Isso não era suficiente, não mudaria o estado das coisas. Era uma questão de ação, de defender as *razões da cor* com alegria. As canções de Jovelina Pérola Negra, ora afastadas do seu pensamento pela interrupção da triste senhora, voltaram com força, cantou para o seu produtor um trecho de *Elos da Raça* em que a Pérola negra do samba já dizia:

"*agora é formar uma corrente*
com elos resistentes daqueles
que levam um bom tempo
para arrebentar...
é ou não é??
é o espaço deixa caminhar com seus passos
essa nova geração
e dar condições a essa raça
de terminar com essa farsa
deixar esse povo sofrido mostrar seu valor
seu valor..."

Malena, sentia-se muito conectada com sua ancestralidade e com sua arte. Sonharia e lutaria por um tempo em que todos pudessem frequentar elevadores sem terem que viver cenas que remetessem a um tempo de forte cumplicidade com a discriminação racial.

Nkala: um relato de bravura

Nkala, princesa do Reino do Congo, filha única do Rei Lukeni Lu-Nimi, vivia mais um dia em família, em sua aldeia africana. Com os seus desfrutava um tempo bom, era dia de festa, um desses instantes para relembrar. Era uma moça muito apegada à sua família. Com a mãe aprendera as artes do amor, com o rei, seu patriarca, as artes da guerra. Sempre prometera ao seu genitor que, chegada a hora, reinaria entre os seus com sabedoria. Nkala era conhecida por todos pela beleza do seu dançar. Bailava como vivia. Intensamente. Naqueles tempos, tudo estava como deveria ser em sua comunidade.

Na semana seguinte, em uma tarde pardacenta e traiçoeira, traficantes de escravos portugueses invadiram suas terras e destruíram completamente a sua aldeia. Nkala foi espancada, acorrentada, sequestrada e jogada em um navio negreiro. Seu pai morreu defendendo a aldeia, sua mãe teve o mesmo fim. As tragédias não costumam mandar avisos.

O navio-prisão arrastou-se pelo Atlântico. Nkala, assim como tantos outros, foi atirada no porão, onde sentiu a dor da separação da família amada, viu amigos morrendo na travessia, outros atirados ao mar. A fome e as correntes paralisavam, mas por ali não viu nem sombra da submissão. Houve rebelião naquele porão infecto, onde não jorrou apenas o sangue negro. Para sobreviver,

Nkala alimentou-se de suas lembranças mantendo em estado de alerta sua alma assustada.

Depois de um tempo impossível de precisar, chegaram a um porto em um lugar desconhecido. Novas privações, muita tortura e um sofrimento inimaginável. Alguns sucumbiram na travessia. O cheiro de dor e morte contaminava o lugar. Tentando manter a sanidade, agarrava-se à memória dos seus pais, assassinados ainda na aldeia, na tentativa de impedir o sequestro coletivo.

Os gritos dos proprietários da mercadoria humana, falando em uma língua estranha, interromperam o fluxo dos seus pensamentos. Tinham pressa. Ela deduziu que estivessem a deliberar sobre o seu destino e sobre o futuro do seu povo. Os poucos sobreviventes foram enfileirados naquele porto de horrores. Àquela altura, muitas manobras repressivas já haviam sido utilizadas pelo sistema colonial com o objetivo de impedir o êxito da reação anticolonialista, sobretudo a violência física e a psicológica, ambas poderosas no sentido da desarticulação das massas e do protagonismo das suas lideranças.

Nkala nunca havia sido chamada de escrava, e percebeu que, ali, todos foram, sem distinção, subtraídos de sua condição humana. Com crueldade, foram examinados pelas mãos imundas e criminosas dos europeus. Seu corpo nunca havia sido tocado pelas mãos de um homem, exceto o seu pai. Percebeu, horrorizada, que eram tratados e conferidos como se fossem objetos.

Ao fim do exame, começou o ritual da preparação para a venda. Outros homens brancos também estavam chegando, aglomerando-se no porto. Deviam ser os compradores. Faziam muito barulho. Nkala não era uma das primeiras da fila, estava quase na metade daquele grupo de vendáveis. Em seu lugar, observou o tratamento dado a cada um, com os seus corpos coisificados, seus dentes expostos, braços e pernas avaliados, músculos manipulados, exibidos em troca de dinheiro. Homens, mulheres e crianças, foram levados pelos seus algozes. Acorrentados, arrastados, o que maculava ainda mais os seus corpos já tão feridos.

Enquanto esperava a sua vez, Nkala mantinha o olhar em sua aldeia, nos bons momentos vividos, procurava não pensar na dor, embora seus sentidos estivessem quase entorpecidos. Sabia que logo chegaria a sua hora. Dentro dela, o medo conversava com a coragem. Sabia que não nascera para ser escravizada, pois seu destino estava traçado desde a infância, seus ancestrais nunca ousariam mentir. Era uma mulher livre. Soberana. Destinada a reinar. Mostraria a força do seu povo em qualquer circunstância.

Com os gritos dos mercadores, sentiu o apertar das correntes rasgando sua carne em chamas. Um dos vendedores de gente chegou bem perto. Dava para sentir o seu cheiro de enxofre. Tinha o sorriso sarcástico dos quase mortos, ou daqueles que nunca estiveram vivos, impossível precisar. Quis saber, entre grunhidos e gestos confusos, se ela tinha alguma habilidade especial, algo que pudesse aumentar o seu preço.

 Nkala respirou fundo e começou a dançar, como dançava em sua aldeia, onde as danças, os cantos e os ritos eram inseparáveis, um contínuo movimento de ligação com a ancestralidade. O homem riu alto, com deboche, salivando muito, enquanto cobiçava o seu corpo nu ali exposto. Fez questão de dizer a todos que essa escrava não venderia, seria seu animal de estimação! Para os seus serviços exclusivos até que estivesse bem gasta, ocasião em que acharia algum comprador. Ora, seria o seu bônus, um justo merecimento por tanto trabalho com esses desgraçados!

Com um gesto, ordenou que parasse de dançar e voltasse à fila. Nkala, desafiadora, com ares de sonho, continuou a dançar, a cantar e a bater os pés no chão. O algoz já estava de chicote em punho, a proferir os insultos próprios de um opressor legítimo no ofício da subordinação. Muitas chibatadas foram desferidas no corpo em movimento de Nkala, ela parecia estar em transe, dançando, dançando...

O traficante de almas procurou nas camadas do ódio mais profundo outras forças, como quem pretende domar um animal, animado por estranho prazer e pelo desafio do macho diante da fêmea indefesa. Bateu com mais intensidade ainda, em outra sequência de chibatadas, derramando mais sangue de Nkala, cujo delicado rosto de mulher, já desfigurado, ainda sorria, como que transportado a outra dimensão.

Observando o seu movimento de resistência, outros companheiros também começaram a bater os pés no chão, a gritar como podiam, a cantar. Tentavam ainda agredir os seus algozes, em uma tentativa desesperada de libertação, acorrentados, machucados, esquálidos, exauridos da travessia. Morreram ali, agredidos, tentando reagir aos opressores, proclamando uma desesperada insurreição. Entretanto, aquele chão em terras distantes não ficou manchado apenas com o sangue negro, o corpo branco dos senhores também foi perfurado pela inesperada revolução.

 O sequestrador não entendia aquela estúpida ousadia negra, encharcada de força e determinação. Morreriam todos, aqueles miseráveis! Que prejuízo! Aos gritos, ele chamou outros mercadores, que trouxessem seus açoites, facas, todos os objetos cortantes disponíveis, para que aquela negra servisse de exemplo para todos, pois seu extermínio era questão de honra.

 Luta desigual. Tantos homens e uma única mulher vítima do espancamento coletivo. Nkala, brutalmente agredida, ainda flutuou por alguns instantes, em seus derradeiros movimentos. Só deixou de sentir dor quando entregou seu corpo à terra, enquanto os seus insubmissos olhos secos fitavam o céu cinzento.

 Nkala não estava só quando as chibatadas insanas rasgaram sua pele até os órgãos e ossos, repetidamente, repetidamente, dilacerando definitivamente o seu corpo físico. Liberta da matéria, foi acolhida pelos seus ancestrais rumo a Aruanda, o paraíso da liberdade perdida.

Pixaim

Rio de Janeiro. Qualquer dia da semana num tempo que passa morno, sem novidades. Num bairro distante no subúrbio da zona oeste, uma criança negra com dez anos e pequenos olhos castanho-escuros, meio embaçados pelo horizonte sem perspectivas, é acusada injustamente. Em meio ao espanto, descobre que existem pessoas descontentes com a sua maneira de ser, e decide lutar para manter intactas as suas raízes.

Os ataques começaram quando fui apresentada a alguns pentes estranhos, incrivelmente frágeis, de dentes finos, logo quebrados entre as minhas madeixas acinzentadas. Pela primeira vez ouço a expressão cabelo "ruim". Depois uma vizinha disse a minha mãe, que todos os dias lutava para me pentear e me deixar bonitinha como as outras crianças, que tinha uma solução para amolecer a minha carapinha "dura".

Pela primeira vez foram violentadas as minhas raízes, senti muita dor, fiquei frágil, mas adquiri também uma estranha capacidade de me regenerar e de ter ideias próprias. Eu sabia que não era igual às outras crianças e que não podia ser tratada da mesma forma. Mas como dizer isso aos outros? Minha mãe me amava muito, é verdade, mas não sabia como lidar com as nossas diferenças.

Cresci muito rapidamente e, para satisfazer aos padrões estéticos, não podia usar o cabelo redondinho do jeito que eu gostava, pois era só lavar e ele ficava todo fofinho, parecendo algodão. Uma amiga negra costumava amarrar uma toalha na cabeça e andar pela casa, fingindo que tinha cabelo liso. Ela dizia que o seu sonho era ter nascido branca. Eu achava estranho. Não percebia como alguém poderia ser algo além daquilo que é.

Certo dia, minha mãe decidiu que o meu pixaim tinha que crescer e aparecer. Lembro do pente quente que se usava na época, para fazer o crespo ficar "bom", e da marca do pente quente que tatuou meu ombro esquerdo, por resistir àquela imposta transformação. Era domingo, íamos todos a uma festa, e eu tinha que ficar bonita como as outras. No caminho, caiu uma chuva, dessas de verão, e em poucos minutos houve o milagre: a água anulou o efeito do pente. Eu chorei porque achava que o meu cabelo nunca voltaria ao normal, e minha mãe ficou brava porque eu estava parecendo comigo, de um jeito nunca antes visto!

Por um tempo tive paz. Fazia o que bem entendia com meus fios, mas sabia que algo estava sendo preparado. A tal vizinha apareceu lá em casa dizendo que viajaria por uns dias, mas que quando voltasse traria um produto para dar jeito no meu rebelde. Lamentava o fato de que eu não era tão escurinha, mas tinha um bombrilzinho! Dormi com medo. Sonhei com uma família toda pretinha e com uma avó que me fizesse tranças como aquelas que eu vira numa revista, cheias de desenhos na cabeça, coisa que só a minha carapinha permitia fazer... Mas minha mãe não sabia nada dessas coisas...

O henê era um creme preto muito usado pelas negras no subúrbio do Rio de Janeiro, que alisava e tingia os crespos. A propaganda da embalagem mostrava uma foto de uma mulher negra sorridente com as melenas lisas. Só que o efeito do produto não era eterno, logo que crescesse um cabelinho novo, era necessário reaplicar o creme, dormir com *bobbies*, fazer touca e outras ações destinadas a converter o cabelo "ruim", em "bom". O produto era passado na cabeça bem quente e mole, mas quando esfriava endurecia. Uma hora depois, a cabeça era lavada com água fria em abundância até a sua total eliminação.

Jamais esquecerei a minha primeira sessão de tortura. Era um bonito dia de sol e céu azuladíssimo. Eu brincava no quintal, distraída, quando ouvi o chamado grave de minha mãe, já com a panela quente nas mãos, e pensei com pavor na foto da mulher com cabelo alisado. Nesse momento tive a certeza de que mamãe queria me embranquecer! Era a tentativa de extinção do meu valor! Chorei, tentei fugir e fui capturada e premiada com chibatadas de vara de marmelo nos braços. Fim da tentativa inútil de libertação. Sentei e deixei o henê escorrer pelo pescoço enquanto gelava por dentro, até sentir a lâmina fria da água gelada do tanque de concreto penetrando em meu couro cabeludo. Depois, já era tarde, minha mãe encheu minha cabeça de *bobbies*. Segui inerte. Chorei insone aprisionada pelos *bobbies* amarrados na cabeça, sentindo uma imensa dor e o latejar dos grampos apertados.

Dia seguinte. Minha mãe me chamou inesperadamente carinhosa e me colocou frente ao espelho. Pela primeira vez disse:

— Você está bonita! Pode brincar, mas não pule muito para não transpirar e encolher o cabelinho.

Eu olhei e não acreditei. Já tinha a expressão da mulher da caixa de henê. Chorei pela última vez e jurei que não choraria mais. Por que era tão difícil me aceitar? Dei adeus àquilo que jamais consegui ser, me despedi silenciosamente da menina obediente, e a me transformar.

Os vizinhos ficaram felizes com a confirmação da profecia. Diziam que preto não prestava mesmo. Todo mundo se sentia no direito de me dar uns tapas, para me corrigir, para o meu bem. Eu era tudo de péssimo, ingrata, desgosto da mãe, má, bruxa. Meus irmãos também colaboravam me chamando de feia, *bombril*, macaca.

Eu já não resistia e comecei a acreditar no que diziam. Todos os dias eram tristes, e eu tinha a certeza de que, apesar do cabelo circunstancialmente "bom", eu jamais seria branca. Foi aí que eu tive uma inesperada luz. Minha mãe queria me embranquecer para que eu sobrevivesse à cruel discriminação de ser rejeitada por ser diferente. Percebi subitamente que ela jamais pensara na dificuldade de criar uma criança negra, mesmo tento casado com um homem negro, por que ela e meu pai tiveram três filhos negros de pele clara, ou melhor, "socialmente brancos", que não demonstravam a menor necessidade de assumir sua negritude. Eu era a ovelha mais negra, rebelde por excelência, a mais escura e a que tinha o cabelo "pior". Às vezes eu acreditava mesmo que o meu nome verdadeiro era pixaim.

O negro sempre foi para mim o desconhecido, a fantasia, o desejo. Cresci tentando ser algo que eu não conhecia, mas que intuitivamente sabia ser meu, só meu. O meu cabelo era a carapaça das minhas ideias, o invólucro dos meus sonhos, a moldura dos meus pensamentos mais coloridos. Foi a partir do meu pixaim que percebi o comportamento de uma sociedade, que insistia em me enquadrar num padrão de beleza, de pensamento e de opção de vida. Quinze anos depois, em Brasília, é segunda-feira, dia de começos. Uma mulher madura de olhar doce e fértil vê sua imagem no espelho e ajeita com cuidado as tranças corridas, contemplando com satisfação a história escrita em seu rosto e a beleza que os pensamentos dignos conferem à sua expressão. É uma mulher livre, vencedora de muitas batalhas interiores, que se prepara para a vida e luta para preservar a sua origem, pois é a única herança verdadeira que possui. Ela aprendeu e jamais esquecerá. A gente só pode ser aquilo que é.

O limpador de janelas

Samuel apaixonado. Nada demais. Até então. Samuel vivia apaixonado. Difícil era administrar toda aquela sedução. Todo dia um telefone novo. Todo instante uma emoção nada tranquila. Toda hora um disparate. Não tinha culpa. Viver lhe interessava tanto! Era verdadeiro em sua multiplicidade de sentimentos.

Imaginemos a mão e seus vários dedos. Em cada dedo uma peculiaridade. Samuel vivia assim. Um momento de cada vez. Tudo bem. Às vezes as coisas ficavam meio confusas. Ele não. Por exemplo: na semana passada, conheceu uma moça bem bonita. Trocaram olhares. Trocaram beijos. Pronto. Em uma semana, mudou para a casa dela. Aprendeu a tomar vitamina de açaí com xarope de guaraná. Apaixonante. A moça tinha cara de casada. Era casada. Nunca tinha vivido uma experiência assim. Resolveu experimentar. Gostou. Estava ainda um pouco entediado. Nada a ver com a moça.

Tirou férias. Comprou uma passagem. De ônibus. Maranhão. Longa viagem. Penitência. Conheceu outra moça. Vinha de Alto Paraíso. Seus olhos eram paradisíacos. Azuis. Beijou. Ah, a moça casada devia estar com o marido a esta altura. Cada um na sua. A vida era assim. Cada coisa em seu momento. Com os profundos olhos azuis viveu uma breve experiência. Inesquecível.

Dia seguinte. Claridade. Parado na rodoviária conheceu outra jovem. Não tão bela. Estava a caminho de Águas de Lindóia. Longos cabelos. Negros. Junto a uma lanchonete tomaram um café. Ela pagou. Quis pentear os cabelos da moça. Flertaram. Apenas isso. Samuel sentiria saudades. Sabia.

Às doze horas resolveu trabalhar. Entrou num restaurante. Lavou uma pilha de pratos. Descascou batatas. Almoçou. Haveria uma festa na casa da proprietária. Jovem senhora. Foi convidado. Aceitou. Muitas moças jovens. Bonitas. Charmosas. Tomou banho. Penteou. Samuel. Conheceu Deus e o mundo. Gostou. Flertou até não poder mais. Olhou. Esteve sujeito aos olhares. Cansou. Paquerou a mais tímida. Cabelos cor de fogo. Dançaram. Rosto colado. Frio de bater o queixo. Desejou um prato de sopa quente. Uma fatia de pão. A moça fez o convite. Aceitou. Passaram a noite juntos. Puro sexo da melhor qualidade. Bem-aventuradas as tímidas. Pagam a conta do motel! Outro momento. A moça desejava ter um filho. Era meio falsa. Estrábica. Sensível. Tudo ao mesmo tempo agora. Samuel arrumou as malas. Partiu.

Liberdade aos brasileiros! Voltou para a rodoviária. Sono. Pessoas lendo revistas. Chocolates. Náuseas de jornais. Bilhetes de passagens. Meninos das mães, meninos sem pai, meninos de rua. Frio. Ninguém para dizer olá. Dor de barriga em banheiro público. Chicletes. Andou daqui até lá. Voltou. Abriu uma garrafa de refrigerante. Fechou. Pediu uma xícara de chá. Vontades de conversar. Chá quente precisa esfriar. Palavras quebram o gelo. Botam fogo na vida. Samuel estava sentindo saudades do amor. Para isso vivia. Amor. Pessoas. Lugares. Bichos. Tudo absolutamente apaixonante. Sem soluços ou decepções.

Lembrou-se da moça casada. Quis casar. Mas preferia namorar. Era um relacionamento tão superficial. Será? Foi mais amado que o marido da moça casada. Ensinou à moça casada diferentes formas de amar o marido. As coisas podem ficar exatamente onde estão. As pessoas podem mexer as estruturas de acordo com seu ponto de vista. Será? Foi mais bem tratado que o melhor funcionário da proprietária do restaurante. Lavou. Comeu. Divertiu. Foi para a moça dos cabelos longos na rodoviária mais inebriante que as paisagens de Águas de Lindóia. Fizera um lindo penteado na moça. Contribuíra para a conquista de um novo amor no novo lugar. Pessoas beijadas (bem) são mais interessantes.

O mundo jamais acabaria. Não enquanto alguém lembrasse ter visto tanta beleza. O mundo era um paraíso para alguém com olhos da cor do céu. Viagens desconfortáveis também podem ser extremamente excitantes. Nada como passar um mau tempo juntos.

Ah, aquela moça dos cabelos cor de fogo? Iria pelo menos procurar tratamento. Paranoia de maternidade não faz bem a ninguém. Maldade não combina com neném. Ela era gostosa afinal. Todo mundo tem qualidades. Qual é o problema?

Ora, Samuel. Onde você está? Aonde quer chegar? Qual o próximo passo? Mas ele não tinha coragem de cair em si. Caminhando pela calçada à tarde, já de volta à casa recebeu um telefonema da moça casada:

— Estou com saudades, como foi a viagem, etc. e tal...

Dissera ter sentido saudades. Nada parecido com ela. Outras experiências de viagem. Decidiu vê-la. Marcaram encontro. Apartamento dela. Próprio. No nome do marido. Comunhão de bens. Marido viajando. Decidira correr riscos. Fizeram um sexo sem o menor nexo e totalmente inconsequente. Com exceção da camisinha. Usaram, sem dúvida. Apartamento confortável aquele. As coisas dos outros e seu valor inenarrável! Assistiram a tv. Ouviram algo. Não se sabe o quê. Riram alto. Dançaram. Ela nunca fora tão solteira. Nunca estivera tão sem eira. Nem beira. Samuel ficava meio desconcertado. Território alheio é mina perigosa. Aquele amor foi uma explosão.

Resolveu dormir em casa. Também não precisava empolgar-se demais. Comprou um sanduíche natural numa lanchonete. Meio louco. Paquerou uma moça com cara de órfã. Sacaneou a coitada. Usou e abusou. Voltou. Casa. Sentindo-se um macho meio sem vergonha. Sentindo-se meio macho. Um terço. Olhou para a secretária eletrônica. Ouviu. Recado da casada. Dormiu. Sonhou estar na igreja. Acordou com náusea. Sanduíche estragado. Noite sacana.

Bom dia! Foi para o apartamento tal. Encontrar a casada. Ela estava com cara. Havia transado com o marido pelo telefone. Com certeza. O porteiro olhou bem seus olhos sob os óculos. Perguntou o nome. A identidade. Samuel ficou amarelo. Negro brasileiro não vive um dia sem racismo, que droga!

— Quem vai subir? perguntou o porteiro, de forma ríspida.

— Ah, diga que é o limpador de janelas...

A samambaia

Cruzando a rua apressado em direção a um pequeno jardim de calçada destes novos empreendimentos imobiliários, local em que morava, após anos de trabalho intenso para dar entrada na prestação do tão sonhado apartamento próprio, um homem muito simpático, cansado e nervoso aproximou-se e desabafou para os lírios ali plantados:

— Eu simplesmente gostaria de ter alguém para cuidar das minhas plantas, e hoje tive a triste notícia: Minhas samambaias murcharam por falta de água. Estive uma semana ausente, trabalhando ininterruptamente. Mas, quando cruzei a porta de casa, percebi que minha samambaia havia murchado por falta de água. *Compre outra, essa não tem mais jeito, esqueci de molhar! Esta é a última semana de minha novela preferida, e não tive tempo de nada!* me disse a empregada.

— Fiquei olhando aquele deserto de concreto que eu habitava onde o único ponto sólido de verdade era a minha eterna solidão. Ah, minhas legítimas samambaias! Como fui tolo! Um tolo endinheirado.

Então sentiu o leve toque de uma gota d'agua na superfície de seu braço esquerdo. Era uma lágrima dos lírios.

— Como vivemos bem, disseram eles. Nada nos falta! Temos comida, temos bebida, temos amparo. Vivemos pouco, intensamente e sem culpas. Cumprimos a nossa parte no ecossistema. E vemos tanta beleza à nossa volta... como você é tolo rapaz!

O homem começou a olhar as plantas à sua volta, e todas elas passavam muito bem obrigada. Nenhum sinal de desidratação. Começou a sentir uma imensa vergonha de si mesmo. *Como pude ter tirado do seio da família aquela promissora samambaia, para morrer desidratada. Quantas tardes ela deve ter passado entediada, sem ter alguém para conversar...*

O homem, que vestia terno, sentindo o queimar do sol escaldante sobre seu corpo, transpirava intensamente e respirava com dificuldade enquanto pensava que *acreditara no amor à primeira vista entre os dois. Na primeira vez em que estiveram juntos, na chácara de um colega de trabalho, ele foi impulsivo e não resistiu:*

— Se não for incômodo, eu gostaria de levar uma muda para casa! São tão bonitas suas samambaias! Eu estou mesmo precisando de algo para cuidar e para alegrar a minha casa.

Voltou a ouvir os lírios:

— Tão egoístas esses homens! Você jamais pensou na vontade da pobre planta. Mania de achar que só humanos sabem o que querem. Não viu que a pobre planta, sozinha naquela casa com paredes pintadas de gelo, começou a se afeiçoar a você. A cada dia mostrava-lhe uma nova folha, e crescia de esperanças naquela conturbada relação e que de tanto ficar só, começou a prestar atenção nos programas de televisão e aprendeu a chorar. Ah, como eram terríveis aquelas coisas. Não conseguia entender como um mundo tão rico podia ter aquelas barbaridades. Quantas perguntas sem respostas e quanto tempo perdido. Também aprendeu a ficar deprimida, e suas folhas começaram a cair devido ao estresse de sua solidão, e à tentativa de ocupar mais espaço para poder alcançar a luz do sol que entrava pela janela do outro lado do apartamento.... *Se conseguisse crescer até lá*...Mas o pior foi quando percebeu que representava naquela casa a mesma coisa que os outros móveis: um objeto de decoração.

O sol já estava mais brando e homem permanecia ali, em frente ao jardim. Alguns vizinhos no cruzar da rua, pensaram em ir ao seu encontro para tentar entender o que estava acontecendo, mas não se sentiam próximos ao ponto de interpelá-lo, além disso estavam muito ocupados, tocando uma vida cada vez mais atarefada. Dos lírios ainda ouviu:

— Então sua vida foi perdendo o sentido. Você já não ligava mais para ela, não acariciava mais as suas folhas. Sua beleza, antes fruto do desejo, agora virara troféu conquistado e estampado na estante da sala, *para inglês ver,* a perder o brilho, a respirar com dificuldade, desfalecendo aos poucos, até que um dia teve um sonho mágico: sonhara estar num jardim bem grande, numa tarde de verão, onde havia até mesmo um beija-flor. Foi caminhando em direção a esta vida, e deixando, finalmente, o barulho da televisão, que ficara cada vez mais longe, até sumir por completo.

Silêncio. O homem não ouvia mais o barulho dos carros que passavam pelas ruas, o sol já havia se posto. Paz. De um jeito novo. Deixou a mala cheia de documentos, que carregava, cair no chão. Escuro. Também sumiria por completo? Terra, adubo, água, cuidado. Fim.

Lélio

Seu nome era Lélio. Era um cidadão um tanto quanto didático. Com as palavras e qualquer outra coisa na vida. Era extremamente professoral. Sua simpatia natural era um tanto exagerada, incomodava um pouco. Lélio quase conseguia enganar a todos. Mas era um cara muito chato. Daqueles que fazem introdução para assuntos simples. Daqueles que jamais atingem o cerne da questão. Prolixo. Um tanto obtuso. Carente. Monopolizava atenção. Lélio falava com exagero. Era abundante em redundâncias. Recitava, aos ouvidos de qualquer um, uma sequência histérica de palavras girando em círculos, infinitamente. Lélio era indubitavelmente chato. Hipnotizava.

Quando sua primeira filha nasceu, resolveu andar em volta de toda a grande São Paulo, recitando em voz alta todos os nomes próprios que sabia de cor a fim de encontrar a sonoridade ideal para batizar sua herdeira. Quando voltou para casa, sua filha estava bastante crescida e não tinha a menor ideia de quem seria aquele cara chato que apertava sua mão. O estranho pai olhou a filha de cima a baixo e disse:

— Filha, depois de tudo que passei na vida, do tanto que passeei por aí, de todo o passeio que deixei de proporcionar a você e à sua mãe, chego a conclusão que não tenho direito. Nada. Mas como da vida não se leva nada mesmo... Muito prazer, sou seu pai. E você deveria ser Atena de Ióli, mas vejo que já possui identidade própria. De qualquer forma, se quiser reconsiderar, tenho certeza de ter escolhido um bonito nome.

Para o segundo filho, um esperado e rechonchudo varão, resolveu fazer, no quintal de sua casa, um popular bingo de nomes, para flexibilizar sua criatividade e batizar seu filho com o nome do vencedor. Seu filho também seria um vencedor, claro. Teria um nome vencedor. Depois da confusão do bingo, que durou longos doze dias, por conta da desavença em torno de possíveis fraudes e dos milhões de bolinhas de bingo que a mulher, Priscila, teve que colher do assoalho em pleno resguardo de uma complicada cesariana, sua mulher resolveu:

— Um é pouco. Dois? É bom não ter mais filhos.

Mas e o resultado do bingo? Lélio venceu e tornou-se pai de Lélio Jr. Quanta criatividade!

Mas nosso protagonista tinha vocação para a paternidade. Numa tarde ensolarada, durante uma agradável viagem de trem de sete dias, conheceu uma graciosa moça de nome Eva, muito entretida na leitura de um desses romances baratos. Empolgado com a beleza da jovem, começou a recitar em voz alta a série completa dos textos premiados do concurso de poemas nos ônibus de sua cidade. Foi um ato performático. A moça ficou um pouco chateada porque teve que interromper a leitura do romance, mas teve uma certeza: aquele homem era culto.

Eureca! Tinha inteligência suficiente para ser pai de seu filho. Nem pestanejou. Com uma rápida e discreta olhada em sua tabelinha menstrual guardada dentro da bolsa e a confirmação do dia fértil, a moça saltou para o colo de Lélio, enrolando seus braços em seu pescoço e roçando seus cabelos sedosos no seu peito. Lélio não era de ferro. Era de chocolate. Ficava todo derretido ao menor contato. E, além disso, adorava ser provocado. Provado. Beijou aquela moça como quem soletra todo o particípio passado de forma precisa e fluente. Viveram um caso de amor um tanto saltitante dentro daquele trem. Saltitaram bastante dentro daquele trem. Um caso meio público. Comoveram a todos com um amor tão falso e meloso. Doce doce amor...

Na despedida Lélio fez três discursos: um para a amante, outro para a plateia fiel, e o último, uma singela apologia ao *voyerismo*. Cansados, todos disseram adeus. Com exceção da amante, que aguardou a recepção do cheque prometido para as primeiras despesas com o bebê.

Despediram-se sem o menor complexo de culpa. Lélio sabia que estava cumprindo sua parte. Povoando o planeta. Satisfazendo o potencial maternal da moça.

Trocaram correspondências durante muitos anos, e ocasionalmente, nas férias escolares de seus outros filhos, que sempre coincidiam com a dos gêmeos, (é verdade, aquela experiência ferroviária saltitante gerara gêmeos), pegavam um trem juntos. Mantendo sempre acesa a chama daquele amor infinito.

Numa dessas viagens, Lélio conheceu outra moça, a Sabrina, uma recepcionista de poucas palavras, mas bastante prática e objetiva porque sempre dizia:

— Sim? Pois não... Posso ajudá-lo?

No mesmo instante em que foram apresentados, Lélio percebeu que devia dar uma chance à rapariga: depois de cantar o Hino Nacional olhando fixo no fundo dos olhos dela, tarefa um pouco difícil, já que a moça usava óculos, ligou para um grande amigo que trabalhava numa companhia aérea:

— Sabe aquele favor que você está me devendo, pois é, empregue uma moça de minhas relações em sua empresa de aviação, é, para aeromoça serve, vai ser ótimo. Claro, ela fala muito bem o sim, pois não, posso ajudá-lo, escuta o que estou dizendo, a moça é perfeita.

Lélio começou a fazer periódicas viagens de avião a serviço do bem-estar da humanidade. Estava fazendo mais uma mulher feliz. Alguns meses depois do início das atividades da moça no novo emprego, sucessivos enjoos. Lélio olhou fundo nos olhos da divina dama à sua frente, agora bem acomodados em discretas lentes de contato cor de mel e disse:

— Meu amor, quem tem medo de avião não sobe na vida.

Depois de nove meses, a adorável tirou uma licença maternidade, retornando ao serviço tempos depois, como mais uma das mães solteiras trabalhadoras, utilizando com uma maquiagem mais reforçada para disfarçar a face cansada por causa das noites maldormidas, e vez em quando, sob a blusa impecavelmente passada, surgia uma pequena nodoazinha de leite materno. Coisas da vida!

Lélio agora intercalava as férias dos filhos e as visitas as mulheres que conquistara. Depois de um desabafo emocionado à moça das viagens de trem, que naquela altura não era mais tão jovem, conseguiu confessar seu caso com a Sabrina, a moça recepcionista da empresa de aviação ao mesmo tempo em que recitava uma linda estrofe de um poema de Pablo Neruda, pedindo seu mais sincero perdão.

Gostaria que seu amável coração permitisse que criassem a filha da aeromoça. Fariam uma caridade e a moça viajaria mais à vontade. A moça do caso ferroviário não aceitou. Mas a vida sempre tem solução. Sua primeira mulher, a mãe dos dois rebentos, do Lélio Jr e da Atena de Ióli (Lélio jamais me perdoaria se eu não escrevesse o seu nome assim, e sei que a moça não vai gostar, mas sou mais íntima de Lélio), estava sentindo falta de companhia e aceitou ficar com o bebê do caso aéreo. Era uma criança um tanto avoada afinal. Talvez por conta de um pequeno distúrbio proveniente de gestações aéreas turbulentas. Iria realmente lhe fazer bem uma temporada em terra firme.

O Lélio? Depois que encaminhou todas as mulheres e filhos na vida e depois da invenção do Viagra e similares, resolveu fazer um curso de mergulho e passar um tempo em Abrolhos, para recitar poemas em alto-mar, e quem sabe mais uma vez se apaixonar. Pelo menos desta vez não causaria mais danos à humanidade. Havia feito uma bem-sucedida vasectomia.

Olga

Olga nunca teve marido. Sempre viveu um caso de amor escondido com o cunhado, sempre sonhou roubar o cachorrinho da irmã. Olga dormia usando sutiã. Sozinha em casa nos fins de semana assistia a filmes de terror. Era viciada na seção de livros infantis das grandes livrarias. Sempre sonhou ter um bebê, mas pensava que era uma coisa muito difícil nos dias de hoje, e também não sabia se teria peito para isso.

Sempre tímida e recatada. Só falava pelos cotovelos na hora da confissão, com o padre da sua igreja. nunca confessou que tomava cerveja aos domingos, que gritava palavrões no jogo do Brasil,e que às vezes saía sem calcinha para refrescar a cuca. Olga era meio maluca.

Ser louca tinha suas vantagens. Gostava de roubar bombons nas lojas de doces. Gostava de desenhar mapas do Brasil nos banheiros públicos das rodoviárias. Gostava de fazer limpeza de pele dentro do provador de alguma loja de departamentos com garrafinhas de 500 ml de água mineral com gás e lenços umedecidos.

Morava numa quitinete sem divisória e gostava de andar pelada pela casa, assim como quem não quer nada e, vez por outra, parar em frente à janela da cozinha assim como quem não quer nada. Até que um dia, ficou apaixonada. Ficou decepcionada. Sabia que ninguém esperava isso dela: não era mais donzela, havia muito tempo não era nada. Muito menos amada.

Olga começou a andar assustadoramente despenteada e com os sapatos sujos. Vermelhos da poeira do barro de Brasília na época seca.

Numa sexta-feira 13 do mês de agosto de não se sabe que ano, perdeu as chaves de casa e dormiu na rua. Roubaram o seu melhor par de sapatos. No dia seguinte, vendeu o par de brincos de pressão folheados a ouro, que usava, para o chaveiro, e conseguiu finalmente entrar em casa. Passou o final de semana sentada no sofá em posição de lótus ouvindo Nana Caymi, só para comer, ir ao banheiro, dormir e atender ao telefone.

Sob os cabelos, agora despenteados, ficava pensando na mulher gorda e celulítica do chaveiro usando seus brincos, e percebeu que suas orelhas haviam ficado inflamadas de ciúme. Depois desse terrível embaraço, Olga exagerou. Comeu um churrasquinho com cerveja quente embaixo do bloco em plena segunda-feira, depois foi a um terreiro de umbanda, conversar com um caboclo. Só que naquele dia, a gira era de preto velho. Preto velho é preto sábio. Olga não entendeu nada quando o preto velho disse que ela devia comprar um bicho para cuidar, porque vivia muito só para ela mesma.

Na saída do terreiro, Olga encontrou um filhote de gato andando pela rua e resolveu passar a mão nele assim mesmo, sem pagar. O gato era muito bonitinho e espertinho. Depois de levar uma vida boa de gato adotado, resolveu abandonar Olga e procurar seus verdadeiros pais. Olga percebeu que era inútil apega-se a alguma coisa. Encarou a realidade. Pegou todos os sapatos que tinha e foi a um brechó. Chegou ao brechó com uma bolsa bem velha cheia de sapatos pretos chiques. Vendeu tudo. Depois passou em casa e deu todos os cremes e loções hidratantes à faxineira daquela semana.

Olga conseguiu juntar bastante grana e resolveu fazer uma viagem. Foi a uma banca de revistas e comprou um guia com roteiros incríveis, Olga descobriu o Brasil! Numa das cidades que visitou, foi a um cabeleireiro e cortou os cabelos bem curtos, principalmente na região da nuca. Olga nunca esteve tão maluca pela vida. Comprou uma sandália de dedos, um casaco e uma blusa para usar sem sutiã, e foi. Foi, foi foi foi foi.

Só mesmo Olga, para descobrir que podia passar um dia com muito menos dinheiro do que imaginava, e se divertir bastante. E o mais legal: conhecer muita gente sempre aumenta as possibilidades de encontrar um novo amor. Até mesmo no caso dela. Graças a seu passado escondido. Graças ao desamor com o cunhado, Olga desenvolveu um jeito meio desconfiado.

Olga estava toda serelepe. Arrumou um emprego numa barraca de cachorro-quente, onde dizia atuar como relações públicas e estagiária de Psicologia. Mas não era isso que ela fazia, ali atendendo àquela clientela estranha? Com o dinheiro que ganhou, comprou um colchonete ortopédico de casal, e deu um saco de dormir para um mendigo da vizinhança. Comprou um talco granado, e uma revistinha de criança para ler no banheiro. Seu sonho era ficar bem rica e colocar uma televisão cheia de polegadas e um videocassete bem cabeçudo no banheiro, para assistir a filmes eróticos embaixo do chuveiro. Mas Olga também sabia viver com pouco dinheiro.

Num dia de outubro com muito vento e baixa temperatura, recebeu uma carta via Sedex do cunhado:

— Fiz tudo errado. Quero ficar com você. Quero ficar com o cachorro. Quero ficar com a sua irmã. Tudo ao mesmo tempo agora. Estou revoltado com o sistema imposto pela sociedade.

Uma semana depois, recebeu um telegrama da irmã, em poucas palavras para ficar mais barato:

— Seu cunhado tentou suicídio. Conseguiu morrer.

Olga pegou a barraquinha de cachorro-quente e decidiu vender cachorro-quente no enterro do cunhado. Pelo menos agora ela lucraria depois de todo o prejuízo de ter amado aquele escroque safado. Indescritível. A barraca fez o maior sucesso no enterro. Todo mundo estava a fim de morder uma salsicha e enfiar a cara no molho rosê durante o velório. Pura distração compulsiva. Os camelôs vizinhos perceberam que os enterros são ótima ocasião para vender coisas. Só que ela enjoou logo, porque as reações eram muito previsíveis. E porque ali jamais poderia usar seus vestidos estampados e ser solidária com as famílias.

Com o dinheiro que ganhou, comprou um vibrador rosa tipo especial, e conectou ao computador. Agora sim, poderia viver um caso de amor. Em uma semana, conheceu um parceiro ideal, que tinha uma boneca loira inflável conectada ao computador. E percebeu que havia descoberto o amor. Que barato! O amor não valia nada.

Em uma semana o vibrador rosa deu defeito e a boneca loira do cara, estourou. Marcou um encontro ao vivo e em cores, mas ficou a tarde inteira procurando alguém que costumava escrever no modo de alinhamento justificado com letras "Times New Roman" tamanho 14. Impossível missão. Percebeu que todo mundo alguma vez na vida já tinha feito isso. Sentou numa cadeira giratória de ótica num *shopping* e conheceu um cara de olhos verdes que usava lentes de contato pretas. Trocaram telefones e foram para um motel no dia seguinte, usando lençóis 100% algodão estampados com rosas lilases. Na hora do banho a dois, o cara deixou a lente de contato e o sabonete caírem no banheiro. Todo mundo esfriou embaixo do chuveiro e não rolou mais nada. Esses lances de tesão vez por outra colocam a gente em cada fria!

Percebeu que falhara. O mundo era uma grande mentira. Pensou em comprar um carro. Pensou em comprar um cigarro. Mas não sabia dirigir nem fumar. Resolveu mudar. Passeando por uma feira *hippie* e clandestina na periferia da cidade, Olga comprou uma bicicleta e um pirulito. No primeiro dia passeando pela cidade, foi atropelada por entrar na contramão, e desmaiou. Nada grave. Só que quando a polícia chegou ela estava com a boca cheia de formigas, que tentavam alcançar o pirulito que caíra do outro lado do corpo dela. Olga foi socorrida. Mas teve muita formiga morta. Foi um grande massacre. Depois disso, Olga foi fazer bandagem (tratamento estético que promete a cura de celulite e gorduras localizadas) porque a foto que saiu no jornal sobre o acidente, mostrava um pequeno foco insistente de celulites ao longo das coxas que ficaram descobertas com a queda.

Não sei se Deus tem muita coisa a ver com isso, mas que foi um escândalo a menos, lá isso foi.

Ah Olga, sempre arrumando confusão, ah Olga, sempre na contramão, pôxa Olga, que vida difícil né. Só mesmo a Olga. A cada dia da sessão de bandagens, nenhum sinal positivo em seu corpo. Ao contrário. Sua barriga parecia estar aumentando! Ao fim da 4ª sessão sem resultado, resolveu ir ao PROCON reclamar. Sentada diante do diretor presidente do órgão, Olga teve um calafrio na espinha seguido de um insistente vaivém para vomitar no banheiro onde, na terceira vez, percebeu que alguém havia deixado um absorvente sujo. Reclamou:

— Nossa, tem mulheres que fazem isso...

Só mesmo Olga para pensar em menstruação, indenização. Espera aí. Olga não sabia quando fora a última vez que menstruara. Olga! Estava grávida do homem de olhos verdes com lentes de contato pretas! De uma relação assim, nunca se sabe o que pode sair.

Foi então. Olga decidiu voltar para si mesma. Manter os cabelos impecáveis. Os sapatos também. Pretos. Ah, de repente, veio uma saudade do cunhado. Coitado, só Deus sabe em que camada do inferno ele estaria! Ao sair de casa sem rumo, um cachorro na rua, não se sabe por que, fez com que ela se lembrasse da irmã. Estavam separadas havia muito tempo. Decidiu procurá-la e contar: ela é que havia ficado para titia.

Lulília

Nosso primeiro encontro. Preta com branco. Assistimos ao telejornal. Fizemos aqueles habituais comentários. Desconversamos. Desejávamos ser notícia. Abri a bolsa. Comecei a ler um trecho de algo que escrevi. Você parecia não ouvir. Perguntei se havia gostado. Você disse:

— Sim, amei!

De repente, você também resolveu compartilhar algo. Abriu uma garrafa de um bom vinho. Sua estória era muito longa. A garrafa de vinho insuficiente para este nosso estranho diálogo. O vinho era seco, eu sempre detestei. Também não gostei do vinho doce. Na verdade nunca gostei de vinhos. Pedi licença. Fui ao banheiro. Tirei os sapatos. A meia-calça. Retoquei o batom. Voltei. Novamente. Você entretido na televisão. Fazer o quê? Tentei me entreter com a televisão. O canal exibia um filme de ação. Eu fiquei ali paralisada. Isso seria um encontro?

Fui à cozinha beber água. Fiquei muito tempo. Que cara esquisito!

Ele na sala devia estar pensando:

— Que mulher estranha!

Olhei as plantas da área de serviço. Secas.

Depois. Programou o aparelho de 5 cd's e acendeu um incenso. Barato. Gostaria de ter fumado um cigarro. Gostaria de ter acendido um charuto e olhar a fumaça. Gostaria de ter gritado.

Você dançou sozinho no meio da sala ouvindo Emílio Santiago. Nem me convidou pra dançar. Eu também não me ofereci.

Fui para a dependência de empregada. Nem sei por quê. Tirei o vestido. Liguei o ferro. Armei a tábua. Passei. O vestido. Para passar a noite. Passei a noite. Passada. Ali.

A madrugada seguiu com barulho de televisão que não foi desligada. Ainda tive que ouvir um som ronco de macho asmático dormindo no sofá. Na rua tal. N.º tal. Apartamento Y

Acordei e coloquei o vestido passado. Com a cara amarrotada. Pronta para mais um dia. Passar. Depois de uma noite esquisita. Foi o nosso primeiro e último desencontro.

Afrodisíaco

Celeste era uma mulher de meia-idade em conflito com seus espelhos e hormônios. À deriva dos seus afetos, procurou em certo dia, nos classificados, um método que pudesse aliviar a dor dos olhos míopes e da alma cansada da mesmice com o marido. Celeste estava cansada. Das piadas televisivas, das reuniões insípidas, das amigas do bairro, da mesmice do grupo social. Dos passeios rotineiros aos mesmos *shoppings*, dos mesmos lugares de sempre, dos mesmos aniversários que nunca terminavam em alegria.

Procurando cura, disposta a tudo para reverter o seu marasmo, seu estado limítrofe, abriu um jornal qualquer e deu de cara com o seguinte anúncio: "Afrodisíaco. Cura qualquer problema em uma semana, aumento da sua disposição e alegria de viver, ligue, atendimento em consultório, marque ainda hoje, a solução está ao seu alcance."

Ela ligou. Marcou. Fez segredo. Foi.

Não sabia o que era a vida. Nunca conhecera um garoto de programa. Gostou. Gozou. Ele era realmente afrodisíaco. Renovou seu sangue, sua pele, sua disposição de viver. Recebeu carinho. Aquela pele negra, afrodisíaca, afrodionisíaca, despertou completamente o seu apetite sexual. Não havia volta. Fez um carnê para consultas semanais permanentes, pois o "tratamento" tinha que ser levado a sério. Afinal de contas, para que tivesse bons resultados, tudo dependia do sucesso da medicação indicada e do compromisso do paciente.

Em três meses, perdeu quinze quilos, muitos problemas de ansiedade foram banidos e já não vivia exclusivamente para os filhos. Acordava para o sol, para a sua caminhada matutina, para a sua meditação e depois degustava o seu afrodisíaco, às vezes até repetia uma segunda dose à noite. Sem abusos, só para garantir a paz em casos de conflitos familiares que traziam um nível de ansiedade excessivo. Não sentia o peso da culpa.

Com a prosperidade também caminhou a inveja, a passos velozes. Suas "amigas" estavam curiosas, queriam saber onde estava conseguindo tamanha disposição. Ela desconversava, atribuía tudo à medicina ortomolecular. Indicava falsos médicos, etc. Até que uma amiga, a Dalva, tentou o suicídio, e Celeste teve dó.

Ligou para o Afrodisíaco e pediu um atendimento de emergência. Ele relutou, disse que não fazia caridade, precisava de um primeiro encontro para uma avaliação. Mas Celeste pediu que desse à amiga às portas da morte apenas uma única noite afrodisíaca, um despertar e, devido ao seu pedido insistente, meio desconcertado, ele cedeu. Foi assim que o Afrodisíaco teve que incluir, meio a contragosto, mais uma cliente na sua agenda já tão lotada.

Mas esperem. Os negros não são fortes, aqueles imbatíveis, que não envelhecem e aguentam tudo? Ele tinha que dar conta do recado. E deu. Celeste e Dalva, mais vivas do que nunca, agora revezam os horários para receber as doses afrodisíacas. Compartilhavam segredos. Vampirizavam a sua energia vital, sugando o seu néctar mais precioso.

Os espelhos da casa de Celeste nunca foram tão solicitados. Seria o poder afrodionisíaco? Ela estava mais sedutora do que nunca, reavivada, mas e o marido? Bem o marido podia ser encontrado em algum bar perto de casa, templo sagrado onde "batia ponto", ou no futebol de sábado. Tinha hábitos "religiosos", era um bom marido, não deixava faltar nada em casa, do feijão ao arroz, passando pelas carnes. A despensa e a geladeira estavam sempre cheias, embora Celeste comesse cada dia menos! Era a ironia da inutilidade do provedor nos novos tempos...

Como era de se esperar, cerca de dois meses depois, duas outras "amigas" entraram para o grupo: Expedita e Soraia. As quatro, independentes e empreendedoras, resolveram fazer uma proposta de arrendamento do cobiçado "negão" afrodisíaco criando uma "cooperativa" secreta. Seria uma vingança à ausência de mulheres na Maçonaria? O fato é que uma pagaria um imóvel; outra, o automóvel; a terceira, as despesas do mês, incluindo um plano de saúde; a quarta financiaria os estudos e algo mais. Poderia financiar até os sonhos mais secretos.

Tudo isso para que tivessem direito a um contrato de exclusividade, sem alforria. Concessão total dos poderes afrodisíacos. Sem direito a revogação. Augusto, que finalmente teve que revelar o seu nome, parecia expressar certo desgosto. Sim, Augusto assinou meio a contragosto, aquela estranha documentação. Mas estava feito.

Não tinha do que reclamar. Atingira o ápice da pirâmide social vendendo a alma no país do mito da democracia racial. Seu "produto" tinha peso de ouro, ainda que estivesse sendo vendido em um mercado restrito, negro, recheado de mistérios e de invisibilidade.

Um mês depois, os maridos das quatro amigas resolveram combinar uma viagem de férias com suas famílias. As mulheres logo montaram uma reunião da cooperativa, pois não dispensariam o Augusto. Como ficariam sem a medicação? Não podiam perder o produto. Levaram o Afrodisíaco, claro! Cotizando as despesas da viagem e os horários de atendimento. Enquanto os maridos se embriagavam na praia, elas se entregavam aos efeitos afrodisíacos.

Em certa hora combinada, era a vez de Celeste. Chegou ao *flat* alugado, onde encontrou a cama revirada. Achou estranho. Ao ouvir o barulho do chuveiro, foi direto ao banheiro, onde Augusto estava caído no box, nu, com a cabeça cortada a inundar o chão de um vermelho sangue com o membro afrodisíaco totalmente ereto. Em cima da pia do banheiro, vários comprimidos, a pílula azul. Não era preciso pensar muito. Celeste ligou para o número 190.

Dias depois, o acontecimento foi amplamente divulgado no noticiário: "Garoto de programa quarentão que utilizava o codinome "Afrodisíaco" foi encontrado morto em *flat* por *overdose* de Viagra".

Augusto ainda deixou um apelo, um bilhete para Celeste:

"Você não soube me amar."

O galo preto

Etelvina, a mãe, surge no quintal de casa, tentando segurar três galinhas nos braços e equilibrar um enorme cesto cheio de roupas na cabeça. Sempre teve muito equilíbrio na cabeça, porque desde pequena lava roupas para fora e leva trouxas no alto da cuca, ofício herdado desde o berço sem luxo. Chega aflita, aos gritos, esbaforida:

— Meninas, venham ver as galinhas!

A mulher é um trapo de gente de tanto parir em condições difíceis e viver em condições mais desgastadas ainda. Romântica, tenta fazer com que a verdadeira situação da família, que vive num estado de miséria e privação absoluta, não seja revelada às crianças.

As filhas, Ióli, Maria e a sobrinha Josefina, que vive com o casal desde a morte súbita da irmã de Etelvina, por ocasião do parto da menina, correram pela lateral do barraco e receberam mamãe na frente da casa. Cada uma pegou uma galinha no colo e tratou logo de batizar. Estavam todas amarradas. A Augusta era da Ióli, a da irmã caçula era a Francisca, e a Josefina ficou com a Pauliceia.

Dia seguinte. A casa acordou literalmente com as galinhas, cacarejando no quintal do lado de fora. A mãe disse que deviam cuidar muito bem das pintadinhas, com carinho e atenção, para que elas ficassem bem felizes. As garotinhas adoraram a ideia de ter galinhas de estimação. Estavam eufóricas.

Mais uma semana. A mãe apareceu com um galo preto. As meninas ficaram com medo do galo, pois ele era mal-encarado e esquisito, mas as galinhas amaram, ficaram cacarejando contentes, e foi a maior festa no galinheiro.

A mãe disse que todo galinheiro tinha que ter um galo *pra dar sorte* e cuidar das galinhas. O galo preto não fazia quase nada no galinheiro, só andava de um lado para o outro, como o pai. Parecia não estar preocupado com sua condição, enquanto as galinhas sofriam para botar ovos.

A família tinha ainda um tio por parte de mãe que morava num bairro distante e sempre almoçava em casa aos domingos, ocasião em que a mãe preparava um delicioso macarrão com galinha para reunir a família. Aos domingos, o tio trazia comida, fartura e alegria. No próximo domingo a família teria um almoço especial, pois o tio resolveu trazer sua nova namorada, muito linda, apelidada de "Beija-flor".

Em pouco tempo as galinhas começaram a botar ovos, por isso, além de farinha com feijão do fundo do quintal meio seco pela estiagem típica do Centro-Oeste, eles comiam tudo o que se podia fazer com ovos. Na falta de gás, comiam até ovo cru. Os tempos começaram a ficar mais difíceis, porque a mãe teve um problema na coluna e as meninas passaram a entregar as roupas nas casas das clientes.

A verdade é que não aparecia mais tanta cliente assim. O pai tentava arranjar uns bicos, mas gastava a maior parte do que ganhava em cachaça. Era viciado, alcoólatra mesmo. Quando bebia, parecia um galo de briga, gritando sozinho, e a zanga dele era sempre a de falar sozinho com o rádio, por causa das derrotas constantes do seu time de futebol.

Sexta-feira à noite. Lua cheia, dramática. A mãe chamou as meninas e pediu que escrevessem os nomes das galinhas em três papeizinhos para um sorteio. As garotas correram animadas e descobriram que a escolhida fora a Pauliceia. Mamãe pediu que preparassem a galinha, com banho, carinho, estórias pra dormir, para que ficasse pronta, pois ela teria uma grande missão a cumprir. Fizeram tudo direitinho.

Chegou o sábado. A Pauliceia estava toda enfeitada com fitas no cabelo e até batom. Pena que a casa não tinha máquina fotográfica nem acessava as redes sociais, senão seria uma festa. Elas poderiam até ganhar algum dinheiro com a galinha show.

Sábado à noite. Todo mundo dormindo. Ióli sentiu vontade de fazer xixi e saiu do pedacinho de chão onde dormia, no barraco de três cômodos. Encontrou a mãe rezando e chorando no banheiro. Ela disfarçou e disse que era para Deus abençoar e levar a família para um lugar melhor. Ióli voltou pra cama e sonhou com um céu onde as anjinhas estavam vestidas de galinhas. Todas gordinhas, bem nutridas e dormindo em camas quentinhas.

Nunca conheceram a caridade, a comunidade, nem a cidadania. Viviam por eles, nem sobras de lixo conseguiam, pois não estavam próximos de bairros de luxo. Estavam às margens de um mundo que nunca conheceram, exceto pelas visitas românticas e esporádicas do tio.

Domingo de manhã. Todos acordaram com a maior gritaria no galinheiro. A mamãe estava tentando pegar a Pauliceia enquanto as outras representavam as fiéis defensoras da amiga. O galo preto enfrentou a mãe como se defendesse o território. Era o macho do pedaço. As meninas ficaram confusas e a mamãe gritou, mandando todo mundo entrar em casa. A mãe estava descontrolada. Não entenderam nada, pensaram que a galinha tinha sido malcriada. A sobrinha chorou como se tivesse um estranho pressentimento.

    Nunca mais viram a Paulicéia. No almoço de domingo, o tio não apareceu, mas comeram macarrão com galinha, e a mamãe fez uma oração pedindo perdão a Deus. A fome tinha mesmo um jeito estranho de mexer com o destino dessa família.

    Dias depois, a mãe chegou com um pintinho e entregou à sobrinha, mas ela recusou, disse que ninguém poderia tomar o lugar da Pauliceia. Aos poucos, as outras galinhas também foram sumindo; a família continuou a comer o que sobrou. Nunca mais sentiram o gosto do macarrão. A verdade. Mamãe estava matando as galinhas para que a família não morresse de fome.

    Numa noite dessas Ióli ouviu a mãe comentando com o pai que para matar uma galinha tinha que raspar bem o pescoço, dar umas tapinhas na nuca, enrolar o pescoço para o lado, dar uma pancada forte e certeira e fim: a galinha estava morta, tinha que ser uma pancada certeira. Não havia espaço para a dúvida.

    A verdade é que um dia viu a mãe com pena de uma galinha, cortando a cabeça com dó, pois a galinha era tão magrinha! Ela respirou fundo e degolou a bicha. A cabeça tombou, mas o corpo da galinha saiu andando tonto, disforme, feito mula sem cabeça. A carne não prestou pra nada. Foi aí que Ióli aprendeu a não ter pena de acabar com as coisas. Chorou em voz baixa a noite inteira, enquanto as meninas roncavam. Não conseguiu dormir com medo dos pesadelos. A verdade é que não gostava de ser a mais velha porque ficava sabendo de coisas horríveis que ainda tinha que esconder das outras.

As galinhas continuaram desaparecendo. As meninas queriam sobreviver. Resolveram pedir ajuda ao galo preto, pois estavam com medo de que tudo estivesse chegando ao fim. Devagarzinho, entraram no galinheiro no meio de uma madrugada, sem que a mãe soubesse. Tremendo de medo, Ióli olhou no fundo dos olhos do galo preto; ele era estranho mesmo, tinha uma cara de galo velho, meio galo avô. Choraram de saudade das suas amigas galinhas. Pediu ao galo para ajudar a mãe. Choraram abraçadas e ficaram ali caídas, no fundo do galinheiro.

O galo olhou as meninas de um jeito muito estranho. De forma um tanto mágica, suspirou e começou a ciscar feito louco, cada vez mais rápido. O galinheiro ficou tomado por uma névoa surreal. O galo cantou como nunca e ciscou freneticamente. As meninas desmaiaram e ficaram caídas ali no chão do galinheiro. De manhã, o pai e a mãe também não levantaram da cama. Pela primeira vez a mãe não foi trabalhar. O rádio estava mudo.

Quando acordaram, estavam num lugar estranho. Sem fome, peso, pele. Sem espelhos. Brincaram com as anjinhas vestidas de galinha. Elas existiam mesmo! Mamãe e papai também estão lá e o time do pai, além de campeão, conseguiu uma vaga na primeira divisão. Mamãe estava descansando, com uma expressão feliz. Ali não estavam entre os mortais e nem teriam problemas materiais. Tudo que tem o seu começo, tem também o seu fim.

Memórias

Seria fácil para um menino de onze anos com boa memória lembrar com nitidez das cores daquela segunda-feira? Eu lembrei. Numa família com pai, mãe e nove filhos, cinco mulheres e quatro homens, eu era o mais novo dos rapazes. Meninos caçulas são sempre protegidos ao mesmo tempo em que precisam manter o elo afetivo entre os irmãos depois que crescem.

Para o começo da história já temos o dia, uma segunda-feira com muito sol. O lugar é um daqueles guardados na cabeça numa pasta de arquivos essenciais à própria existência. O cenário? O pátio de uma escola particular na zona nobre de uma grande cidade foi o escolhido.

Um destaque na história. O intervalo é um acontecimento único em todas as escolas. A um toque do sinal sonoro, agudíssimo, começa a festa coletiva e a permuta dos lanches. Eu sempre fui o preferido da hora da merenda porque levava lanches preparados por minha tia, cujas mãos fabricavam a melhor comida do mundo. Seus biscoitos trançados passados no açúcar eram os meus prediletos. Coincidentemente, Tia Olga sempre usava tranças corridas esculpidas nos seus belíssimos cabelos crespos, ela dizia que as tranças eram a síntese da transformação da vida. Gostava muito de cozinhar porque segundo ela, o sucesso consistia em saber misturar as coisas certas na proporção devida.

De volta ao cenário da sala de aula é chegada a hora de apresentar o clímax da cena. Quanto tudo ocorreu, eu estava sentado na frente, em um dos primeiros lugares, o meu espaço preferido, eu, um garoto míope usuário de óculos. A professora pediu a colaboração de um voluntário, eu me ofereci, como o bom menino negro bolsista filho da faxineira gorda e simpática a quem todos chamavam carinhosamente de tia Edna. Levantei animado, arrumei as calças do uniforme, (feitas pela mamãe) e despenquei ali, bem no meio da sala. Foi um desmaio súbito.

A claridade habitual do mundo sempre branco daquela escola de meninos ricos onde eu só estava porque em minha opinião, alma e inteligência sempre estarão além de qualquer preconceito fugiu dos meus olhos instantaneamente. Num passe mágico, voltei a enxergar com nitidez e percebi estar em outro ambiente com uma cama de hospital após um desmaio súbito decorrente de fraqueza por anemia. Nunca gostei de comer verduras e legumes.

Internado naquele hospital público onde as inúmeras páginas do sofrimento físico descortinaram—se pela primeira vez diante dos meus olhos comecei a investigar a realidade ao meu redor. Paradoxalmente, pela janela sempre era possível ver meninos jogando futebol. Aquilo me fazia tão bem. Não sabia a razão. Talvez porque Deus não gostasse de ver meninos doentes e com essa paisagem, estivesse enviando cura e rápida recuperação.

Ainda na cama do hospital, fechei os olhos lentamente e senti o meu corpo levitar em um segundo. Ao abri-los, surgiu outro cenário no lugar que àquela altura, eu considerava o mais precioso do universo: eu agora estava no colo de meu pai. Seus braços negros, enormes, como que revestidos de aço, sempre envolveram o meu corpo com carinho. Ouvi ao longe a voz do simpático médico com cara de Papai Noel:

O menino terá que ficar de repouso em casa.

A sentença trouxe uma imediata sensação de alívio. Para completar a alegria, o meu pai conseguiu dispensa no trabalho para ficar comigo a tarde toda. Era mesmo um sonho. Poderíamos assistir juntos à sessão da tarde. A realidade não perdeu para a fantasia naquela segunda-feira com cara de domingo, dia em que pude desfrutar de um tempo a mais na companhia do meu papai.

Recordar essa história tem um sentido especial, especialmente no dia de hoje, pois acabei de chegar da maternidade, entrei em casa, estou com o meu herdeiro nos braços. Meu tão sonhado primeiro filho. Ele já está diante do mundo de olhos abertos. Seus olhos negros e profundos emanam curiosidade. Depois de conseguir que ele caísse em sono profundo, coloquei o infante no berço depois de algumas longas horas nesta madrugada inesquecível e tombei em minha cama, móvel antigo que herdei da vovó. Tentei acordar a minha esposa como o menino ansioso e inebriado pelas surpresas que sempre fui, acariciando de leve os seus cabelos.

Meu amor acorda! (Ela abriu os olhos, mas caiu novamente no sono esboçando um sorriso negro de sonho).

Eu só queria dizer que aquela pérola negra sonhada desde o dia do nosso primeiro beijo está nos olhos do menino!

Ela precisava descansar. Fiquei ali deitado, extasiado, olhando para o teto. A felicidade estava ali, traduzida na nossa realidade de lutas diárias para enfrentar o medo e a inércia do mundo cheio de desafios lá fora. No seio das nossas famílias negras com lugar para inúmeros filhos do corpo ou do coração, aprendemos a conviver com as nossas misérias e farturas simplesmente porque sempre é possível colocar mais água no feijão, temperar e sorrir ou chorar e seguir em frente. Os nossos velhos não morrem na amnésia dos asilos luxuosos.

Continuei ali deitado na cama que foi da vovó Lina imaginando a cena final deste capítulo da minha história. A vovó sempre soube como terminar as suas histórias com maestria. Eu não estou à sua altura. Mas creio que o passado vai me ajudar a escrever o presente e projetar o futuro. Eu me preparei tanto para ser pai, a minha hora finalmente chegou! Seja bem-vindo Luther, meu filho amado!

Flor

Saí de casa naquele dia com a sensação de que, caso encontrasse uma flor pelo caminho e mediante a beleza e a contundência de sua aparência, talvez eu não fosse trabalhar e me deixasse levar por outra atividade: a contemplação.

Chovia, o que tornava a cidade um tanto melancólica e os horizontes meio embaçados. Qualquer um adivinharia um domingo; entretanto era o segundo dia da semana.

Passei por todo aquele chão molhado com uma certa delicadeza tentando preservar a boa aparência dos meus sapatos. Jamais confiei em alguém com os sapatos sujos. O guarda-chuva preto, envelhecido precocemente por falta de bons tratos, protegia meus cabelos e a garganta ressentida de uma ocasional gripe. Tentei prestar atenção na música do dia; quando estamos atentos, é perfeitamente possível deixar tocar, dentro das nossas cabeças, a música do dia, aquela companheira do subconsciente que traz, como o interior de um biscoitinho da sorte chinês.

Nem sinal da flor. A rádio subconsciente deve ter sido apanhada por alguma interferência consequente da chuva, e não toca absolutamente nada hoje. Já não existem mais dias de verão como antigamente.

Rumo ao trabalho. À procura de rosas que jamais apareceram numa segunda-feira *rosas dificilmente sobrevivem ao assédio dos cães a passeio e das crianças livres no térreo dos prédios da minha organizada vizinhança*, segui. Com uma estranha forma de contemplar, com a firme convicção de olhar tudo à minha volta. Com uma conhecida esperança. Persistente. Sagrada.

No dia três de janeiro de 2000, confirmei o que já era fato havia alguns dias: o mundo não havia acabado e permaneciam os sonhos, as tempestades e as crianças famintas por toda parte.

Ainda hoje procuro a tal rosa. Ainda sonho com o instante sagrado em que não vou trabalhar, em que o salário não vai pagar meu comodismo, o mundo vai ficar pequeno novamente, e eu vou brincar de esconde. Esconder meu medo e plantar um jardim de flores lilases no meu quintal, regadas com parcimônia, abrir a janela e dar de cara com o sol, abrir a janela e dar de cara com a chuva, abrir a janela e dar de cara com a lua. Inimaginável.

Contemplo a vida como uma possível história, que um dia contarei aos meus filhos, à minha menopausa, e às minhas rugas. Rugas com desenhos de rosas, de pétalas, de espinhos, de sapatos limpos, de pingos de chuva, de manhãs de sol, de banhos de lua e de fiapos de guarda-chuva velho.

Espelhos negros

Diante do colapso enfrentado pelo país em decorrência da crise de imagem, o Presidente decidiu anunciar um decreto. Em atitude emergencial, entrou em rede nacional para pronunciar um discurso oficial com a divulgação de uma nova lei: A partir daquela data, o uso de espelhos ou outros aparelhos e objetos com propriedades reflexivas estava permanentemente proibido.

Toda crise traduz um momento de ruptura anunciado. Essa crise atingiu imediatamente a reputação, ponto nevrálgico daquele país emergente, com profundas cicatrizes mal curadas de um passado escravocrata e colonial. Era uma nação de terceiro mundo em uma crise diante do avassalador sistema capitalista de consumo desenfreado. A obsessão pela "boa" aparência e a extrema vaidade atingiram as raias da loucura na maior parte da população. As empresas informaram prejuízos decorrentes dos constantes atrasos dos funcionários, preocupados com sua apresentação pessoal; dos frequentes atestados médicos destinados à recuperação após a realização de cirurgias plásticas e outros procedimentos estéticos; a polícia estava enfrentando uma crise nunca antes vista, em virtude da dificuldade de identificação dos prisioneiros, a ludibriar o sistema com a exibição de novos rostos, e até mesmo de novos sexos.

Todos queriam ser como os artistas, viver como eles; enfim, criar paraísos na terra, ilhas de salvação, encontros perfeitos, enquanto a desigualdade e a fome estavam a crescer em torno das cidades "grandes". Até mesmo as crianças já não brincavam como antes, preocupadas com a aparência; exigiam procedimentos estéticos dos mais diversos e alguns pais chegavam até a comprar lentes de contato para os bebês, loirinhos, lamentavelmente sem olhos azuis, alegando uma correção genética; as pessoas passavam horas a cuidar da aparência enquanto a violência e o uso de drogas cresciam assustadoramente; ninguém queria investir nas ciências, na assistência social; todos queriam estar impecáveis diante de um mundo mágico criado pela televisão. O realismo fantástico televisivo estava mesmo engolindo o mundo real.

A notícia atingiu a população como um raio. O decreto do Presidente foi recebido com revolta e desespero: as pessoas estavam cometendo o suicídio em massa nas praças, nas escolas. As clínicas de estética estavam sendo fechadas, assim como os salões de cabeleireiros — nas ruas o trânsito estava caótico, sem direção.

As pessoas vagavam em busca de um miradouro, de um ponto turístico onde pudessem enxergar a si mesmas. Infelizmente, as fontes de água estavam escassas, não havia um lago, um córrego, um fiapo de rio onde pudessem mirar-se. As cidades beiravam o caos, com pessoas perdidas, enlouquecidas, à deriva dos afetos.

Moisés era um repórter investigativo incansável na busca pela melhor notícia. Também estava devastado pelo decreto. Em seus 43 anos, como homem negro, construíra, junto ao seu meio referencial, em um sistema racista, a crença de que nascera feio. Não estava muito à vontade com a sua identidade negra, nem com o seu cabelo crespo, que detestava. Acreditava não ter muitos atributos físicos especiais e investira muito tempo e dinheiro para tornar-se um homem melhor.

Orgulhava-se de ter conseguido atingir a evolução: hoje se enxergava como branco, ou quase isso, devido ao tom de pele que conseguira com o auxílio da cosmética; além disso era magro, alto, lindo, usava lentes de contato azuis, era em sua opinião um exemplo bem-sucedido a ser seguido, já que apresentava semanalmente um programa televisivo. Fazia de tudo para impressionar positivamente os seus fãs. E com todo esse esforço, agora com o tal decreto, não poderia contemplar a sua própria imagem? Como assim uma vida sem espelhos? A imagem era tudo na vida de um vencedor.

Resolveu investigar a fundo. Logo descobriu que o sistema não estava de brincadeira. Várias pessoas estavam desaparecendo misteriosamente após terem sido flagradas portando espelhos. Alguns clubes de senhoras foram bombardeados após a denúncia anônima de que esses locais praticavam cultos de imagem fechados a sete chaves.

Soube por fonte segura que diversas pessoas estavam sendo torturadas após a denúncia de práticas de tráfico de espelhos. Nas ruas da cidade, nos becos, você poderia pagar uma fortuna para que alguém lhe permitisse olhar, ainda que de relance, a sua imagem no espelho. Moisés estava em busca de mais informações, quando foi apresentado a um jovem engenheiro de 25, um *nerd*, que também era artista plástico. Ficaram frente a frente durante um coquetel badalado, e Moisés ficou sabendo por fontes seguras que o rapaz era *hacker,* e que tinha informações a revelar. Marcaram um encontro para o dia seguinte. Num café, no centro da capital. Moisés não queria rodeios:

— Fiquei sabendo que você sabe mais do que a maioria; tenho interesse, pago pelas informações e prometo sigilo.

O jovem sorriu, um riso largo que escorria pela boca e inundava o corpo inteiro. Um sorriso de satisfação.

— Vocês, jornalistas, são mesmo insensíveis. Não vai me oferecer um café? Conversar sobre amenidades? Sempre engolidos pelo tempo. Sei que foram moldados durante a faculdade a manifestar-se de forma clara, direta e objetiva, mas uma boa oratória é parte das relações humanas. Neste momento não tenho o menor interesse em colaborar com você, digamos que nós, os humanos, somos movidos pelas sensações.

Moisés ficou irritado. Era mesmo o que faltava. Um filósofo, um pensador diletante!

— Como é mesmo o seu nome? Pedro? Desculpe, mas estou muito aflito, há dias não me enxergo diante de um espelho, estou meio abalado, confuso com toda essa situação nacional. Mas você parece estar tranquilo.

Pedro está a fazer palavras cruzadas. Totalmente concentrado.

— Meu caro, nem todos têm as mesmas preocupações.

Moisés quer voltar ao assunto, está impaciente.

— Preciso de informações sobre um movimento rebelde, ouvi dizer que eles ainda têm espelhos, sei que você conhece o assunto. Eu pago bem.

FUNDAÇÃO EDITORA DA UNESP

Presidente do Conselho Curador
Mário Sérgio Vasconcelos

Diretor-Presidente
Jézio Hernani Bomfim Gutierre

Superintendente Administrativo e Financeiro
William de Souza Agostinho

Conselho Editorial Acadêmico
Danilo Rothberg
Luis Fernando Ayerbe
Marcelo Takeshi Yamashita
Maria Cristina Pereira Lima
Milton Terumitsu Sogabe
Newton La Scala Júnior
Pedro Angelo Pagni
Renata Junqueira de Souza
Sandra Aparecida Ferreira
Valéria dos Santos Guimarães

Editores-Adjuntos
Anderson Nobara
Leandro Rodrigues

Símbolos naturais

Esta obra foi composta pela BR75 em PMN Caecilia 45 Light (texto) e Fofer (títulos),
impressa pela gráfica Renovagraf, sobre papel pólen bold 90g
para a Editora Malê, em São Paulo, em novembro de 2016.

— Olá, negra bonita, boa noite, como vai? Seja bem-vinda à Tenda Espírita Vovó Maria Conga!

Sua voz era macia e muito agradável.

Ela sorriu, agradecendo. Não conseguiu dizer algo oportuno. Razão, emoção, entusiasmo, tudo estava misturado no seu corpo. A partir daí, não saberia explicar quanto tempo permaneceu ali no terreiro, sentindo a dor do seu nascimento aos trinta e quatro anos, depois que caiu desmaiada, nos braços daquele homem.

Aquela foi a primeira das visitas feitas ao espaço que começou a frequentar regularmente, primeiro como consulente, depois como médium da casa. A umbanda entrou em sua vida para ficar, com sua magia e o seu encantamento. Jorge foi se aproximando cada vez mais, acompanhando o seu aprendizado espiritual, a amizade entre os dois foi ficando cada dia mais forte. Estavam sempre juntos.

Chegou o dia do primeiro passeio, do primeiro beijo. Tempos depois, a forte atração entre os dois evoluiu para uma relação duradoura, sem maiores problemas. Naturalmente chegou o dia do pedido de casamento. Teresa e Jorge estavam felizes! O ritual foi celebrado em uma noite de temperatura agradável, com um vento fresco. Na ocasião, ela surgiu lindamente negra, única, com seu vestido branco ricamente ornamentado nas cores do seu orixá. Foram três dias de comemoração regados a muita alegria, afeto, dança e música.

No terreiro, selou os seus laços espirituais e o compromisso com a ancestralidade. Ela renasceu em um local onde reinavam o orgulho das matrizes africanas, os mistérios da natureza e o corpo negro, totalmente integrado, sem maniqueísmos de bem e mal.

Na virada de uma esquina, perto, bem mais perto daquela sonoridade inesperada, Teresa sentiu o coração palpitar. Parou diante de uma casa branca, cujo portão estava aberto. A casa estava repleta de sons variados. Tambores, vozes em coro, como se houvesse festa. Ela entrou. Sempre acreditou que Deus seguiria com ela por onde fosse. Nunca estaria só. Seus olhos estavam marejados e o corpo, trêmulo. Parada na entrada da sala, viu a imagem de Jesus ao fundo, mas não era o tradicional Jesus de olhos azuis, era um Cristo negro, parecido com o Zumbi, aquele que a professora de História do ensino médio um dia apresentou na palestra sobre o Quilombo de Palmares; nunca esquecera esse dia. Ali, de braços abertos, o Jesus Cristo negro sorria. Não era escravo, não estava no tronco, não havia marcas de sofrimento em seu corpo. Reinava.

O salão principal da casa era amplo, com um teto bem alto enfeitado por fitas coloridas. Dispersas no salão estavam as pessoas, vestidas de branco; havia uma mesa muito comprida na lateral, adornada por flores, preenchida por frutas e muita comida. O ambiente estava cheio de sorrisos, liberdade, havia dança, gente branca, negra, crianças, turbantes, vida, prazer, enfim. Não havia o peso do pecado nem da culpa. No centro da sala, um homem negro, alto, sorria, reluzindo em sua pele azeviche, como se estivesse à sua espera. Sentiu uma imediata atração por aquele homem. Havia muito tempo não encarava homem algum. Respirou bem fundo. Ele tinha braços fortes, adornados por uma vestimenta toda branca. Calçava sandálias de couro. Quando veio ao seu encontro, amistoso, seu olhar era doce e profundo:

imagem e semelhança. Sem preconceitos. Tinha a certeza de que um dia seu homem chegaria. E, se não chegasse, ela permaneceria em paz consigo e com o seu Deus.

Certa noite, após o seu momento de oração, Teresa caiu em um sono pesado. Gostoso. Horas depois, no início da madrugada, ela acordou sentindo calafrios, arrepios pelo corpo. O tempo estava quente, úmido. Teresa acordou com o corpo em chamas, cheio de urgências. Lá fora, a ventania dava seus gritos. Meio em transe, levantou, foi ao guarda-roupa, colocou um vestido vermelho justo e curto, peça ainda embalada comprada para usar um dia, com o futuro marido. Não sabia a razão, mas naquela noite tinha que usar aquele vestido. Seu estado era de total certeza, com movimentos precisos, não havia tempo para hesitação. De frente para o espelho, penteou os cabelos com muito orgulho, reforçando o volume, caprichou no perfume, calçou lindas sandálias vermelhas de salto Anabela, colocou brincos, anéis, pulseira, maquiagem delicada a realçar seus traços de esfinge africana, com exceção do batom. Escolheu um batom vermelho sangue. Ajeitou a saia do vestido, mirou-se no espelho longamente, abriu a porta principal e saiu. Sentia-se majestosamente bela.

Naquela noite, caminhando pela rua, não havia dúvida nem culpa no coração de Teresa, sabia que estava a cumprir o seu destino. Para onde iria? Seus ouvidos estavam totalmente conectados, ouviam sons, pareciam tambores, em um ritmo desconhecido. Ela seguiu rumo ao convidativo e misterioso ruído, pois queria ouvir mais de perto; além disso, o ar da noite estava agradável para um passeio. Mesmo diante da noite escura, não havia sombras de medo em seus olhos.

mais. Além disso, era independente, diferente da maioria das moças da igreja. Teresa não aceitaria um homem que tentasse mudar sua natureza, isso não. Tinha lá sua dose de rebeldia. O fato é que Teresa estava indo muito bem no seu relacionamento com Deus, mas com a igreja e os seus membros, tinha lá suas questões. Digamos que não concordava totalmente com a instituição onde a fé e o capitalismo andavam de mãos dadas e a prosperidade costumava estar exclusivamente vinculada aos bens materiais.

As amigas de Teresa, quase todas casadas, diziam que a solteirice era culpa do seu gênio insubmisso. Afinal, tinha emprego e profissão. Uma mulher deveria depender do marido, isso fazia bem ao homem. Ela, ao contrário, passava uma imagem de uma mulher que talvez não priorizasse o casamento. Nenhuma delas questionava o machismo e o racismo. Machismo, racismo? Onde? Defendiam que talvez devesse acatar as opiniões da maioria, inclusive sobre os seus cabelos. Achavam que valia a pena mudar a sua imagem para conquistar um varão e futuramente os seus filhos, a sua descendência.

Nas palavras das amigas, madeixas lisas transmitiriam a imagem da calma, da resignação. Ao ouvir esses comentários, Teresa respirava bem fundo, entregava a maldade do mundo a Deus e seguia firme em suas convicções.

Quando não estava trabalhando e nem na igreja, Teresa passava muito tempo só. Na tranquilidade do seu lar, em seu quarto, antes de dormir, gostava muito de conversar com o Pai; o Senhor aparecia imponente, negro, sem os ditos olhos azuis e a pele clara. Em seu espaço íntimo, Teresa podia desfrutar da companhia de um Deus à sua

Renascença

Teresa frequentava a igreja aos domingos como um compromisso sagrado. Não falhava. Para lá movia seu corpo esguio com fé, os cabelos crespos penteados com esmero, arrumados na certeza de que Deus não falharia nos seus propósitos. Era uma mulher virtuosa, cristã desde a infância, filha de pais também tementes ao evangelho de Jesus Cristo. Prendada, sabia como ninguém cuidar de uma casa, sonhava com filhos, com uma família, mas também adquiriu formação acadêmica, era formada em Psicologia, tinha um consultório onde atendia sua clientela, amava o seu trabalho.

 Teresa gostava muito da sua igreja, mas seu corpo negro também sentia naquele ambiente o peso do preconceito, da discriminação. Isso gerava muitos questionamentos. Porque não despertava o interesse dos rapazes da congregação? Sofria, pois para vencer o peso da solidão era preciso descobrir a causa. Bela, elegante, charmosa, era sem dúvida uma mulher interessante, na forma e no conteúdo. O fato é que, naquela comunidade, os homens negros normalmente costumavam casar com mulheres brancas, exibidas como troféus, e as mulheres negras, como ela, ficavam solteiras. Eram exaltadas como servas do Senhor. Servas. Nunca protagonistas. Não eram consideradas belas, estavam fora do padrão, tinham que se esforçar muito para conseguir um varão. Esforço nem sempre recompensado à altura dos seus desejos.

 Além disso, Teresa tinha um estilo próprio, por exemplo, não alisava os cabelos, o que chocava ainda

Eis o clímax da história. Socorro tirou da bolsa uma tesoura pequena e começou a cortar o cabelo. Quanto mais cortava, mais bonita ficava, mais serena, mais incrivelmente consciente. Para o espanto geral, pela primeira vez parecia uma mulher normal, completamente negra e linda. Suas pernas foram finalmente descobertas pela meia-calça rasgada e o rosto não apresentava mais vestígios da maquiagem, desfeita pela força das águas. Socorro ficou paralisada. Sentiu a dor indescritível do seu nascimento, viveu o seu mistério profundo. Extasiada, voltou para o carro e buzinou a fim de oferecer carona ao motorista, que desceu do ônibus e deixou os passageiros atônitos. Os dois beijaram-se como num apaixonado beijo de cinema.

Último *close* que todo mundo viu. O pessoal na rua e no ônibus aplaudiu e pediu bis. Todo mundo começou a se beijar no ônibus e no meio do asfalto. A chuva nunca foi tão providencial para algumas mulheres que ali estavam e voluntariamente deixaram a água lavar todo o resquício de embranquecimento, experimentando liberdade para dentro da cabeça. O trocador realizou pela primeira vez o seu maior sonho, de dirigir um ônibus, e prometeu nunca mais contar piadas de negro. Será?

Num outro ângulo, o motorista, o Jorge, estava furioso. Abriu a porta do ônibus e atirou na cara de Socorro uma frase reveladora.

— Fala, negrona! Fez a progressiva né? Cuidado com essa escova progressiva, isso é a maior regressão na vida de um ser humano!

A verdade é que o motorista enxergou Socorro de um modo nunca antes visto. Pensou na realidade absurda de um homem negro que nunca encontrou uma verdadeira mulher negra com quem pudesse casar, e ainda tinha que aguentar acusações injustas que diziam que ele preferia mulheres brancas. Jorge continuava solteiro porque não conseguia escolher entre uma branca original ou uma negra falsificada tentando ser branca. Branca original? Negra falsificada? Ainda não decidira se alguma dessas alternativas estava correta.

Os passageiros assistiam a tudo e reagiam das formas mais distintas. Uns apoiavam, outros nem queriam saber, alguns queriam chamar a polícia, outros aproveitavam para roubar, fazer propaganda, ler a bíblia em voz alta anunciando o fim dos tempos, comentar sobre a vida das celebridades, entre outras ações cotidianas. A cena mais interessante mostrava o espanto de Socorro, chorando baixinho, completamente chocada e assustada. Ela tentava disfarçar e ajeitar o cabelo encharcado sem conseguir, e então ficava cada vez mais nervosa. De repente, num movimento rápido e impulsivo, ela virou de costas e meteu a mão na bolsa. Os passageiros gritaram em coro:

— É uma arma!

Desafiou a crença de que mulheres não devem falar demais porque afinal de contas *não pensam, sempre muito ocupadas com os cabelos e outras futilidades*, no intuito de agradar muito mais às outras mulheres do que aos homens.

Socorro acabara de ser bloqueada por um motorista de ônibus, um homem negro, desses muito apressados, cansado de tentar ingressar em diversas empresas onde nunca sobreviveu ao teste da boa aparência, cheio de sono pela jornada de trabalho combinada com a faculdade à noite, e definitivamente insatisfeito com o salário e a profissão. Atenção ao conflito, pois esse homem era de verdade, não era cauterizado, revelava a própria dor!

Essa situação provocou Socorro. Socorro enxergou a sua própria realidade. Tudo bem que não conseguiu definir quase nada a princípio, mas estava nascendo...

De súbito, parou o carro bem em frente do motorista, pronta para exigir os seus direitos de cidadã. Ela agora entendia que pior do que a violência só mesmo a passividade. Os passageiros, agitados, estavam preparados para um espetáculo, e por isso brigavam entre bolsas, ombros, cotovelos, pulsos, e mãos, pelos melhores lugares nas janelas do transporte público. Uma chuva, torrencial, gritava e batia no chão.

Detalhe. Socorro estava tão transtornada que saiu do carro sem o guarda-chuva e a capa de plástico. Empurrou com fúria a porta do ônibus enquanto a chuva encharcava seu corpo. Socorro estava perdendo a cabeça, aquela cabeça branca que costumava usar de vez em quando para tentar sobreviver num mundo que insistia em propagar a crença de que "não existe negro".

MARY DOUGLAS

Símbolos naturais
Explorações em cosmologia

Tradução
Priscila Santos da Costa

Título original: *Natural Symbols: Explorations in cosmology 3ª ed.*
Primeira edição: Barrie & Rockliff, Londres, 1970
Segunda edição: Routledge, 1996
Primeira edição pela Routledge Classics: 2003
© 1970, 1973, 1996 Mary Douglas
Todos os direitos reservados. Tradução autorizada da edição de língua inglesa publicada pela Routledge, membro da Taylor & Francis Group

© 2021 Editora Unesp

Direitos de publicação reservados à:
Fundação Editora da Unesp (FEU)
Praça da Sé, 108
01001-900 – São Paulo – SP
Tel.: (0xx11) 3242-7171
Fax: (0xx11) 3242-7172
www.editoraunesp.com.br
www.livrariaunesp.com.br
atendimento.editora@unesp.br

Dados Internacionais de Catalogação na Publicação (CIP) de acordo com ISBD
Elaborado por Odilio Hilario Moreira Junior – CRB-8/9949

D733s
Douglas, Mary
 Símbolos naturais: explorações em cosmologia / Mary Douglas; traduzido por Priscila Santos da Costa. – São Paulo: Editora Unesp, 2021.

 Tradução de: *Natural Symbols. Explorations in Cosmology*
 Inclui bibliografia.
 ISBN: 978-65-5711-081-2

 1. Antropologia. 2. Etnologia. 3. Religião e sociedade. I. Costa, Priscila Santos da. II. Título.

2021-2753   CDD 301
                                                                    CDU 572

Editora afiliada:

Sumário

Lista de diagramas . *7*

Agradecimentos . *9*

Introdução à edição de 1996 . *15*

Introdução . *45*

1 Distante do ritual . *55*

2 Para a experiência interior . *85*

3 O irlandês do pântano . *111*

4 Grade e grupo . *137*

5 Os dois corpos . *159*

6 Casos de teste . *187*

7 O problema do mal . *221*

8 Regras impessoais . *245*

9 Controle dos símbolos . *273*

10 Fora da caverna . *295*

Bibliografia . *313*

Índice remissivo . *323*

Lista de diagramas

1 Controle familiar . **97**

2 Códigos discursivos . **98**

3 Ideias cosmológicas gerais . **99**

4 Grade e grupo . **147**

5 Três nilotas . **209**

6 Do impessoal ao pessoal . **277**

7 Do ascetismo à afirmação . **280**

Agradecimentos

Este livro obviamente não se destina apenas a antropólogos. Espero que ele seja uma ponte entre a antropologia e outras disciplinas. Mesmo assim, os antropólogos devem ser seus críticos mais importantes, pois apenas eles podem julgar a solidez das minhas interpretações de relatos de campo e trazer à tona materiais que podem tanto confirmar quanto malograr minhas hipóteses. Tentei me limitar a fontes acessíveis e de alta qualidade, de forma que se o uso que faço delas parecer idiossincrático, qualquer um pode retornar aos estudos originais e conferir. Mas, no longo prazo, visto que as perspectivas que desejo desenvolver não estavam no horizonte dos pesquisadores de campo, apenas novas pesquisas, criadas especificamente para isso, podem testar estes argumentos.

Resta-me agradecer àqueles que me ajudaram mais diretamente. Primeiramente, agradeço aos dominicanos de Blackfriars, Oxford, por terem me convidado para dar a palestra do Dia de São Tomás em 7 de março de 1968 e por terem publicado "O desprezo pelo ritual" na *New Blackfriars* (jun./jul. 1968, n.49, p.475-82, 528-35). O estímulo inicial para o livro veio deles. Ademais, agradeço ao professor Kenneth Little e ao Conselho de Administração da Universidade de Edimburgo pelo convite para ministrar as palestras Munro em maio de 1968. No que concerne a trabalhos anteriores sobre o tema, agradeço ao Comitê da Associação Woldingham, especialmente às madres superioras Eyre, Mary Don e Mona Macmillan. A pesquisa que desejávamos desenvolver sobre educação religiosa ainda não foi realizada. Ofereço, ao menos, este trabalho como um esboço de algumas das questões que queríamos abordar.

O primeiro agradecimento formal que devo fazer é a Basil Bernstein. O que devo a ele é evidente, e peço perdão se o uso que fiz de suas ideias é inadequado. Sou grata ao reverendo Cornelius Ernst (da Ordem Dominicana) e a Peter Brown pela leitura do manuscrito, assim como a David Schneider, Victor Turner e Nur Yalman pelas discussões sobre as palestras a esse respeito dadas este ano em Chicago. Também sou grata a Bryan Wilson e Godfrey Lienhardt, por terem generosamente lido e comentado partes do manuscrito, a James Woodburn e Daniel de Coppet, pela permissão para citar estudos no prelo, e a Rodney Needham, por um seminário sobre símbolos naturais que me ajudou a dar foco ao meu interesse. Deixo aqui registrados, com gratidão, os esforços incansáveis do meu marido para manter meu argumento no caminho certo e obrigada a Janet por ter ajudado com a bibliografia.

Mary Douglas
Julho de 1969

Muitas dificuldades e fontes de confusão persistem nesta edição. Tentar unificar tantos campos da antropologia foi uma tarefa muito ambiciosa. Claramente, outros dez anos de pesquisa acadêmica teriam tornado esta edição mais apresentável. Entretanto, os eventos se movem mais rápido do que o estudo é capaz de fazê-lo. Se este exercício de cosmologia comparativa tem qualquer relevância para o modo como justificamos nosso próprio comportamento, ele deve ser apresentado com o menor atraso possível. Uma vez que ele tenha vindo a público, a fraqueza do argumento, passo a passo e exemplo após exemplo, pode ser criticada. A tese era muito complexa para ser desenvolvida com mais concisão, muito difícil para ser discutida fragmentariamente sem definir o todo, e muito difícil para ser trabalhada em pormenores em estudo privado. Portanto, publiquei este livro quando o fiz e gostaria de agradecer as minuciosas críticas que ele recebeu. Em particular, os professores Robin Horton e Philip Gulliver, o dr. Deane Neubauer e o sr. Michael Thompson foram muito construtivos. Também gostaria de agradecer ao professor Thomas Luckmann por ter me encorajado a fazer uma edição revisada o mais rápido possível e pelas sugestões de como iniciá-la. Ficará evidente que não fui capaz de aproveitar todas as valiosas críticas. A maior diferença entre as duas edições é a tentativa de esclarecer as dimensões centrais "da grade e do grupo" da qual o restante depende. Em vez de indicar um quadrante separado para cada tipo de sociedade, agora estou pensando em padrões dispersos pelo diagrama para demonstrar pressões de grupo e a coerência do esquema classificatório que pode ser avaliado a partir da etnografia ou da biografia histórica. Se o raciocínio for sólido, podemos ir ainda mais longe do que os fenomenólogos que há algum tempo têm dito que o universo perceptível é socialmente construído. Possivelmente conseguiremos dizer quais tipos de universo tendem a ser construídos quando relações sociais assumem esta ou aquela forma.

Agora que o trabalho do professor Bernstein, *Class, Codes and Control* [Classe, códigos e controle] (1971), foi publicado, meu livro se mostra mais claramente como o outro lado de sua tese. Isso responde a uma crítica daqueles que sentiram que eu não havia explicado plenamente a relevância do trabalho dele para as minhas ideias. A grade e o grupo revisados derivam da sua discussão sobre os meios pelos quais o currículo pode ser construído. Ele estava interessado em revelar como formas discursivas, e agora o currículo, codificam o padrão das relações sociais, mediando-o e reforçando-o. Qualquer currículo é justificado por uma cosmologia que estabelece os princípios máximos no universo, derivando desses princípios a maneira apropriada de ensinar seres humanos. Da mesma forma como ele olha sob o currículo, para o padrão de poder forjado na mesa de reunião da equipe, eu tento olhar sob a cosmologia manifesta, para o padrão de poder que ela concretiza. E, dando um passo além, tentei identificar, com o tipo de cosmologia e padrão social, um código característico de formas rituais. A codificação de formas rituais corresponde à codificação de formas discursivas nos trabalhos iniciais de Basil Bernstein. O currículo é visto como um sistema de fronteiras, da mesma forma que a cultura tribal. Seu estudo sobre o currículo examina as principais variedades que se diferenciam quanto à intensidade das fronteiras utilizadas. A diferença entre uma manutenção fronteiriça forte e uma manutenção fronteiriça fraca na educação é análoga à diferença entre o ritual e o antirritual em tipos de religião. Fui forçada a explorar essa questão das forças variáveis das fronteiras dos sistemas cognitivos após escrever *Pureza e perigo* (1970), pois, naquele estudo, enfatizei a função comunicativa de todas as delimitações da experiência, sem confrontar o fato empírico de que algumas sociedades continuam existindo muito bem sem categorias cognitivas fortemente delimitadas e de que algumas toleram anomalias mais facilmente do que outras. *Símbolos naturais* é uma tentativa de responder a questões levantadas por mim mesma a partir do projeto do livro anterior.

Basil Bernstein diz que o currículo é um esquema para encaixar pedaços de conhecimento. A maneira como eles estão conectados no currículo é a maneira como entram na mente dos estudantes, e, ainda que detalhes do conteúdo desapareçam, as conexões provavelmente continuarão guiando seus julgamentos e perpetuando o sistema de poder que o currículo representa. Essa retroalimentação, que dá estabilidade aos sistemas educacionais, também estabiliza cosmologias. O esquema cosmológico conecta os pedaços de experiência e dá sentido ao todo; as pessoas que o aceitam só serão capazes de justificar a maneira como se tratam nos termos dessas categorias principais. A menos que possamos tornar o processo visível, nós somos as vítimas.

Mary Douglas
Dezembro de 1971

Introdução à edição de 1996

Símbolos naturais veio na sequência de *Pureza e perigo* e, como um produto da década de 1960, são visíveis o senso de urgência, o desejo de fazer parte de uma conversa mundial intensamente empolgante. Isso foi há 25 anos e, relendo-o agora, descubro a mina de ideias que eu estava escavando em busca de praticamente tudo que escrevi desde então. Portanto, sou grata à Routledge por ter decidido reimprimi-lo e por eu ter tido a oportunidade de escrever uma nova introdução. Devo acrescentar, entretanto, que os diagramas que usei parecem muito complicados agora: versões posteriores são bem mais simples. A quem devo imaginar estar me dirigindo agora? Qualquer um interessado em ritual, em teologia, em valores que mudam ou que se mantêm estáveis, em identidade pessoal ou em história. Ainda gostaria de persuadi-los a não tentar fazer seu trabalho sem estabelecer uma base para comparações.

Muitas coisas mudaram desde 1970. Durante os anos 1960, pensava-se que a antropologia social só poderia ser comparativa. Obviamente, seria necessário um método para evitar enviesamento subjetivo. Qualquer um que escreva sobre emoções precisa estabelecer uma base para suas comparações, a fim de não cair na armadilha de se surpreenderem pelo fato de que franceses falam francês. Essa é uma frase de Joyce Carey digna de menção, do romance *Prisoner of Grace* [Prisioneiro da graça] (1952):

> Você diria que ele era um homem sentimental, e ele o era, mas também a maioria dos homens naquele tempo. Eles choravam como chafarizes durante uma peça chamada *Lágrima de amor* quando um menininho morria. Óbvio, é triste quando criancinhas morrem, digo, definitivamente triste; e por isso eu posso ver por que as pessoas hoje em dia riem em peças como *Lágrimas de amor* – elas não querem perder a dignidade. Mas eu acho que elas deveriam desculpar homens como Jim por chorar, pois, no fim das contas, elas não ririam de um francês por falar francês [...]. (CAREY, 1952, p.51)

A comparação depende da teoria para dizer o que deveria ser comparado e como. No que concerne à religião, não há teoria comparando dogmas que não considere sua própria posição como dogma. Isso será abundantemente ilustrado nas páginas que seguem. No que concerne à psicologia, ainda é aceitável vociferar sobre respostas emocionais sem levar em consideração limites locais. O projeto central deste livro é o de possibilitar comparações menos subjetivas e relativistas por meio da elaboração de algo sobre ambientes sociais diferentes.

Este livro começou como um comentário sobre uma revolta estudantil contra o ritual morto e formas sem sentido. Mas não foram apenas os estudantes que protestaram, nem foram apenas eles que transformaram o mundo ocidental ao longo das décadas de 1970 e 1980, até nos encontrarmos onde estamos agora. Este mundo em que estamos ainda anseia por sinceridade e por interações simples e diretas entre iguais. Ele ainda rejeita as formas externas de distinção social e também acha que diferenças de poder e riqueza são barreiras tão efetivas à comunicação direta quanto antes.

Naquele tempo, nos Estados Unidos, as batalhas eram contra a segregação racial em ônibus, em piscinas, em escolas. Em segundo plano, elas eram sobre guerras de guerrilha no Vietnã. Na Igreja Católica, elas eram ostensivamente sobre o antirritualismo, sobre como a Letra vivia enquanto o Espírito morria. O Concílio Vaticano II tratava dos rituais, mas, em segundo plano, a rixa era sobre uma Igreja hierárquica que estava distante demais para ouvir a voz de sua congregação.

Eu vi o problema, mas, como antropóloga, duvidei da solução. A vontade era a de acabar com os rituais, acabar com as instituições e deixar as pessoas serem livres para falar sinceramente... como se elas fossem automaticamente se amar se não fossem impedidas pela inutilidade institucional. Atacar rituais era atacar a superfície. O verdadeiro problema para todos era achar instituições melhores. Para a teoria social, o problema era achar um modo melhor para pensar sobre a vida institucional. E, para mim, tratava-se de uma rota para desenvolver a análise que eu havia começado em *Pureza e perigo* (1966) e na qual tenho trabalhado desde então.

Olhando para trás agora, a partir desse convite para escrever uma nova introdução, vejo que minhas intenções com relação à sociologia da religião eram subversivas e acompanhavam os tempos. Eu queria libertá-la da subserviência a lealdades confessionais incrustadas em instituições antigas. Ao mesmo tempo, minhas intenções com relação à antropologia eram nitidamente reacionárias. Em vez de revirar a antiga ordem, o objetivo era reabilitar uma abordagem teórica antiga, durkheimiana, e disponibilizá-la para o nosso entendimento de nós mesmos. Em certo sentido, o livro era contracultural, uma vez que eu estava menos interessada em atacar formas quando elas perderam o sentido, sufocando as pessoas envolvidas nelas antes de morrer, e muito mais interessada em descobrir como essas formas ganham sentido em primeiro lugar.

Inícios na cosmologia religiosa

Este livro se posiciona como uma obra sobre cosmologia religiosa, mas às vezes me pergunto se a religião não é um tema demasiadamente sagrado para uma investigação sociológica. Quando *Símbolos naturais* apareceu pela primeira vez, a sociologia da religião era praticamente um mundo à parte e, de certa forma, sob suspeita por parte dos outros estudantes de religião — histórica, literária ou denominacional. Certamente, até certo ponto, as outras sociologias especializadas estavam igualmente sitiadas na corrente dominante de sua disciplina. A sociologia da ciência e a sociologia da arte, por exemplo, ocupavam e ainda ocupam pequenos nichos, lidando com um campo especializado. Alguém de fora daquele campo sentir-se-á compreensivelmente desnorteado pela linguagem e pelos conceitos especiais, e apenas muita leitura e conversa podem permitir que ele descubra seus pormenores. Mas a religião é um grande campo não especializado e necessita de mais do que um nicho. Em antropologia social, ela permeia toda a disciplina.

Quando eu queria recorrer à experiência da antropologia para olhar para a sociedade industrial moderna, fui impedida por compartimentos separados e isolados dentro das ciências sociais (DOUGLAS; NEY, no prelo). Existia uma vasta literatura sobre religião no mundo moderno, mas pouca orientação sobre como relacionar os seus conhecimentos com outros ramos do pensamento social. Os historiadores, compreensivelmente, tendiam a identificar eventos e instituições sociais nos termos confessionais do seu tempo, uma prática também amplamente empregada por sociólogos que escreveram sobre seitas, igrejas e denominações. Os movimentos dentro dessas unidades e entre elas eram descritos com o vocabulário utilizado no caso de controvérsias locais – maniqueísta, pelagiano e monofisita na história antiga, revivalista, milenarista e tradicional nos tempos modernos. Sair de uma congregação religiosa era "deslizar", recrutamento era "conversão", novos recrutas eram "neófitos" ou "noviços". As diferentes religiões eram descritas em termos doutrinais – mística, monoteísta, politeísta –, pelo nome dos fundadores – calvinista, luterana – ou pela forma de ministério, como evangelista e sacramental – ou pela relação de uma unidade com as outras, como não conformista, primitiva ou protestante. E, naturalmente, os objetivos da religião eram definidos pela doutrina.

Isso é muito compreensível, mas um vocabulário separado implica uma conversa separada, e é justo dizer que a sociologia da religião, apesar do trabalho de grandes mestres, era um enclave separado no pensamento social dominante, mais profundamente incorporado e menos interessado em fazer qualquer abstração a partir do tema estudado. Em grande medida, isso ainda é verdade atualmente. O estudo da religião se dá majoritariamente em seminários, ou ainda, se for deliberadamente libertado de tendências denominacionais de forma a ser oferecido como disciplina universitária, ele se situa nas humanidades, junto com literatura, história, filosofia e línguas orientais. Ainda que publicações acadêmicas consagradas à sociologia da religião não preguem valores superiores de forma evidente, elas se dissociam visivelmente do mercado e da política ao escrever na linguagem especial da religião.

Uma cerca protege a virtude do mundo mais brutal dos estudos socioeconômicos e políticos, mas essa cerca é mantida por ambos os lados. Max Weber tirou seus tipos ideais das proeminentes instituições seculares da cultura, do mercado e da legislatura dele, que operavam com sua própria racionalidade institucional. As duas vozes do mercado e da burocracia se confrontavam mutuamente na controvérsia política europeia daquele tempo, como ainda o fazem agora. Várias igrejas são muito burocráticas no que concerne tanto à doutrina quanto à estrutura, como Weber demonstrou em seu trabalho sobre a Índia e o judaísmo, e há um aspecto mercadológico forte na organização da Igreja. Mas quando chegou a vez da religião, ele abandonou o elemento institucional e usou o conceito de carisma, apelando para processos interpessoais. Desde então, muito esclarecimento e conhecimento têm sido devotados à burocracia e ao mercado, mas formas religiosas de organização têm sido efetivamente deixadas de apenas um lado da teoria social secular. Talvez isso tenha sido sensato. Quando Durkheim colocou suas mãos profanas na religião, ele se meteu em apuros por sua ousadia.

Há problemas reais quando se fala sobre religião em termos comparativos. Tentar chegar a um vocabulário comum significa forçar definições formais onde antes elas não eram necessárias: "O que significa 'espírito' ou 'espiritual'?" ou "O que significa 'racional'?". E não é apenas um problema de tradução. Na pior das hipóteses, falar sobre a religião de outras pessoas arrisca ofender suscetibilidades. No mínimo, o viés moral deve ser deixado de lado, e a linguagem da exortação e da repressão precisa ser arrefecida. O apelo às emoções deve ser eliminado. É precisamente isso que Durkheim tentou fazer quando nos pediu para prestar atenção nos "fatos sociais" e para renunciar a explicações baseadas na "psicologia". Com o intuito de estabelecer uma teoria unificada da sociedade e do conhecimento, ele precisava colocar a linguagem em ordem, descobrir cargas emocionais escondidas e jogá-las fora. O objetivo ainda está longe de ser atingido, e nossa tarefa de seguir Durkheim é dificultada por suas próprias hesitações psicológicas.

Fatos sociais apoiados na psicologia

Durkheim se propôs a falar unicamente sobre fatos sociais, mas baseou toda a sua teoria do Sagrado em dois fatores psicológicos. Um deles era a efervescência emocional, a ideia de que rituais despertavam sentimentos violentos, extáticos, como a histeria coletiva, que convencem o adorador sobre a realidade de um poder maior do que ele e que o ultrapassa. O outro era o sentimento de indignação, a ideia do contágio sagrado e dos perigos resultantes para a comunidade, desencadeados pela violação de normas apreciadas. Ao colocar os dois juntos, ele produziu uma teoria da solidariedade social: primeiro a multidão frouxamente associada reconhece sua unidade em emoções despertadas ritualmente, e então ela passa a mobilizar todo o universo em um ímpeto intelectual de atribuir contágio sagrado ao desvio individual de suas normas.

Tanto o medo quanto a efervescência emocional são conceitos psicológicos. A primeira ideia – resposta emocional ao contágio sagrado – não apresenta problemas para um antropólogo que realmente goste de Durkheim e que espera fazer sua teoria funcionar. O medo do contágio sagrado pode ser transposto da linguagem das emoções para a linguagem sociológica de reivindicações e contrarreivindicações. Os raios de Zeus, as flechas de Apolo, as enchentes e pragas do Deus do Êxodo, quando interpretados como punições, formam uma parte caracteristicamente religiosa da teoria local de causalidade. Como a teoria da pessoa, o contágio sagrado é uma teoria moral de conexões e causas. Por meio dela, os membros de uma comunidade manipulam uns aos outros. O contágio sagrado serve ao objetivo oblíquo de transformar um grupo de pessoas em uma comunidade; é um meio de coerção moral mútua e é suscetível a análises em termos políticos e sociais.

Não é tão fácil transpor a teoria do ritual de Durkheim da psicologia para o fato social. Quando li *As formas elementares da vida religiosa* pela primeira vez, fiquei intrigada com sua descrição dos rituais e com seu suposto efeito excitante na congregação. O fato de o ritual ser visto como agitador foi uma surpresa, uma vez que minha criação me havia dado uma experiência bem diferente dos grandes rituais do rito romano. Digna, mas entediante, devagar e elaborada, essa era a procissão de Corpus Christi que percorria as calçadas de Hampstead, ou a longa vigília de Páscoa em St. Joseph's, Highgate. Pense no alto grau de coordenação exigido para fazer todos os participantes entrarem no momento certo. O uso ordenado de flores, sinos, luzes e música de órgão e a separação entre elementos consagrados e não consagrados; tudo é muito criterioso e preciso para ser interrompido por salvas de "aleluias" espontâneas e gritos e danças extáticos. Todos estão preocupados em achar o momento correto e em se enquadrar entre os mais altos membros da congregação. Os meninos do coro precisam estar separados das meninas, à Associação de Bordadeiras deve ser atribuído um lugar, mas seria na frente ou atrás dos Cavaleiros de Santa Columba de Córdova? E onde vão os Amigos de São Vicente de Paulo? Os escoteiros têm que se alinhar com seus cartazes, assentos devem estar disponíveis para pensionistas idosos. Onde está o chá? Onde estão os fósforos? Nada pode ser deixado ao acaso.

Quando colegas agnósticos assistem a um casamento católico, eles invariavelmente se frustram com tanta circunspecção. Não sei o que eles esperam ver, mas em uma missa nupcial eles acharão ritual, porém nada de rolar pelos corredores ou de testemunhos espontâneos no Espírito; até o canto tende a ser desanimado. Os rituais católicos que conheço não propiciam o estímulo da emoção que Durkheim parecia pensar que fosse a função do ritual. Algo está errado: ou Durkheim ou a religião. Sendo leal por natureza, tentei, neste livro, salvar ambos. Danças totêmicas australianas não podem servir de modelo para rituais em todas as situações. A resposta não é que Durkheim estava errado ou que os católicos estão falhando em seus deveres rituais; a ideia do Sagrado perigoso e poderoso de fato é criada ao vivermos juntos e ao tentarmos nos coagir mutuamente a correspondermos a uma ideia moral. Mas o Sagrado também pode estar gravado nos corações e nas mentes dos adoradores de mais de uma maneira: há diversos tipos de religião.

Alguns ritualistas planejam alcançar a espontaneidade, outros almejam coordenação. Rituais não acontecem isoladamente: se quisermos explicar por que alguns deles são extáticos e outros não, precisamos falar sobre comparações entre organizações e seus objetivos. É isso que a análise grade-grupo proposta neste livro se destinava a fazer.

A abordagem forense à religião

Na Sorbonne do fim do século XIX, uma nova iniciativa de religião comparativa começou a desenvolver uma teoria do sacrifício que seria válida para o judaísmo, o hinduísmo e o cristianismo. O esquema geral previa dois mundos: um, o mundo da experiência mundana, que está sujeito às restrições regulares de tempo e espaço; o outro, um mundo sagrado de poderes transcendentes manifestados por seres não corpóreos. Metade do trabalho da religião seria o de controlar esses poderes divinos em benefício de preocupações humanas. Pelo lado da cornucópia, bênçãos e graças ou mais intervenções benignas miraculosas poderiam ser produzidas pelos gestos ou palavras corretos. Pelo lado do fogo do inferno e dos raios, a religião adverte e protege contra intervenções divinas nocivas. Dentro dessa perspectiva, Durkheim desenvolveu sua teoria forense do contágio sagrado.

Nas décadas de 1940 e 1950, quando eu era estudante, um programa se abria convidativamente para antropólogos sociais que seguissem essa linha de interpretação. Seria um programa para identificar como mudanças de organização ou das condições externas são acompanhadas por mudanças nos usos forenses do contágio sagrado. Não explicaríamos bruxaria por meio de emoções individuais como inveja e medo nem curandeirismo como astúcia ou cobiça pelo pagamento de clientes. Olharíamos para a forma como a doença e o infortúnio são usados para proporcionar causas para atribuição de culpa – nós nos interessaríamos pelos usos da divinação para incriminar ou exonerar e pelos usos dos rituais para evitar raiva e reconciliar. Nossa atenção não se dirigiria somente para casos individuais, mas para o padrão de acusações e explicações. Mostraríamos como crenças sobre o universo eram moldadas pelo tipo de sociedade que seus membros estavam tentando criar juntos.

É uma pena que esse aspecto do nosso trabalho tenha sido tão dominado por exemplos esotéricos, uma vez que a abordagem forense tem a seu favor a possibilidade de uma análise durkheimiana de toda a cosmologia, com implicações diretas para as teorias da cognição e para as filosofias da crença (DOUGLAS, 1970) e da classificação (DOUGLAS; HULL, 1993). Relacionando dessa forma a moralidade com o conhecimento, a etnografia totalizante imaginada por Marcel Mauss tornar-se-ia possível. Ela também possui um poder explanatório amplo, por exemplo, para a perda de compromisso religioso e para justificar o viés das crenças religiosas na sociedade industrial moderna.

Nós temos bastantes desastres, enchentes, fome, pragas, mas não achamos mais que eles são causados pelo pecado. O contágio sagrado e o papel de para-raios dos rituais expiatórios mirraram. Há uma ideia autocomplacente usual de que o declínio da superstição se deve ao crescimento da ciência, da alfabetização e da tecnologia. Na tese de Durkheim, esses fatores atuariam apenas de maneira indireta; se quiser explicar como o contágio sagrado é deslegitimado, você deve se voltar para a dissolução de comunidades fechadas e para o enfraquecimento do controle coercitivo que seus membros exercem uns sobre os outros. Quanto mais aberta é uma comunidade, menos seus membros são coagidos por crenças comuns sobre perigos que preservam as definições de pecado determinadas pela comunidade. A ideia se aplica com uma potência particular às teorias sobre doenças e sobre contágios naturais, como Mark Pegg demonstrou com relação ao período em que a lepra era vista como uma doença sexualmente transmissível (PEGG, 1990; DOUGLAS, 1993c).

Portanto, o secularismo, sob essa perspectiva, é consequência de um fator social, a abertura. A liberdade dos indivíduos de se mudar se estiverem sendo acossados por vizinhos é a liberdade de descrença na punição divina que aflige aqueles que desafiam os padrões da comunidade. A liberdade de dizer adeus e ir embora não implica necessariamente perda da crença religiosa, mas de fato abala as estruturas de religiões estabelecidas. A sociedade aberta leva à religião privada. É de se esperar que o contágio sagrado mude seu viés de raios para cornucópias. As religiões de comunidades fechadas associavam punição com divindade porque ouviam falar sobre isso todos os dias, e as religiões privadas daqueles que escaparam dos controles comunitários supunham que as intervenções divinas eram benignas. Isso sugere que deveríamos ser capazes de testar algumas das ideias de Durkheim comparando a mudança de viés religioso de raios para a cornucópia de acordo com graus de fechamento ou abertura da comunidade. Mas isso é mais árduo do que parece.

A sociologia religiosa precisa considerar vários tipos de organização. Ela deve evitar o uso de instituições proeminentes da sua própria cultura como unidades de análise. Para não selecionar arbitrariamente, não ser injusta com o mercado, não importar vieses políticos, não ser excessivamente generosa com a religião enquanto tenta explicar formas sociais e ideias religiosas, a tarefa necessita de um modelo imparcial de sociedade. O modelo deve ser capaz de organizar um rico estoque de informações, ser flexível e dinâmico e, portanto, capaz de incorporar mudanças. Esse era o meu objetivo ao criar um diagrama bidimensional de vieses culturais. Em uma dimensão se encontra a variação nas restrições ao indivíduo impostas pelo pertencimento ao grupo; na outra, as restrições na estrutura são avaliadas – ou seja, regras, classificações, compartimentos.

A teoria é que cada tipo de organização possui vantagens para a sobrevivência em um ambiente apropriado, além de desvantagens características. Duas delas são culturas individualistas, duas delas são comunitárias. Em uma cultura individualista, o adorador tende a confrontar Deus e o universo como um indivíduo. Quando a religião é privada, a graça pode ser tão esporádica e incerta quanto se desejar; por definição, essas pessoas não estão interessadas em persuadir umas as outras de forma a se agruparem em associações de longo prazo. Elas não precisam explicar seus infortúnios como punições e não precisarão usar o contágio sagrado para controlar seguidores recalcitrantes.

Da seita ao enclave

Para comparar religiões, temos que desenvolver os conceitos e as palavras. Não é simplesmente uma questão de remover compromissos locais e vieses emocionais persistentes. Também é necessário ter uma teoria sobre como as doutrinas se relacionam com a organização social. Este livro ofereceu uma exploração preliminar das formas pelas quais a abertura limita o crescimento de uma doutrina pública e padronizada. Geralmente se espera que doutrinas sectárias sejam mais intransigentes, menos tolerantes ao desvio, mais duras com estranhos, assim como provedoras de consolo e alegria a seus adeptos. Se o sectarismo nos interessa, então as primeiras palavras que temos que examinar são "seita" e "sectário".

Após alguns infelizes desentendimentos nas primeiras edições de *Símbolos naturais*, passei recentemente a abjurar a palavra "seita". Como ela se tornou um termo de reprovação ou até de desprezo aplicado por membros da Igreja a dissidentes, ela deve ser eliminada de nosso discurso. Precisamos de um termo neutro para nos referirmos ao ambiente social constituído por uma fronteira de grupo forte e distinções internas fracas.

Por definição, esse é um grupo delimitado e igualitário. Para falar sobre a Comunidade do Segundo Templo em Judá no século V, passei a utilizar "enclave igualitário" (DOUGLAS, 1993a). Entretanto, mantive a palavra "sectário" e todas as suas associações desfavoráveis para descrever uma tendência ou viés cultural que poderia assumir o controle em condições favoráveis. Um viés sectário implica argumentos polarizados, pessoas apresentadas em contrastes entre preto e branco, bem e mal e nada no meio; implica adotar uma abordagem psicologizante e idealizadora para problemas políticos e sociais, em muitos casos uma metafísica simplista, até mesmo um posicionamento anti-intelectual e antiteórico, e uma crueldade intransigente para com adversários. A questão nessa perspectiva é entender como tal atitude deveria ser acolhida em um enclave.

Existem algumas pontas soltas a serem amarradas com a mudança de terminologia. A palavra "seita" foi originalmente utilizada para fazer referência a unidades sociais internamente indiferenciadas e dominadas por uma forte fronteira contra o resto do mundo; se "enclave" for substituí-la, os mesmos atributos devem estar visíveis. Não é o fato de estar fisicamente encravado em uma sociedade circundante que causa sintomas de sectarismo.

Podem existir enclaves hierarquicamente organizados. A hierarquia é um ponto forte, ajudando a resolver problemas de coordenação. Mas como eles conseguem desenvolver e manter uma organização hierárquica? Se eles dão conta de se organizar hierarquicamente, isso significa que, por alguma razão, eles têm menos problemas para controlar seus membros, menos razões para se preocupar com deserções. Não os chamemos de enclaves se formos restringir o uso dessa palavra para grupos igualitários dissidentes. Chamemo-los simplesmente de grupos hierárquicos e esperemos que eles apresentem uma cultura tipicamente hierárquica. Os problemas começam com um enclavismo cultural, uma decisão inicial de se retirar, enquanto grupo, da sociedade circundante da qual se faz parte. O verdadeiro enclave está em desacordo com o mundo exterior.

Não importa por onde você comece: com a retirada do grupo, com o que quer que a tenha causado, com a fraqueza perante a deserção, com o sistema igualitário adotado para resolver outras dificuldades ou com a falta de liderança; os problemas organizacionais que tal comunidade precisa resolver são muito notáveis (DOUGLAS, 1987, cap.3). Nem a pequenez nem a intimidade são suficientes para explicar as peculiaridades do enclave cultural. Atribuo sua cultura inconfundível a sua organização igualitária, a qual, por sua vez, vejo como um resultado de sua fraqueza para manter seus membros e para resistir às seduções da sociedade circundante; essa fraqueza, por sua vez, eu explicaria por meio da sua oposição, baseada em princípios, à sociedade circundante na qual ela se mantém como um enclave. Quanto mais essa comunidade possui perspectivas dissidentes, como recusar o serviço militar, demandar uma educação à parte, recusar o voto ou a servir em cargo público, menos ela pode contar com a ajuda exterior. Ela não pode envolver a polícia para fazer cumprir o que não é executável na sociedade circundante.

O enclave dissidente geralmente não pode dispor de uma proteção expressiva. Todas as posições verdadeiramente poderosas se encontram para além das fronteiras do enclave, e todas as negociatas, o nepotismo e as grandes oportunidades para acúmulo de riqueza também se encontram lá fora. As atitudes diferenciadas do enclave com relação ao dinheiro e aos mercados podem geralmente envolver perda pecuniária para indivíduos leais. O enclave pode ter que dizer a seus membros que eles não deveriam se corromper com recompensas materiais. Se ele alega controlar a vida sexual de seus membros e espera que os jovens se casem internamente, há todo um outro campo de conflitos e estresse. Problemas disciplinares são extremamente relevantes na fronteira entre pertencimento e não pertencimento, e essa é a razão para a procura por explicações sobre o enclave cultural, chamado também de sectarismo.

Um enclave começa a polarizar seu mundo quando tem de se preocupar com a deserção de seus membros. O grande problema organizacional e a inquietação característica do enclave dizem respeito à deserção. Caso se ameace usar a disciplina contra contestadores, estes podem ameaçar sair. Ninguém pode impedi-los. Se todos desertarem, o grupo está fadado a acabar.

Não pode existir demonstração de poder, e a autoridade deve ser exercida com muito cuidado: daí a insistência na igualdade. A liderança tem plena consciência de que deve evitar se apresentar como se estivesse parasitando os esforços dos cidadãos comuns; portanto, não há privilégio de posição e geralmente nem há posições. Tudo isso se aplica a um estágio bastante avançado após a fundação do grupo; no começo, tudo é esperança e amor, mas após a morte do fundador, o carisma titubeia, problemas de sucessão geram inveja e a dissidência ameaça.

Estratégias típicas

Enclaves possuem estratégias típicas para superar essas dificuldades. Uma delas é adotar uma regra de igualdade rigorosa. O efeito disso é a acentuação da ambiguidade e o aumento da fraqueza de liderança. Igualdade mais fraqueza de liderança resulta em má coordenação. As dificuldades enclavistas típicas de organização produzem a característica raiva sectária contra pessoas de fora e a conhecida intransigência no debate.

A maior desvantagem do enclave é sua propensão a facções internas que eventualmente levam a rachas. Ele é bem planejado para protestos, mas mal planejado para o exercício do poder. Outra desvantagem é sua tendência a valorizar inimizades irreconciliáveis e a ver questões morais em uma rígida polarização. Note também a fraqueza do enclave em negociações, sua inabilidade em delegar, sua desordem administrativa e sua dificuldade em assegurar apoio para políticas de longo prazo. Tudo isso se aplica a minorias dissidentes, tanto religiosas quanto seculares. O principal foco de uma organização de enclave é a integridade de suas fronteiras – uma forma educada de dizer que ela se preocupa muito com o fato de que seus membros não devem desertar ou fugir. A angústia de prevenir vazamento volta a atenção para a dissipação de poder caso se acredite que ele está se acumulando. Intuitivamente, pode parecer que a igualdade é uma condição natural, fácil de ser mantida. Para dissipar ilusões sobre esse ponto, ver "The rules that keep us equal" [As regras que nos mantêm iguais], de Steve Rayner (1988).

Ao tentar ser igual, a liderança é deliberada e necessariamente fraca. O resultado é uma organização frágil. A comunidade que possui essa cultura bem constituída pode colher benefícios, pois fala com a voz da consciência. Sua oposição à hierarquia a torna uma forte porta-voz para as classes menos favorecidas; sua reprovação à pompa e ao desperdício e sua desconfiança da presunção intelectual levam o diálogo normativo a um plano superior.

Podemos generalizar: sempre que um grupo tiver que recrutar seus membros de forma competitiva, ele tenderá a se preocupar com sua existência futura, e sempre que estiver particularmente em desvantagem na competição de forma que sua maior preocupação se concentre na deserção, então o enclavismo estabelecer-se-á, e a intransigência sectária virá em seguida. Foi apenas por excentricidade da história intelectual que o estudo das seitas foi designado para a sociologia da religião; consequentemente, a compreensão geral sobre enclaves enquanto formas organizacionais com problemas de autoridade específicos foi fragmentada. Existem teorias da hierarquia e do mercado, mas nenhuma teoria secular sobre esse terceiro tipo de organização. Isso ilustra as dificuldades no que se refere à generalização sociológica das religiões. Classificações das sociedades foram feitas para esclarecer outros tipos de problema nas ciências sociais, e assim o estudo da religião fica com sua própria linguagem impregnada de púlpito e altar.

Seitas podem parecer hierarquias quando vistas de fora

Uma religião pode ser organizada de acordo com princípios hierárquicos, como a Igreja Católica Romana, e pode se espalhar pelo mundo, plantando pequenos segmentos hierárquicos em culturas hostis. Se eles forem, para a sua felicidade, ricos e poderosos o suficiente a ponto de não serem ameaçados pela deserção, provavelmente permanecerão hierárquicos quanto à doutrina e à interpretação, assim como no que diz respeito à divisão de trabalho e ao prestígio. Os mórmons são um exemplo característico. Portanto, é possível que exista uma comunidade hierárquica que está isolada da sociedade circundante e que ainda assim apresente pouco viés sectário. Ela não é uma contradição em termos e não cria um problema para a teoria dos enclaves. O contrário, entretanto, é muito mais intrigante: os postos avançados de religiões hierárquicas podem se encontrar em situações de enclave e tendem, sob estresse, a demonstrar aquela mesma inquietação sectária com relação à punição divina, a mesma raiva contra pessoas de fora e desertores e o mesmo contraste intensificado entre heróis e vilões que qualquer outro enclave igualitário. É a abertura da fronteira e seus esforços malsucedidos para fechá-la que as colocam na mesma situação de um enclave, embora preguem algumas doutrinas hierárquicas.

A tentativa malsucedida de fechamento em relação ao exterior é tão influente para o viés das doutrinas religiosas no caso de hierarquias ameaçadas quanto no caso de comunas igualitárias ameaçadas. Exemplos notáveis são a Irlanda e a França. Os católicos franceses descritos por Richard Griffiths (1966) do final do século XIX até a década de 1930 exemplificavam a intolerância e a exaltação heroica típica do sectarismo. A história recente da Igreja Católica na Irlanda até hoje está irrevogavelmente associada à violência sectária.

O historiador israelense Emmanuel Sivan (1995) se apropriou dessa ideia e a aplicou à história das religiões nos tempos modernos. Em certo sentido, ele afirma, o crescimento da ciência e da cultura secular colocou as religiões antigas — cristã, hindu e islâmica — em uma postura de enclave. Elas foram marginalizadas em um mundo exterior rico e poderoso. Agora, elas sofrem com as deficiências de minorias dissidentes, ainda que tradicionalmente tenham sido consagradas e dominantes. Consequentemente, ele demonstra, há um forte viés sectário no pensamento religioso contemporâneo, e religiões consagradas são fortemente atraídas por formas fundamentalistas de organização.

Hierarquias e suas rivais

O enclave é uma boa solução para a organização de protestos e dissidências. A hierarquia é uma boa solução para problemas de coordenação. Ela funciona de acordo com princípios de ordem, simetria e equilíbrio. Suas regras são formalizadas, ela planeja para o longo prazo e justifica aquilo que faz com referência à tradição. Suas vantagens estão no seu padrão de funções claramente estratificado e especializado; ela é capaz de organizar eficazmente; ela é resiliente e tenaz perante a adversidade. Ela tenta conciliar unidades rivais. Por causa da estabilidade e da especialização, uma Igreja hierárquica será capaz de sustentar uma elaborada doutrina repleta de história de sua primeira formulação. E por sua aptidão para doutrinas elaboradas, ela valoriza e recompensa feitos intelectuais.

Suas desvantagens mais nítidas são o excesso de formalização e de confiança na rotina e no regulamento, o que torna sua reação lenta. Há também uma tendência patológica de tentar controlar o conhecimento – pois conhecimentos novos são a maior ameaça para suas classificações ordenadas. Assimilar conhecimento novo de modo que ele não destrua uma ordem preservada a muito custo exige um grande gasto de energia. É previsível que, em uma sociedade industrial moderna, na qual indivíduos são afastados de suas raízes primordiais da família e da vizinhança, treinados e selecionados para servir como unidades móveis em qualquer lugar do mundo, a hierarquia esteja fadada a sair perdendo, e grupos dissidentes ou religiões individuais possivelmente sairão ganhando.

Alguns tipos de hierarquia são menos eficazes ou desejáveis do que outros. É compreensível que a ideia usual de hierarquia não seja nada atrativa atualmente, dado o movimento de viés cultural nas direções individualistas que discuti. A hierarquia é apresentada como um sistema de comando simples, centralizado, monolítico, do topo para a base, como uma caricatura da General Motors na década de 1960. No entanto, outros tipos de hierarquia surgem espontaneamente em famílias ou pequenos grupos ou são consagrados em comunidades antigas ou sistemas monárquicos (DOUGLAS, 1993a). Considero "proto-hierarquia" um bom termo para sistemas hierárquicos descentralizados. Estes possuem múltiplos picos de autoridade e uma justaposição equilibrada de unidades ordenadas que têm primazia em esferas de controle alternadas: o Rei e o Povo, a Igreja e o Estado, o Papa e o Imperador, o marido e a esposa, e assim por diante. O Conselho Mundial de Igrejas e as fraternidades internacionais que igrejas não conformistas e igualitárias desenvolvem podem muito bem ter uma função coordenadora no primeiro escalão, mantendo as unidades díspares frouxamente unidas em uma proto-hierarquia.

Do estático ao dinâmico

Essas são as ideias principais, apresentadas como as vejo agora. O livro foi uma tentativa de desenvolver o programa de Durkheim para uma sociologia comparativa da religião para que ela pudesse se aplicar tanto ao totemismo australiano quanto à sociedade industrial moderna. Isso significa levar a sério o tema central de que ideias emergem do processo de organização, assim como classificações e valores. Ele exigia um grande investimento intelectual para distinguir tipos de organização e para especular sistematicamente sobre os tipos de valores que floresceriam em cada um. Eu esperava que o começo esquemático fosse adotado e desenvolvido, e não me desapontei – pelo contrário, tive o prazer de receber ajuda dos lugares mais inesperados.

A primeira tarefa era fortalecer e refinar as comparações entre organizações sociais e os diferentes níveis em que o comportamento pessoal é influenciado pelo ambiente social (para um método, ver GROSS; RAYNER, 1985). A segunda era evitar que a análise se tornasse estática. E a terceira era assegurar que ela sempre pudesse ser conferida empiricamente. Eu não tinha ideia de como fazer tudo isso. Originalmente, minha própria abordagem era inteiramente estática. Parecia suficiente ter proposto um mapa de ambientes sociais e ter projetado nele os diferentes agrupamentos de ideias morais que ficariam melhor em cada posição. Os estudos de Peter Brown sobre o "debate sobre o Sagrado" nos séculos III e IV sugeriam como tornar essa abordagem dinâmica (BROWN, 1978). Ele descreveu mudanças no estilo religioso em resposta a mudanças em uma vivaz competição por poder; o fator estimulante foi a ruptura e o declínio do Império Romano. O controle da vida religiosa da comunidade era o prêmio em uma contínua briga entre três lados. Por exemplo, ele via ataques à bruxaria como um "abafado debate sobre o exercício de diferentes formas de poder em pequenos grupos" (ibidem, p.20). Posteriormente, Michael Thompson pegaria o mapa plano e estático e transformá-lo-ia em um modelo mais poderoso, com a luta pelo controle como a terceira dimensão (THOMPSON, 1982). Em vez de abafado, o estridente debate internacional sobre o ambiente agora oferece um rico material para a análise grade-grupo.

Dois seminários, um no University College London e outro em Nova York, na Fundação Russell Sage, foram a base do modesto volume *Essays in the Sociology of Perception* [Ensaios sobre a sociologia da percepção] (DOUGLAS, 1982), que alavancou o ensaio exploratório ao *status* de uma teoria que poderia ser expandida e modificada. Dentre as fascinantes aplicações das dimensões grade-grupo, muitas para serem enumeradas aqui, algumas contribuições influentes se tornaram a base de grande parte dos trabalhos seguintes. Refiro-me ao modelo tridimensional de Michael Thompson, à definição operacional de James Hampton, à identificação da diagonal positiva ligando a hierarquia ao individualismo empreendedor de David Ostrander, à comparação entre percepções de tempo e espaço de Steve Rayner e à comparação entre os programas de pesquisa dos departamentos de matemática do século XIX de David Bloor, complementada pela comparação entre estilos cognitivos na geologia de Martin Rudwick.

A isso se seguiu um exercício metodológico – a colaboração entre Steve Rayner e o matemático Jonathan Gross produziu um manual com um sofisticado modelo EXACT que atribui aos membros de uma comunidade pontos no diagrama grade-grupo (GROSS; RAYNER, 1985).

Em 1977, juntei-me a Aaron Wildavsky quando ele se tornou presidente da Fundação Russell Sage, para "conduzir", como ele próprio dizia, o programa sobre cultura. Parecia uma oportunidade maravilhosa de organizar pesquisas empíricas para testar as ideias de *Símbolos naturais*. Pensei em satisfazer os vigorosos objetivos filantrópicos da fundação patrocinando trabalhos sobre a sociologia da comida e, ao mesmo tempo, prestando serviço à teoria da cultura. Seria muito útil a comparações entre culturas poder dizer inequivocamente se, inalterados outros fatores, um conjunto de comportamentos era mais ou menos estruturado do que outro. O momento da refeição em uma hierarquia sempre trazia uma estrutura simbólica que não seria nem necessária nem possível em qualquer outro tipo de cultura. Isso a tornou interessante, além de tornar possivelmente importante saber os usos não alimentares que se fazem da comida. Jonathan Gross, no departamento de matemática da Universidade de Columbia, criou uma engenhosa medida da complexidade relativa da estrutura. Estudos de campo feitos por três equipes de antropólogos norte-americanos que estudaram os sistemas alimentares dos indígenas Sioux, dos italianos da Filadélfia e dos negros norte-americanos na Carolina do Norte foram publicados (DOUGLAS, 1984). Infelizmente, depois de apenas alguns meses, e antes que nossa pesquisa ganhasse impulso, a presidência de Aaron Wildavsky chegou inoportunamente ao fim, de modo que foi impossível desenvolver as ideias iniciais. Ainda que os ensaios individuais tenham sido utilizados algumas vezes, a tentativa de estabelecer uma dimensão de estrutura não obteve aceitação.

Aaron Wildavsky se tornou a principal inspiração e o principal promotor da teoria cultural. Ele retornou à Escola de Pós-Graduação de Políticas Públicas em Berkeley após deixar a Fundação Russell Sage. Adotou com entusiasmo a abordagem forense às atitudes perante o risco, que então, como agora, era uma tema carregado de tensão política, e acolheu as possibilidades proporcionadas pelo uso do esquema grade-grupo para analisar o pensamento de políticos. Na época, os psicólogos que analisavam pesquisas de opinião pública simplesmente presumiam um tipo básico de pessoa humana com peculiaridades em sua personalidade que justificavam mudanças de atitude perante o risco. Adicionar o elemento cultural significava buscar pressões organizacionais sobre a opinião. Significava não tratar atitudes perante o risco como itens psíquicos flutuantes sujeitos a mudanças caprichosas, mas supor que atitudes de longo prazo, ou atitudes perante a perda ou o ganho, seriam afetadas pelo ambiente social. Desenvolvemos juntos uma distribuição de crenças sobre o risco de acordo com predileções sociais e culturais que explicavam melhor as atitudes norte-americanas perante o risco tecnológico do que os tipos de personalidade do paradigma reinante.

De certa forma, Aaron Wildavsky gostava da análise grade-grupo porque ela parecia justificar seus preconceitos: contra a hierarquia enquanto forma de governo do topo para a base, burocrática, opressiva, e contra o sectarismo por ser politicamente irresponsável; isso deixava o individualismo como o viés cultural mais favorável. Quanto às pessoas isoladas, por definição, elas não eram interessantes do ponto de vista da formulação de políticas.

Eu, particularmente, gosto da teoria do viés cultural por sua promessa de objetividade, e Wildavsky gostava dela porque provava que havia apenas um modo correto, verdadeiramente liberal, de organizar a sociedade, isto é, a partir da cultura individualista. Com perspectivas tão distintas, foi extraordinário termos conseguido colaborar, ou, mais precisamente, pareceria extraordinário para qualquer pessoa que nunca trabalhou com Aaron Wildavsky e que apenas o conhecia como fervoroso em suas convicções e impiedoso em controvérsias. É um tributo à sua generosidade acadêmica, também famosa, que após desfrutarmos de discussões heroicas tenhamos sido capazes de produzir *Risco e cultura* (1983) juntos. Ele costumava dizer "Grade/Grupo é o melhor jogo", e depois acrescentava ironicamente: "Uma pena que ninguém esteja jogando!". Enquanto isso, ele e Michael Thompson se reuniram e desbravaram a abordagem cultural à controvérsia ambiental, resumida em outro trabalho colaborativo sobre método e teoria (THOMPSON; WILDAVSKY, 1991). Eles recrutaram outros acadêmicos da área de ciências políticas em diferentes países, em particular Dennis Coyle e Richard Ellis (1994) na Califórnia, Per Selle e Gunnar Grendstad no Centro Norueguês de Organização e Administração e Manfred Schmutzer no Instituto de Tecnologia e Sociedade em Viena. Tragicamente, Aaron Wildavsky morreu em 1993.

A teoria cultural também pode lançar luzes sobre estilos de pensamento como um produto coletivo. Steve Rayner levou esse interesse adiante, desenvolvendo uma teoria cultural das restrições sociais sobre o esquecimento e a lembrança, vieses culturais em estilos de pensamento e argumentação (RAYNER, 1988, 1991a, 1991b, 1994). Dois estudos sobre a Antiguidade Tardia começam próximos ao projeto original, mas vão muito além do que eu poderia ter esperado: o estudo histórico de Sarah Coakley sobre as controvérsias cristológicas – o desenvolvimento da doutrina da Trindade vista a partir uma perspectiva feminista (1992) – e também a análise cultural de Richard Lim referente às disputas públicas sobre teologia na Antiguidade Tardia e o porquê de elas terem se tornado tão violentas a ponto de precisarem ser banidas (1995). Com diferentes aplicações em diferentes campos, não surpreende que o diagrama grade-grupo nunca pareça exatamente o mesmo. Não é que tenhamos mudado de ideia propriamente – uma possibilidade que parece ter preocupado James Spickard (1989) – ou que haja alguma contenda. Simplesmente, tentar trabalhar em duas dimensões é extremamente difícil, e estamos continuamente progredindo, simplificando, movendo os eixos ou girando o diagrama. Eu mal os reconheço, mas não faz sentido tentar corrigir os diagramas que estão neste livro para fazê-los corresponder a algo que está sendo feito na década de 1990. Houve grandes avanços. A única coisa que importa é o esforço colaborativo para pensar sobre a vida e os valores humanos com um instrumento que questiona sistematicamente o ponto de partida do pensador. Buscamos visões alternativas da realidade, alternativas reais.

Esses estudos certamente ajudarão a levar a sociologia da religião para dentro das principais correntes do pensamento social. Afinal, tenho de admitir que meu interesse por estudos religiosos com uma fundação metodológica sólida se baseia menos em preocupações teóricas do que em um problema de fronteira. Quando o estudo das religiões é conduzido na linguagem do púlpito e dominado pela linguagem da regeneração moral, a antropologia é excluída, e isso não é bom.

Bibliografia

BLOOR, David. Polyhedra and the Abominations of Leviticus. In: *Essays in the Sociology of Perception*. London: Routledge & Kegan Paul, 1982.

BROWN, Peter. *The Making of Late Antiquity*. Cambridge, Mass.: Harvard University Press, 1978.

CAREY, Joyce. *The Prisoner of Grace*. London: Harper, 1952.

COAKLEY, Sarah: Douglas, M. (Ed.). Three Personed God: a feminist exploration in théologie totale. The Hulsean Lectures, Cambridge, 1992.

COYLE, Denis; ELLIS, Richard. *Politics and Culture*. Berkeley, Cal.: University of California Press, 1994.

DOUGLAS, Mary. *Purity and Danger*: An Analysis of Concepts of Pollution and Taboo. London: Penguin, 1966.

_____ (Ed.). *Witchcraft Accusations and Confessions*. ASA, London: Tavistock Publications, 1970.

_____. *Essays in the Sociology of Perception*. New York: Routledge & Kegan Paul with the Russell Sage Foundation, 1982.

_____. *Food in the Social Order*. New York: Russell Sage Foundation, 1984.

_____. *Risk Acceptability in the Social Sciences*. London: Routledge, 1986.

DOUGLAS, Mary. *How Institutions Think*. New York: Syracuse University Press, 1987.

_____. *In the Wilderness, the Doctrine of Defilement in the Book of Numbers*. Sheffield: Sheffield Academic Press, 1993a.

_____. *Risk and Blame, Essays in Cultural Theory*. London: Routledge, 1993b.

_____. Witchcraft and Leprosy, Two Strategies of Rejection. In: *Risk and Blame, Essays in Cultural Theory*. London: Routledge, 1993c.

_____. *Thought Styles, Critical Essays on Good Taste*. London: Sage, 1996.

_____; HULL, David (Eds.). *How Classification Works*. Edinburgh: Edinburgh University Press, 1993.

_____; NEY, S. *Well-Being*. Berkeley, Cal.: California University Press, no prelo.

_____; WILDAVSKY, Aaron. *Risk and Culture, an Essay on the Selection of Technological and Environmental Dangers*. Berkeley, Cal.: California University Press, 1983.

GRIFFITHS, Richard. *The Reactionary Revolution*: The Catholic Revival in French Literature, 1870-1914. London: Constable, 1966.

GROSS, Jonathan; RAYNER, Steve. *Measuring Culture, a Paradigm for the Analysis of Social Organisation*. New York: Columbia University Press, 1985.

JOCHIM, Christian. "Great" and "Little", "Grid" and "Group": Defining the Poles of the Elite-popular Continuum in Chinese Religion. In: *Journal of Chinese Religions*, n.15, p.18-42, 1987.

LIM, Richard. *Public Disputation, Power and Social Order in Late Antiquity*. Berkeley, Cal.: University of California Press, 1995.

MARS, Gerald. *Cheats at Work, an Anthropology of Workplace Crime*. London: Allen & Unwin, 1982.

PEGG, M. G. Le corps et l'autorité: la lèpre de Baudouin IV. In: *Annales ESC*, v.2., p.265-87, 1990.

RAYNER, Steve. Risk and Relativism in Science for Policy. In: JOHNSON, Branden B.; COVELLO, Vincent T. (Eds.). *The Social and Cultural Perception of Risk*: Essays on Risk Selection and Perception. Dordrecht: D. Reidel, 1987.

RAYNER, Steve. The Rules that Make us Equal. In: RAYNER, Steve; FLANAGAN, G. J. (Eds.). *Rules, Rulers and Ruled in Egalitarian Collectives*. Farnborough: Gower Press, 1988.

_____. Expertise et Gestion de l'Environnement Global. In : THEYS, J. (Ed.). *Environnement, science, et politique*: les experts sont formels. Paris: Germes, 1991a.

_____. A Cultural Perspective on the Structure and Implementation of Global Environmental Agreements. In: *Evaluation Review*, n.15, v.1, p.75-102, 1991b.

_____. Governance and the Global Commons. Discussion Paper 8, The Centre for the Study of Global Governance, London School of Economics, 1994.

_____; FLANAGAN, G. J. (Eds.). *Rules, Rulers, Ruled in Egalitarian Collectives*. Farnborough: Gower Press, 1988.

SIVAN, Emmanuel. The Enclave Culture. In: MARTY, M. M. (Ed.). *Fundamentalism Comprehended*. Chicago, Ill.: Chicago University Press, 1995.

SPICKARD, James. Guide to Grid/group Theory. In: *Sociological Analysis*, n.50, v.2, 1989.

THOMPSON, Michael. A Three-Dimensional Model. In: DOUGLAS, Mary (Ed.). *Essays in the Sociology of Perception*. London: Routledge & Kegan Paul, 1982.

_____; SCHWARZ, Michiel. *Divided We Stand*: Redefining Politics, Technology and Social Choice. Brighton: Harvester Wheatsheaf, 1989.

_____; WILDAVSKY, Aaron. *Cultural Theory*. Boulder, Col.: Westview Press, 1991.

_____; WARBURTON, M.; HATLEY, T. *Uncertainty on a Himalayan Scale*: An Institutional Theory of Environmental Perception and a Strategic Framework for the Sustainable Development of the Himalaya. London: Ethnographica, 1987.

Introdução

O título deste livro parece conter uma contradição. A natureza precisa ser expressa em símbolos; a natureza é conhecida por meio de símbolos, que são, eles próprios, uma construção sobre a experiência, um produto da mente, um artifício ou produto convencional, portanto o oposto do natural. Também não faz sentido falar em símbolos naturais, a não ser que a mente tenda, de algum modo natural, a usar os mesmos símbolos para as mesmas situações. Essa questão foi explorada com profundidade ao longo do tempo e a existência de símbolos naturais é rejeitada. Um símbolo só possui sentido em sua relação com outros símbolos dentro de um padrão. O padrão dá o sentido. Portanto, nenhum item do padrão pode ter sentido em si mesmo, isolado do restante. Consequentemente, até a fisiologia humana, que todos compartilhamos, não proporciona símbolos que todos nós podemos compreender. Um padrão intercultural, pan-humano de símbolos deve ser uma impossibilidade. Por um lado, cada sistema simbólico se desenvolve autonomamente de acordo com suas próprias regras. Por outro lado, ambientes culturais somam suas diferenças. E ainda, as estruturas sociais acrescentam uma gama adicional de variação. Quanto mais de perto examinamos as condições da interação humana, menos gratificante, se não ridícula, parece a busca por símbolos naturais. Entretanto, a intuição contra tal negativo aprendido é forte. Este livro tenta restabelecer a intuição seguindo a linha de argumento dos sociólogos franceses da *L'année sociologique* [O ano sociológico]. Pois, se for verdade, como eles afirmaram, que a relação social entre homens oferece o protótipo para as relações lógicas entre coisas, então, sempre que esse protótipo se encaixar em um padrão comum, deve haver algo em comum a ser identificado no sistema de símbolos que ele usa. Onde se encontram regularidades no sistema, devemos esperar encontrar os mesmos sistemas naturais de símbolos, sistemas que são recorrentes e sempre inteligíveis nas diferentes culturas. A sociedade não era apenas um modelo que o pensamento classificatório seguia; eram suas próprias divisões que serviam como divisões para o sistema de classificação. As primeiras categorias lógicas eram categorias sociais; as primeiras classes de coisas eram classes de homens às quais essas coisas eram integradas. Uma vez que os homens eram agrupados e pensavam sobre si mesmos na forma de grupos, eles, em seu pensamento, agrupavam outras coisas. O centro do primeiro esquema da natureza não é o indivíduo; é a sociedade (DURKHEIM; MAUSS, 1903, p.82, 87). A busca por símbolos naturais se torna, por força desse argumento, a busca por sistemas naturais de simbolização. Procuraremos tendências e correlações entre o caráter do sistema simbólico e o do sistema social.

Dessas tendências, a mais fácil de ser reconhecida pode ser expressa como a regra da distância da origem fisiológica. Em outra ocasião, afirmei (em *Pureza e perigo*, 1966) que o sistema orgânico oferece uma analogia do sistema social que, inalterados outros fatores, é utilizada da mesma forma e compreendida da mesma forma em todo o mundo. O corpo é capaz de fornecer um sistema natural de símbolos, mas nosso problema é, por um lado, identificar os elementos na dimensão social que são refletidos e, por outro, como o corpo funciona ou como seus dejetos devem ser julgados. Naquele livro, fiz algumas sugestões, mas o tema é muito complexo. De acordo com a regra da distância da origem fisiológica (ou regra da pureza), quanto mais a situação social exerce pressão sobre as pessoas envolvidas nela, mais a demanda social por conformidade tende a ser expressa por uma demanda por controle físico. Quanto mais os processos corporais são ignorados e mais firmemente alocados fora do discurso social, mais importante é este último. Um modo natural de investigar uma ocasião social com dignidade é esconder processos orgânicos. Portanto, a distância social tende a ser expressa em termos da distância das origens fisiológicas e vice-versa.

Maimônides, o filósofo judeu do século XII, explica a referência antropomórfica a Deus com essa linguagem. Órgãos de locomoção, de sensação ou de fala são figurativamente atribuídos a Deus para expressar a sua agência em alguns resultados. O Senhor possui uma voz poderosa (Salmos, 23, 4), sua língua é um fogo devorador (Isaías, 20, 27), seus olhos observam (Salmos, 2, 4). Os órgãos externos possuem um sentido figurativo direto, uma vez que o poder de agir e o de saber estão entre os atributos de Deus. Mas um problema se coloca quando órgãos internos devem ser interpretados:

Em frases como "meu intestino está preocupado com ele" (Jeremias, 31, 20); "O soar do teu intestino" (Isaías, 63, 15), o termo "intestino" é utilizado no sentido de "coração", pois o termo "intestino" é usado tanto em sentido geral quanto em sentido específico; ele denota especificamente "intestino", mas, de forma mais geral, pode ser utilizado como o nome de qualquer órgão interno, inclusive "coração". A veracidade desse argumento pode ser comprovada pela frase "E a tua lei está dentro do meu intestino" (Salmos, 40, 9), que é idêntica a "E a tua lei está dentro do meu coração". Por essa razão, o profeta empregou nesse verso a frase "meu intestino está preocupado" (e "o soar do teu intestino"); o verbo *hamah* é, na verdade, utilizado com mais frequência em conexão com "coração" do que com qualquer outro órgão; compare "Meu coração se agita *(homeh)* em mim" (Jeremias, 4, 19). Da mesma forma, o ombro nunca é utilizado como uma figura em referência a Deus, porque ele é reconhecido como um mero instrumento de transporte e também entra em contato direto com aquilo que carrega. Com muito mais razão, os órgãos de nutrição nunca são atribuídos a Deus; eles são imediatamente tidos como sinais de imperfeição. (MAIMÔNIDES, 1956, p.61)

A possibilidade de imaginar Deus com órgãos de digestão e de excreção está fora de questão para esse teólogo. De fato, isso não é de forma alguma cogitado na religião judaica. Mas essa não é uma tendência universal. Muitas religiões adoram deuses que são encarnados em todos os sentidos. A Encarnação é a doutrina central, distintiva, do cristianismo. Uma questão básica para o entendimento dos sistemas simbólicos naturais será saber quais condições sociais são o protótipo para este ou aquele conjunto de atitudes com relação ao corpo humano e sua aptidão ou inadequação para representar divindades. Quais são os limites dentro dos quais o desdém por processos orgânicos pode ser utilizado como uma linguagem para a distância social? Grandes dificuldades metodológicas são encontradas em qualquer tentativa de responder a essas questões.

Uma das dificuldades mais espinhosas é o problema de manter outras variáveis fixas enquanto comparamos um pedaço de comportamento em uma cultura com um pedaço paralelo em outra cultura. Considere o caso do riso, por exemplo. Em diversos sistemas sociais, a ideia de uma risada alta e vociferante pode ser inadequada em situações formais. Mas o que conta como alto e vociferante pode variar muito. Em seu livro *Book of Manners for Women* [Livro de conduta para mulheres] (1897, p.12), a senhora Humphrey descreveu um tanto cruelmente a risada de uma plateia de teatro onde muito poucos "sabem como ceder ao desejo na expressão de sua alegria".

> Para cada um cuja risada é melodiosa, encontrar-se-á uma dúzia que simplesmente sorri e meia dúzia cujo único alívio está na contorção física. Alguns destes últimos curvam-se para a frente, dobrando-se quase ao meio, depois se recompõem e repetem esse movimento espasmódico e ridículo a cada piada. Alguns jogam a cabeça para trás de tal forma que sugere desagradavelmente um deslocamento. Alguns têm tanta dificuldade para descarregar seu sobrepujante senso de entretenimento que se estapeiam violentamente, retorcendo todo o corpo como se estivessem sob tortura. Gargalhadas em todos os tons ressoam por todos os lados, variando desde o estridente e atenuado "He! He!". até o riso duplo "Ho! Ho!", disparado como as batidas do carteiro, com enorme rapidez, como se para estar preparado, a

postos, para a próxima piada. Cacarejares aludindo a um curral e sons que lembram porcos produzem variedade.

A senhora Humphry desaprovava deslocamentos, violência, sacudidas, gargalhadas descontroladas, grunhidos e cacarejos. Em um capítulo sobre aprender a rir, ela declarou: "Não há maior ornamento para uma conversa do que a ondulação de notas prateadas que forma a risada perfeita". Mas o que é visto como ondulação em uma cultura pode ser considerado uma série de sacudidas grosseiras em outra. Esse é o problema central da comparação que acorrentou a tentativa de comparar regras de comportamento corporal entre diferentes sociedades ou diferentes períodos históricos do mesmo povo. Se estamos tentando comparar formas de expressão, estamos envolvidos na avaliação comportamental na dimensão física. A gama de variáveis físicas é tão surpreendentemente ampla que obviamente contém um forte elemento cultural. Como disse Lévi-Strauss:

> Os limiares de excitabilidade, os limites de resistência são diferentes em cada cultura. O esforço "impossível", a dor "intolerável", o prazer "ilimitado" são mais critérios sancionados pela aprovação e desaprovação coletivas do que funções individuais. Cada técnica, cada unidade de comportamento, tradicionalmente aprendida e transmitida, se baseia em certas síndromes nervosas e musculares que constituem verdadeiros sistemas, relacionados dentro do todo de um contexto sociológico. (LÉVI-STRAUSS, 1950, p.xii)

Por conseguinte, nenhum limite fisiológico objetivo no intervalo entre o mais completo controle corporal e o mais absoluto abandono é relevante. O mesmo ocorre com toda a gama de expressões simbólicas possíveis: cada ambiente social determina seus próprios limites aos modos de expressão. De Londres ao norte, estimulantes convencionais variam da cerveja ao uísque; em alguns círculos sociais, eles variam do chá fraco ao panaché, passando pelo café. E essas mudanças são acompanhadas por variações especiais de ruído e silêncio e de gestos corporais. Não há como controlar as diferenças culturais. Não obstante, sem um método, a comparação intercultural desmorona, e com ela desaba todo o interesse desse exercício. Se não pudermos trazer a discussão sobre a etnografia tribal de volta para nós mesmos, não faz sentido iniciá-la. O mesmo se aplica à experiência de controle social. A sensação de outras pessoas controlarem o comportamento de alguém varia de acordo com a qualidade das restrições e liberdades que elas podem utilizar. Cada ambiente social estabelece limites às possibilidades de distância e proximidade de outros humanos e aos custos e recompensas da lealdade ao grupo e da conformidade a categorias sociais. Comparar aspectos entre culturas é como tentar comparar o valor de moedas primitivas em situações nas quais não se aplica um padrão comum de valor. Entretanto, o problema é basicamente o mesmo enfrentado por linguistas ao comparar línguas tonais nas quais as variações de tom ocorrem dentro de um intervalo de alturas relativas, e não em relação a alturas absolutas. Um modo de resolver o problema comparativo é limitar as previsões de uma hipótese para qualquer ambiente social determinado. Mesmo nesse caso, a dificuldade de definir um ambiente social é grande. A regra metodológica é meramente um tipo rudimentar de salvaguarda contra os tipos mais descontrolados de seleção cultural.

Ela serve para combater os efeitos do Bongo-Bongoísmo, a armadilha de toda discussão antropológica. Até hoje, quando uma generalização é proposta de maneira experimental, ela é rejeitada sumariamente por qualquer um que tenha feito trabalho de campo e possa dizer: "Tudo isso é muito interessante, mas não se aplica ao Bongo-Bongo". Para entrar na presente discussão, o bongoísta deve precisar especificamente o campo cultural dentro do qual suas comparações são traçadas.

A hipótese que proporei sobre a concordância entre experiência social e simbólica sempre terá de ser testada dentro de determinado ambiente social. Um dos argumentos será o de que quanto mais valor as pessoas dão a restrições sociais, maior será o valor atribuído a símbolos de controle corporal. A regra da comparação não me permitirá comparar o cabelo indisciplinado de Lloyd George com os cachos fluidos de Disraeli, pois eles pertenciam a diferentes períodos culturais da história inglesa. A rigor, ela não deveria me permitir comparar Lloyd George com uma geração mais jovem de contemporâneos com cabelos curtos. A latitude permitida pelo termo "determinado ambiente social" é uma questão de critério. Quantos mais limitadas as variações dentro das quais a comparação é feita, mais significativos os resultados.

Levando em conta essas regras do método, tentarei identificar quatro sistemas distintos de símbolos naturais. Eles serão sistemas sociais nos quais a imagem do corpo é utilizada de diversas formas para refletir e acentuar a experiência de sociedade de cada pessoa. De acordo com um, o corpo tenderá a ser concebido como um órgão de comunicação. As principais preocupações serão com o seu funcionamento efetivo; a relação da cabeça com membros subordinados será um modelo do sistema

de controle central, as metáforas políticas prediletas referir-se-
-ão ao fluxo do sangue nas artérias, à alimentação e à restauração
da força. De acordo com outro, ainda que o corpo também seja
visto como um veículo de vida, ele estará vulnerável de formas
diferentes. As ameaças virão não tanto da falta de coordenação,
de comida ou de descanso, mas da incapacidade de controlar
a qualidade do que é absorvido pelos orifícios; medo de envenenamento, proteção de fronteiras, aversão a dejetos corporais
e uma teoria médica que impõe expurgos frequentes. Outro
sistema será muito prático com relação aos possíveis usos dos
dejetos corporais e muito tranquilo no que concerne à recicla-
gem de resíduos e ao resultado de tais práticas. A distinção entre
a vida dentro do corpo e o corpo que a carrega não provocará
interesse. Nas áreas de controle dessa sociedade, controvérsias
sobre espírito e matéria raramente serão suscitadas. Mas, no
outro extremo do espectro, no qual a maioria é controlada por
esses pragmáticos, ver-se-á outra atitude. Aqui, o corpo não é
principalmente o veículo da vida, pois a vida será vista como
puramente espiritual, e o corpo, como matéria irrelevante. Aqui
podemos situar tendências milenaristas desde a nossa história
antiga até o momento presente. Para essas pessoas, a sociedade
figura como um sistema que não funciona. O corpo humano é
a imagem mais prontamente disponível de um sistema. Nesses
tipos de experiência social, uma pessoa sente que suas relações
pessoais, tão inexplicavelmente improfícuas, estão sob o sinistro controle de um sistema social. Isso implica que o corpo
tende a servir como um símbolo do mal, como um sistema
estruturado contrastado com o espírito puro, que, por natureza, é livre e indiferenciado. O milenarista não está interessado
em identificar inimigos e incapacitá-los. Ele acredita em um

mundo Utópico no qual a bondade do coração pode prevalecer sem instrumentos institucionais. Ele não busca valorizar nenhuma forma social em particular. Ele eliminaria todas elas. O milenarista gosta do frenesi; ele aprecia a experiência de se deixar levar e a incorpora ao seu procedimento para introduzir o milênio. Ele busca o êxtase corporal, o qual, ao expressar para ele a chegada explosiva da nova era, reafirma o valor da doutrina. Filosoficamente, ele está propenso a distinguir o espírito da carne, a mente da matéria. Mas, para ele, a carne não sugere a tentação da luxúria e de todos os prazeres físicos. Ela mais provavelmente representaria a corrupção do poder e da organização. Para ele, o espírito se encontra trabalhando livremente na natureza e na natureza selvagem – não na sociedade. Por meio desse modo de pensar, antropólogos podem relacionar seu material de campo ao objeto de estudo tradicional da história das religiões, visto que ele desvenda as formas implícitas das grandes controvérsias teológicas. De acordo com algumas religiões, deuses e homens podem ter relações sexuais; em outras, uma barreira muito grande os separa; em outras, o deus pode adquirir forma humana apenas na aparência, não na realidade da carne; em outras, o deus é encarnado, mas não por meio de processos fisiológicos normais. Aqui temos um índice, como Leach indicou ao discutir dogmas do parto virgem, do modo como carne e espírito são categorizados. Para algumas pessoas, as categorias são muito distintas e é blasfemo misturá-las; para outras, a mistura de divino e humano é correta e normal. No entanto, espero demonstrar que as dimensões da vida social governam as atitudes fundamentais ante o espírito e a matéria.

1
Distante do ritual

Um dos mais graves problemas dos nossos tempos é a falta de comprometimento com símbolos públicos. Se fosse apenas isso, não haveria muito a ser dito. Se fosse apenas uma questão de nossa fragmentação em pequenos grupos, cada um comprometido com formas simbólicas próprias, seria fácil compreendê-la. Mas uma rejeição disseminada e explícita de rituais enquanto tais é mais misteriosa. "Ritual" se tornou uma palavra ruim, que significa conformidade vazia. Estamos testemunhando uma revolta contra o formalismo, até mesmo contra a forma. "A grande maioria dos meus colegas de classe simplesmente ficou sentada durante quatro anos." Assim escreveu Newfield sobre o que chamou de não geração da sua turma universitária: "Eles não desafiavam autoridades, não se arriscavam e não faziam perguntas. Apenas memorizavam 'os dados', nem mesmo reclamavam quando instruções os transformavam em gravadores estúpidos, exigindo que eles recitassem em vez de raciocinar" (NEWFIELD, 1966, p.41). Sombras de Lutero! Sombras da Reforma e de sua reclamação contra rituais sem sentido, religião mecânica, latim como língua oficial de culto, recitações mecânicas de litanias. Estamos, aqui e agora, revivendo uma revolta mundial contra o ritualismo. Para entendê-la, Marx e Freud foram invocados, mas Durkheim também a previu, e cabe ao antropólogo social interpretar a alienação. Algumas das tribos que observamos são mais ritualísticas que outras. Algumas estão mais descontentes com suas formas tradicionais do que outras. Com base em estudos tribais, há algo a ser dito sobre uma dimensão geralmente ignorada – a faixa ou área das relações pessoais na qual se move um indivíduo. Porém, ao tentar dizê-lo, enfrentamos obstáculos quanto à terminologia.

Muitos sociólogos, seguindo Merton (1957, p.131 et seq.), usam o termo "ritualista" para aquele que realiza gestos externos sem comprometimento interno com as ideias e valores sendo expressos. Assim, esses apáticos estudantes seriam ritualistas. Há uma analogia aqui com o uso feito por zoólogos. Por exemplo, quando se diz que um animal realiza um ataque ritual, o zoólogo quer dizer que uma sequência de movimentos é iniciada, a qual, se completada normalmente, terminará em agressão; a função do ritual animal é a comunicação, pois, quando o outro animal recebe o sinal, ele muda seu comportamento para o de submissão ritual, inibindo e contendo, portanto, a sequência de ações agressivas. Esse parece ser um modo perfeitamente legítimo de distinguir entre comportamentos simbólicos e outros comportamentos em animais. Uma forma de comunicação é identificada; não se insinua nenhum julgamento sobre o valor do ritual em comparação com outras formas de comunicação. Entretanto, quando esse uso é transferido para o comportamento humano, o ritual, definido como um ato rotinizado desviado de sua função normal, transforma-se sutilmente em uma forma de comunicação desprezada. Outros atos simbólicos transmitem com precisão informações sobre intenções e compromissos do ator: o ritual não. O ritualista se torna alguém que realiza gestos externos que sugerem comprometimento com determinado conjunto de valores, mas ele é internamente retraído, ressecado, descomprometido. Esse é um uso distrativo e partidário do termo, pois deriva de pressuposições dos antirritualistas na longa história do revivalismo religioso. O sociólogo pode afirmar que o legado emocional não perturba sua serena objetividade. Ele não pode negar, no entanto, que isso o priva de uma terminologia apropriada para descrever o outro tipo de ação simbólica que exprime corretamente o estado interno do ator. Seria inegavelmente inconveniente usar o antirritualismo para o uso positivamente comprometido das formas simbólicas com o objetivo de manter o ritualismo no seu senso pejorativo, sectário. Existe outra razão para o uso do termo "ritual" com um sentido neutro. Antropólogos precisam se comunicar com sociólogos e com zoólogos. Eles têm o hábito de usar "ritual" com o significado de ação e crenças na ordem simbólica sem referência ao comprometimento ou não comprometimento dos atores. Isso tem uma razão prática. Em um sociedade de pequena escala, face a face, a distância entre os significados pessoais e os públicos não cresce; os rituais não são fixos; a discrepância entre a situação representada e a forma de expressão é imediatamente reduzida por mudanças nesta última. A jurisprudência primitiva não vê uma distância entre a lei e a moralidade, porque não há precedentes escritos, porque pequenas mudanças na lei para expressar novas situações morais podem ser feitas constantemente e porque tais mudanças, não sendo registradas, passam despercebidas. A ideia de uma lei imutável dada por Deus é, na prática, compatível com uma situação legal mutável. Se esse é o caso na situação formal das cortes tribais especializadas, que dirá no uso público de símbolos religiosos em sociedades primitivas. Mesmo que se garanta sinceramente ao antropólogo que o culto aos deuses segue um padrão imutável desde o começo da história tribal, não existe absolutamente nenhuma razão para crer no que os atores creem. As religiões primitivas são afortunadas porque não têm que carregar o peso morto do ritual "ritualizado" (para adotar o uso da sociologia). Portanto, até agora, os antropólogos não precisaram considerar a diferença entre formas simbólicas externas e estados internos. É justo dizer que o ritual "ritualizado" deveria ser desprezado. Mas é ilógico desprezar todos os rituais, todas as ações simbólicas enquanto tal. Usar a palavra "ritual" com o significado de símbolos vazios de conformidade, deixando-nos sem uma palavra para nos referirmos aos símbolos de conformidade genuína, é seriamente incapacitante para a sociologia da religião, pois o problema dos símbolos vazios ainda é um problema sobre a relação dos símbolos com a vida social, o qual necessita de um vocabulário sem preconceitos.

O uso antropológico relaciona mais honestamente a discussão às controvérsias históricas da religião. O ritual, no sentido positivo, corresponde ao ritualismo na história da Igreja e nos permite identificar ritualistas e antirritualistas em termos que eles mesmos utilizam. Somos, portanto, capazes de refletir sobre nós mesmos e de considerar as causas do antirritualismo atual.

Um exemplo instrutivo é a recente preocupação da hierarquia da Igreja Católica na Inglaterra com a abstinência às sextas-feiras. Essa é uma regra que, por um lado, é cara a uma grande parte da população católica, que adere a ela, confessa sua violação com contrição e geralmente a leva a sério. Por outro lado, ela não é estimada pelo clero. Aos seus olhos, evitar carne às sextas-feiras se tornou um ritual vazio, irrelevante para a verdadeira religião. Nessa discussão, os antirritualistas são o clero e os ritualistas são um tipo conhecido, de forma condescendente, como irlandeses do pântano.[1] O irlandesismo do pântano parece ser uma cultura extremamente mágica, irracional e não verbal. Paradoxalmente, os irlandeses do pântano são encontrados mais em paróquias londrinas do que na Irlanda. A abstinência às sextas-feiras é a regra central de sua religião: é um tabu cuja violação traz infortúnio automático. É o único pecado que eles pensam ser digno de nota durante a confissão, e eles evidentemente acreditam que tal pecado contará contra eles durante o juízo final de forma mais grave do que qualquer violação aos dez mandamentos. Para aproximá-los das verdadeiras doutrinas, a regra da abstinência às sextas-feiras foi abolida na Inglaterra, e um ativo movimento de catequese tenta desmamar seus filhos da magia e trazê-los para uma forma superior de adoração.

Quando pergunto aos meus amigos clérigos por que as novas formas são consideradas superiores, eles me respondem com um evolucionismo teilhardista que presume que um compromisso racional, verbalmente explícito e pessoal com Deus é obviamente mais evoluído e melhor do que seu suposto contrário, uma submissão formal e ritualística. Ao questionar isso, eles me dizem que a submissão ritual não é uma forma válida

---

[1] *Bog Irishmen:* maneira pejorativa de se referir a irlandeses de classes mais baixas. (N.T.)

de compromisso pessoal e não é compatível com o pleno desenvolvimento da personalidade; ademais, a substituição da submissão ritual pelo compromisso racional dará maior sentido à vida dos cristãos. Além disso, se o cristianismo deve ser salvo para as gerações futuras, o ritualismo deve ser extirpado, como se fosse uma erva daninha sufocando a vida do espírito. Encontramos nisso tudo uma disposição paralela ao antirritualismo que inspirou muitas das seitas evangélicas. Não há necessidade de retornar à Reforma para reconhecer a onda que esses católicos modernos, de forma bem incongruente, estão seguindo.

Atualmente, tão presentes entre nós quanto os imigrantes irlandeses, estão as várias seitas protestantes prósperas, as quais, por sua vez, surgiram ao rejeitar a eclesiologia e ao buscar um retorno à pureza primitiva da mensagem do evangelho, falando diretamente ao coração do fiel, sem intervenção de formas rituais.

Deveria esse movimento contra o ritual ser visto como um caso de oscilação do pêndulo? Tal abordagem implica que qualquer impulso forte em direção ao ritual deve eventualmente ser contraposto por um impulso no outro sentido. Uma das explicações usuais para a renovação regular do antirritualismo é que revoltas contra sistemas religiosos hierárquicos estabelecidos vêm dos deserdados. Uma combinação popular de Freud e Weber, ela presume que a principal função da religião é lidar com desajustes psicológicos, e que, à medida que essa função se torna mais ou menos estabelecida, as formas sociais se tornam mais ou menos rotinizadas. Um movimento que começa como uma seita expressando as necessidades religiosas dos pobres gradualmente sobe na escala social. Ele se torna respeitável. Seus rituais aumentam, seu fundamentalismo rigoroso em devoção à Palavra se torna tão carregado de magia quanto o edifício sacramental que ele inicialmente negou. Com a respeitabilidade vem o ritualismo. Com a perda de boa fortuna vem o antirritualismo e a nova seita. Essa é a suposição que fundamenta muitas das contribuições ao *Patterns of Sectarianism* [Padrões do sectarismo] (WILSON, 1967). O próprio Wilson o indica muito claramente quando oferece uma teoria do desajuste para o desenvolvimento de seitas antirritualistas. O desajuste resulta necessariamente da mudança social. Portanto, o impulso por novas seitas cresce com a velocidade da mudança.

> Os fatores de estímulo específicos da emergência de seitas geralmente se encontram nos estresses e nas tensões sentidos de forma diferente dentro da sociedade como um todo. Mudanças na posição econômica de um grupo em particular (que pode ser apenas uma mudança na sua posição relativa); distúrbios em relações sociais normais, por exemplo, com o advento da industrialização e da urbanização; o fracasso do sistema social em acomodar determinados grupos etários, de gênero e de *status* – todos esses são possíveis estímulos para a emergência de seitas. Essas são as necessidades às quais, de certa forma, as seitas respondem. Grupos particulares são marginalizados por algum processo de mudança social; há uma súbita necessidade de uma nova interpretação para a sua posição social, ou para uma transvaloração de sua experiência. Insegurança, angústia causada por diferenças de *status* e negligência cultural provocam uma necessidade de reajuste, algo que, para alguns, as seitas podem oferecer. (ibidem, p.31)

E assim por diante.

O argumento que busca explicar o comportamento por meio da referência ao desajuste, à compensação e à privação é sempre um alvo fácil. Quando surge entre sociólogos empíricos, torna-se uma tarefa particularmente agradável persegui-lo. Os psicanalistas, que popularizaram esse modelo de equilíbrio da natureza humana, basearam seus casos no seu valor terapêutico. A criação de proposições cientificamente verificáveis não era sua principal preocupação. Mas, para um sociólogo, buscar as origens de uma classe de movimentos religiosos em termos de desajuste e reajuste seria abdicar de seu papel. Ou ele deve usar a proposição para provar sua própria premissa ou deve admitir que ela não é útil para explicar instâncias negativas. E no que diz respeito aos irlandeses do pântano? Eles não são desprovidos, destituídos, não sofrem perturbações em relações sociais normais? Quando se veem trabalhando em Londres ou se enfileirando fora das relações laborais, eles não sentem uma súbita necessidade de uma nova interpretação de sua experiência social? Pois qual *status* poderia ser mais inseguro, mais marginal e suscetível à inquietação do que o de um trabalhador imigrante não qualificado em Londres? No entanto, lá estão eles, agarrando-se tenazmente a sua antiga organização eclesiástica e a seu ritualismo elaborado, dos quais pregadores muito menos obviamente marginais e socialmente inseguros se esforçam para removê-los. Podemos estar insatisfeitos, portanto, com esse argumento como uma explicação para o antirritualismo.

A hipótese da privação tem raízes profundas em nossa herança cultural. Talvez Rousseau tenha dado a primeira e mais enfática visão do indivíduo acorrentado pela sociedade e propenso à revolta quando se atinge determinado nível de humilhação e desespero. O pressuposto que atormenta a sociologia desde então é o de que a privação e a tensão podem ser medidas interculturalmente. No capítulo 3, tento estabelecer limites metodológicos dentro dos quais essas noções podem ser aplicadas. Qualquer um que utilize a ideia de tensão e estresse em um modelo explanatório geral é culpado, no mínimo, de deixar a análise muito antes que ela esteja completa e, no pior dos casos, de circularidade. Smelser, por exemplo, coloca o fator tensão em sua explicação sobre movimentos de massa, pânicos, desvarios e movimentos religiosos. A tensão, para ele, resulta da descontinuidade entre funções e performances (SMELSER, 1962, p.54), mas como essa descontinuidade não pode ser avaliada, ele passa a postular seu surgimento como resultado de uma mudança social. Ele detecta tensão estrutural quando grandes classes de pessoas independentes inundam as cidades ou naquilo que chama de grupos "compactos" (ibidem, p.199, 338). Logo, estamos um pouco mais distantes de localizar as causas para movimentos de massa de diferentes tipos. O conteúdo emocional de uma palavra como "tensão" inibe a análise da mesma forma que "desajuste", "privação", "frustração" e outras. Outra dificuldade se encontra no foco em mudanças e movimentos, pois sobre esses sempre é possível presumir que eles começam em um estado de desequilíbrio. É mais significativo identificar em certos tipos de ação coletiva a estrutura social distintiva e o simbolismo correlato, os quais são encontrados no estado estacionário em algumas sociedades primitivas de pequena escala.

Mesmo entre nós há uma tendência de longo prazo que não pode ser subestimada. Uma tendência a formas não ritualísticas de adoração não se encontra apenas entre os desprovidos e desorientados. O catolicismo contemporâneo na América demonstra uma

> ênfase individual, encontrada também na espiritualidade protestante, enfoca um tipo pessoal de experiência religiosa, na qual o indivíduo leva em consideração a si próprio e a Deus, excluindo relativamente seu vizinho.

Para aqueles que encontram sua espiritualidade sob a forma de leitura, o sociólogo da religião continua:

> a maioria das leituras espirituais recomendadas aos católicos nos últimos dois séculos enfatizou essa espiritualidade privada [...]. Na linguagem do Evangelho, isso significa que o papel de Maria [...] prevaleceu em relação ao de Marta. (NEAL, 1965, p.26-7)

Deixe-me utilizar esse trecho para sinalizar três fases do distanciamento em relação ao ritualismo. Primeiro, há o desprezo pelas formas rituais externas; segundo, há a internalização privada da experiência religiosa; terceiro, há um deslocamento em direção à filantropia humanista. Quando o terceiro estágio está em curso, a vida simbólica do espírito terminou. Para cada um desses estágios, podem ser identificados determinantes sociais. Lealdade aos meus ancestrais irlandeses do pântano não me levaria, por si só, a defender o ritualismo. Mesmo sem ser irlandês, qualquer antropólogo sabe que formas públicas de expressão simbólica não devem ser desprezadas. Os reformadores que atribuem baixo valor aos aspectos externos e simbólicos da abstinência às sextas-feiras e que exortam fiéis a preferir atos de caridade não estão fazendo uma avaliação intelectualmente livre das formas de culto. Eles estão se movendo com a maré secular ao lado de outros setores da classe média que buscam justificações para sua vida apenas salvando outros da fome e da injustiça. Existem experiências pessoais que levam pessoas em nossa sociedade à justificação por boas obras. Mas, aqui, observe também que o irlandesismo que se apega a formas rituais é ele próprio socialmente determinado. Os abstêmios às sextas-feiras não são livres para seguir seus pastores em sua vasta filantropia, pois a religião de cada pessoa tem a ver com ela mesma e com suas necessidades autônomas. Há uma disjunção triste entre as reconhecidas necessidades do clérigo, dos professores e dos escritores e as necessidades daqueles que eles ensinam e para os quais pregam e escrevem.

Espero revelar esses determinantes sociais ao considerar culturas primitivas de pequena escala. O problema em questão é o problema central da história religiosa e me surpreende que perspectivas antropológicas ainda não tenham sido sistematicamente utilizadas para resolvê-lo. Tão pouco tem sido feito para ampliar a análise de forma a abarcar culturas primitivas e modernas que ainda não existe um vocabulário comum. Os sacramentos são uma coisa, a magia, outra; tabus são uma coisa, o pecado, outra. Em primeiro lugar, deve-se atravessar cercas verbais pontiagudas que separam arbitrariamente um conjunto de experiências humanas (nossas) do outro (deles). Para começar, considerarei que ritualismo significa uma valorização aguçada da ação simbólica. Isso manifestar-se-á de duas maneiras: crença na eficácia de signos instituídos e sensibilidade a símbolos condensados. A primeira é a teologia sacramental e igualmente mágica. Não vejo vantagens em distinguir entre o sacramental e o mágico nessa discussão. Eu poderia estar falando sobre uma mudança histórica na Europa, passando de uma ênfase na eficácia ritual antes da Reforma a uma ênfase em ritos comemorativos, espontâneos. Ou poderia me referir à variação, em religiões tribais, entre crenças fortes e fracas na eficácia mágica. Não deixemos que o uso da palavra "magia" ou "sacramento" faça diferença para a discussão.

O ritualismo é mais desenvolvido onde a ação simbólica é tida como mais certamente eficaz. Entre celebrações católicas e anglicanas da Eucaristia, há uma mudança de ênfase na eficácia ritual da primeira, à ênfase em um rito comemorativo da segunda. É uma diferença sutil na série (que vai desde o ritual mágico ao não mágico) cuja origens estamos examinando. A diferença talvez seja mais facilmente identificada em atitudes ante a transgressão. Onde símbolos são altamente valorizados e o ritualismo é forte, a ideia de pecado implica atos transgressivos formais e específicos; onde o ritualismo é fraco, a ideia de pecado não foca em ações externas específicas, mas em estados mentais internos: rituais de purificação não estarão tão em evidência.

Antes de começar a comparar religiões primitivas, devo lembrar o quão delicada é a linha na qual repousa a religião sacramental. Sacramentos, a meu ver, são signos especialmente instituídos para serem canais de graça. Todo o mundo material é considerado sacramental no sentido de que signos materiais e canais de graça estão em todos os lugares, sempre disponíveis; mas os sacramentos são especialmente instituídos. O cristão que se aproxima de um sacramento deve cumprir condições rituais estipuladas. Se estas, por alguma razão, não puderem ser cumpridas, ele pode recorrer a fontes de graça mais difusas. Em vez de se submeter de fato às formas instituídas de confissão e absolvição, ele pode fazer um "ato de contrição" interior; no lugar da comunhão eucarística, ele pode fazer um "ato de comunhão espiritual". A devoção aos sacramentos, portanto, depende de um estado de espírito que valorize formas externas e que esteja pronto a atribuir especial eficácia a elas. Essa é a atitude geral que submete o ritualista às formas sacramentais de culto. E vice-versa: a falta de interesse em símbolos externos não seria compatível com o culto de sacramentos instituídos. Muitas das atuais tentativas de reformar a liturgia cristã pressupõem que, uma vez que os símbolos antigos perderam o sentido, a questão está em achar novos símbolos ou revitalizar o significado dos antigos. Isso é uma completa perda de tempo se, como afirmo, pessoas de diferentes períodos históricos forem mais ou menos sensíveis aos signos enquanto tais. Algumas pessoas não veem ou ouvem signos não verbais. A meu ver, a percepção dos símbolos em geral, assim como sua interpretação, é socialmente determinada. Se eu conseguir demonstrá-lo, isso será importante para a crítica das teorias do desajuste ou da tensão do comportamento religioso.

Em primeiro lugar, descartar a famosa ideia de que todas as religiões primitivas são voltadas para a magia e o tabu. Robertson Smith (1894) deu voz à impressão de que, ao longo dos séculos, um declínio progressivo da magia acompanhava o crescimento da civilização. Ele não estava completamente errado. Mas o grande movimento secular que ele descreve, caso não seja uma ilusão de ótica, tem sido, no mínimo, frequentemente interrompido. Entre as culturas primitivas mais afastadas do progresso industrial, encontramos não ritualistas.

O ritualismo é tido como uma preocupação de que símbolos eficazes sejam corretamente manipulados e de que as palavras corretas sejam pronunciadas na ordem correta. Quando comparamos os sacramentos à magia, existem dois tipos de perspectiva a serem levados em consideração: de um lado, a doutrina oficial, de outro, as formas populares que ela assume. De acordo com a primeira perspectiva, o teólogo cristão pode limitar a eficácia dos sacramentos ao funcionamento interno da graça na alma. Mas, por meio dessa agência, eventos externos podem ser transformados, uma vez que decisões tomadas por uma pessoa em um estado de graça são supostamente diferentes daquelas tomadas por outras pessoas. A eficácia sacramental funciona internamente; a eficácia mágica funciona externamente. Mas essa diferença, mesmo no nível teológico, é menor do que parece. Pois se o teólogo lembra de levar em consideração a doutrina da Encarnação, suficientemente mágica em si mesma, e a ainda mais mágica doutrina da Ressurreição e de como seu poder é canalizado por meio dos sacramentos, ele não pode fazer uma distinção tão clara entre eficácia mágica e sacramental. Há, ainda, a magia popular no cristianismo. Uma vela acessa para Santo Antônio para achar um objeto perdido é mágica, assim como uma medalha de São Cristóvão usada para evitar acidentes ou a crença de que a carne comida em uma sexta-feira causa manchas na pele. Tanto o comportamento sacramental quanto o mágico são expressões de ritualismo. O que aprendemos sobre as condições nas quais a magia prospera ou se desvaloriza em culturas primitivas deveria valer para o sacramentalismo entre nós e igualmente para a rejeição da magia e do ritual expressa na Reforma Protestante.

A vantagem de tomar a crença em signos eficazes como foco da comparação é que outros aspectos do comportamento religioso em grande medida coincidem com variações no que diz respeito a isso. Comentei sobre como ideias de pecado tendem a variar de acordo com ideias sobre o mágico. O conceito de transgressão formal pode assumir um caráter realmente bem mágico e, de novo, quanto mais magia, mais sensível a percepção de símbolos condensados. Toda comunicação depende do uso de símbolos, e eles podem ser classificados de diversas formas, desde o mais preciso ao mais vago, desde signos com referência única a símbolos multirreferenciais. Aqui, chamo a atenção de vocês para uma variação dentro da classe de símbolos multirreferenciais, que vai desde o mais difuso ao mais condensado. Para exemplos de símbolos altamente condensados, ver a interpretação de Turner dos rituais ndembu. Esse povo na Zâmbia vivencia a sociedade humana como uma estrutura complexa de grupos de descendência e grupos locais estratificados por idade e associações de culto. Para simbolizar isso, eles se fixam nas cores dos fluidos do corpo humano, da terra e das árvores. Os princípios ativos nos humanos são a bile negra, o sangue vermelho e o leite branco; no mundo da natureza viva, há árvores com seiva branca e vermelha, resinas viscosas e madeiras carbonizadas negras; da mesma forma, os minerais incluem a terra negra e as argilas branca e vermelha. A partir dessas cores, eles desenvolvem uma representação complexa das esferas masculina e feminina e poderes destrutivos e nutritivos, entrelaçados em níveis de interpretação cada vez mais abstratos e inclusivos. Esse sistema de signos é tão econômico e altamente articulado que basta soar uma corda para reconhecer que a orquestração ocorre em escala cósmica (TURNER, 1968). Para exemplos cristãos de símbolos condensados, considere os sacramentos, em particular a Eucaristia e a Crisma. Elas condensam uma gama de referências extremamente ampla em uma série de proposições frouxamente articuladas umas às outras. Em contraste, para símbolos difusos, pode-se tomar como exemplo a palavra dos pigmeus mbuti para "alegria", descrita por Turnbull como o ponto central de seu sistema de valores, ou as palavras "valores humanos" da cultura contemporânea da BBC.[2] As ideias são abrangentes o suficiente em termos de referência e produzem uma resposta emocional padrão. Mas é difícil analisar precisamente sua conotação. Estou sugerindo que a regra da abstinência às sextas-feiras é um símbolo condensado de menor porte para os irlandeses exilados em Londres, da mesma forma que se abster de comer carne de porco se tornou um símbolo da Lei para os judeus em toda parte. Alguns ingleses católicos e judeus não demonstram nenhuma reação a esses símbolos condensados e são mais afetados por princípios éticos gerais. Minha hipótese é que essas respostas são, respectivamente, aspectos de tipos particulares de experiência social. Implicitamente, eu me vejo retornando à ideia de Robertson Smith de que ritos são prioritários e mitos são secundários no estudo da religião, pois parece que as mudanças recentes na doutrina cristã que estão acontecendo no longo debate teológico desde a Reforma são tentativas de alinhar debates intelectuais com atitudes pessoais profundamente arraigadas com relação ao ritualismo. Um desenvolvimento completo desse argumento deve nos permitir avaliar o contexto social dos movimentos antirritualísticos e sua derrota periódica para o ritualismo.

---

2 *British Broadcasting Corporation*, em português, Corporação Britânica de Radiodifusão. (N.T.)

Símbolos naturais

No estado atual dos relatos etnográficos, não é suficientemente confiável como base de comparação buscar a presença ou ausência de símbolos condensados. Pois existe uma possibilidade incômoda de que, se alguém que faz trabalho de campo do calibre de Victor Turner ou Raymond Firth visitasse os pigmeus e fizesse sua costumeira investigação intensiva, ele descobriria conjuntos de símbolos tão condensados como aqueles nas sete colinas de Roma. Alguns esquemas simbólicos de orientação podem ser necessários para que as pessoas se relacionem umas com as outras no tempo e no espaço. Isso não significaria necessariamente que suas crenças adquirem uma forma sacramental. Já que estou desenvolvendo uma abordagem sociológica para o problema, deixe-me concentrar não nas outras características do sistema de crença, mas apenas no tipo de uso que as pessoas fazem de seus símbolos na vida cotidiana, como reguladores ou canais de poder. Ou seja, deveríamos prestar mais atenção às suas ideias sobre eficácia ritual e menos à estrutura de suas orientações.

Tomemos, primeiramente, o caso de uma tribo cuja religião tradicional era mágica e na qual uma minoria substancial mudou para uma reforma semelhante à protestante do ritual e da consciência. David Aberle escreve:

> O navajo tradicional teme erros em seus rituais, principalmente erros em orações fixas que entoadores e pacientes devem repetir durante uma cerimônia. Erros podem não apenas tornar a cerimônia ineficaz como também causar doenças aos pacientes anos depois [...]. O poder sobrenatural navajo pode provavelmente prejudicar o homem quando este viola vários tabus, mas esses tabus quase não têm relação com a ordem moral. Se um homem

cometesse assassinato, ele talvez tivesse problemas com fantasmas, mas o mesmo aconteceria se ele trabalhasse em um hospital ou inadvertidamente queimasse a madeira da cabana onde alguém morreu. Seu problema com fantasmas provém da contaminação ritual, não da maldição de Deus ou da vingança do fantasma. Roubo, adultério, fraude, agressão e estupro não têm sanções sobrenaturais [...]. É verdade, as cerimônias são prejudicadas se o cantor se irrita ou se há brigas nelas. Nesse sentido, existem sanções sobrenaturais contra o mau comportamento – mas apenas durante a duração da cerimônia. Por outro lado, os navajos devem temer as consequências de várias violações incidentais de tabus. (ABERLE, 1966)

A partir dessa posição de extremo ritualismo, uma grande minoria de navajos adotou uma religião centrada no ritual de comer peiote. A religião dos peiotistas difere totalmente da tradicional, no que concerne ao ritual e às ideias de pecado e de Deus. Os peiotistas valorizam a espontaneidade em suas orações e insistem que não há nenhum padrão fixo nelas. Como Aberle comenta, o navajo tradicional tenta atar o poder por meio de fórmulas, enquanto os peiotistas tentam persuadir Deus por meio de seu fervor. O Deus dos peiotistas está interessado na moralidade. A confissão do pecado é necessária para ganhar a bênção e a ajuda de Deus.

Detalhes completos sobre essa mudança religiosa estão disponíveis no extraordinário livro de David Aberle. Aqui, só preciso apontar a mudança nas condições sociais que acompanharam as mudanças no culto religioso. A vida navaja era baseada no pastoreio em condições muito áridas e difíceis, principalmente no Arizona e Novo México. Um homem com

Símbolos naturais

muitas ovelhas costumava reunir em torno de si outras famílias que administravam parte do seu rebanho, as quais, em retorno, recebiam parte do rendimento. Essas unidades devem ter sido extremamente coesas, a base da econômica em tempos de crise, da vingança e do controle moral.

> A maior unidade organizada do parentesco navajo era um grupo de parentes matrilineares locais que, na verdade, cooperavam e auxiliavam uns aos outros no dia a dia e ano após ano [...]. Um homem pode perder sua riqueza acumulada em um inverno difícil ou um verão seco. Por isso uma ética de compartilhamento era generalizada, e as pessoas dependiam principalmente de parentes matrilineares, mas também, secundariamente, de muitos outros parentes, incluindo agregados. Dos abastados esperava-se que fossem generosos, dos pobres, persistentes em suas pressões por generosidade. A mutualidade entre parentes era reforçada pelo... processo de regulação de disputas: aqui, a autoajuda e a compensação eram a regra. O chefe podia apenas arbitrar, e os parentes eram necessários para dar apoio em caso de contendas, pressões por compensação ou necessidade de pagar compensação. (ibidem, p.44)

Na atitude perante regras morais é possível ver o quão estreita era a vida nessa comunidade e quão fortes os controles para adequação por meio de sanções de reciprocidade em adversidades. Investigadores europeus ficaram aparentemente surpresos ao descobrir que os padrões éticos dos navajos eram sustentados não por um amor pela virtude, mas pelo medo de represálias, da retirada de apoio e da vergonha. O livro de Aberle é um estudo documentado sobre o colapso gradual da base do controle moral da comunidade. A lei e ordem americanas substituíram grupos de vingança.

> A coesão do clã foi prejudicada à medida que a possibilidade de ajuda mútua foi reduzida. O medo da perda de apoio na comunidade também se tornou uma ameaça menor. E o medo da perda de prestígio e da vergonha depende do grau de envolvimento na comunidade mais próxima. Não só a interdependência dentro da comunidade diminuiu e o cumprimento da moralidade foi prejudicado, mas também aumentou a dependência do que era externo à comunidade em termos de trabalho assalariado e autonomia econômica familiar. (ibidem, p.200-1)

Esse exemplo sugere que, quando o grupo social enlaça seus membros em laços comunais estreitos, a religião é ritualista; quando o laço é frouxo, o ritualismo diminui. E com essa mudança de formas, aparece uma mudança de doutrinas. A experiência social do homem navajo tradicional o condicionou à resposta automática às demandas de sua comunidade. Certo ou errado abstratos, motivações internas, tudo isso era muito menos importante para ele do que saber a qual grupo de vingança ele pertencia e ao qual estava ligado por uma rede de reciprocidades. Mas o novo navajo, empobrecido pela redução de estoque imposta, inadequadamente envolvido na economia monetária e assalariada norte-americana, teve que aprender a diferenciar entre as demandas obrigatórias de sua família e as demandas opcionais por caridade. O discernimento privado controlava seu comportamento, não a lealdade cega. Ele não podia contar com seus parentes, nem estes deveriam contar com ele. Ele estava sozinho. Comer peiote lhe dava um sentimento de autoestima altamente acentuado e de comunhão direta com o sobrenatural. Observe que seu Deus se tornou como ele, não mais coagido por símbolos poderosos de reciprocidade e aliança. Ele julga intenções e capacidades. Ele não aplica regras fixas automaticamente, e sim penetra fachada simbólica para julgar o coração no interior do homem. Deus se voltou contra o ritual. Aqui se apresenta um fascinante modelo em pequena escala da Reforma Protestante que vale a pena explorar mais. Retornarei ao peiotismo navajo. Entretanto, uma vez que o antirritualismo deles é uma resposta às condições modernas, ele não satisfaz minha necessidade de modelos primitivos.

Em busca deste, me volto para um estudo africano, aquele de Colin Turnbull sobre os pigmeus da floresta Ituri. Dele extraio minha tese inicial de que o determinante mais importante do ritualismo é a experiência de grupos sociais fechados.

Os pigmeus representam o caso extremo. Eles realizam tão poucos rituais que seus primeiros etnógrafos presumiram que, para todos os efeitos, eles não tinham nem religião nem cultura próprias. Tudo o que tinham era emprestado dos bantos. O trabalho de Turnbull foi inspirado pela necessidade de sublinhar que a própria falta de ritual deles é um aspecto de uma cultura própria independente. Ele descreve pigmeus debochando irreverentemente dos solenes ritos bantos nos quais estavam envolvidos, não compreendendo a magia para a caça e para a fertilidade que os vizinhos bantos lhes ofereciam, dominados pelo riso durante as tentativas dos bantos de revelar feiticeiros, completamente despreocupados com a poluição causada pela morte. Eles não realizam cultos para os mortos e rejeitam a ideia de pecado dos bantos. Toda a parafernália da religião banto lhes é estranha. Do ponto de vista banto, eles são ignorantes e irreligiosos. No entanto não possuem nenhum conjunto alternativo de parafernália que seja igualmente elaborada e imponente, mas diferente. A religião deles é de sentimentos internos, não de signos externos. Os humores da floresta manifestam os humores das divindades, e é possível fazer as vontades dela da mesma forma que se faz a vontade dos pigmeus, por meio de música e dança. A religião deles não está preocupada com orientações corretas dentro de categorias cósmicas elaboradas nem com atos de transgressão ou regras de pureza; ela se preocupa com a alegria (1965, p.289). É uma religião de fé, não de obras, para usar um mote antigo.

Com relação aos seus agrupamentos sociais – o grupo é tão fluido e flutuante que determinado território testemunha um "fluxo contínuo de indivíduos" (ibidem, p.109). Agricultores bantos acham que certos pigmeus estão ligados a suas aldeias por direito hereditário e gostariam muito de saber seu paradeiro. Mas Turnbull afirma:

> Portanto, para cada linhagem e para cada indivíduo, existe uma infinidade de territórios para os quais ele pode se mudar se assim desejar, e o sistema, tal como é, encoraja esse movimento ao ponto de que nenhum aldeão (banto) pode ter certeza sobre quais linhagens mbuti estão caçando no "seu" território. (ibidem, p.109)

Um acampamento de caçadores que utilizam redes muda sua localização aproximadamente todo mês. Durante esse tempo, recém-chegados aparecem e membros originais se mudam, de forma que a composição não é a mesma durante o mês. Sete homens são necessários durante a temporada de caça, e um acampamento de mais de vinte cabanas é considerado grande.

Durante a estação do mel, tais acampamentos se fragmentam em unidades muito menores.

> Os pigmeus parecem unidos por poucas regras estabelecidas. Havia um padrão geral de comportamento ao qual eles mais ou menos obedeciam, mas com grande liberdade concedida ou obtida. (TURNBULL, 1961, p.80)

Em tal sociedade, um homem dificilmente precisa se preocupar com as formalidades das relações sociais. Se surge uma disputa, ele pode facilmente se mudar. Lealdades são de curto prazo. Técnicas de conciliação não precisam ser elaboradas ou publicamente instituídas. Não estou meramente dizendo que o comportamento das pessoas em relação ao deus delas corresponde ao comportamento delas entre si, embora o truísmo poderia muito bem ser enfatizado. Estou dizendo que as formas religiosas, assim como as formas sociais, são criadas por experiências na mesma dimensão. Pigmeus se movem livremente em um mundo social não mapeado, não sistematizado e ilimitado. Sustento que seria impossível para eles desenvolver uma religião sacramental, assim como seria impossível para seus vizinhos, os agricultores bantos, vivendo em suas aldeias restritas em clareiras na floresta, desistir da magia.

Podemos confiar no exemplo pigmeu por causa da visível alta qualidade da etnografia. Se Turnbull tivesse sido descuidado, deixasse brechas, parecesse não estar ciente das implicações do que observou, se ele não tivesse dado prosseguimento a suas proposições com tal riqueza de materiais secundários, a religião pigmeia não geraria interesse. Os estudos sobre os nueres e os dincas, pastoralistas do Sudão, possuem o mesmo valor. Falarei mais sobre esses povos no capítulo 6. No que diz respeito ao comportamento religioso, nenhuma das tribos parece ser tão Igreja Baixa quanto os pigmeus. Ainda assim, seus etnógrafos encontraram problemas, ao afirmar a qualidade não ritualística do culto desses povos, para convencer seus colegas que uma tendência à idealização não havia distorcido seus relatos. Essa é a sina de todo etnógrafo que tenta descrever uma religião primitiva não ritualista. Eu nunca soube o que responder aos antropólogos que sugeriram que as afiliações religiosas de Evans-Pritchard (1956) podem ter deturpado sua interpretação da religião nuer. Eu os ouvi questionando o menosprezo dos nueres pelo fetichismo, supostamente uma nova importação estrangeira (ibidem, p.99). Quanto ao Deus dos nueres, sua intimidade com seus fiéis, sua recusa de ser coagido pelo sacrifício, sua aptidão para ser descrito em formas teológicas cristãs, o quão distante ele parecia estar dos deuses tradicionais das religiões primitivas. O mesmo vale para o Deus dos dincas (LIENHARDT, 1961, p.54, 73). Eu até me perguntei se Robin Horton não tinha razão ao repreender Godfrey Lienhardt por ter minimizado o conteúdo mágico do comportamento ritual dos dincas.

De vez em quando, falha-se em chamar as coisas pelo nome delas. Por exemplo, apesar de parecer evidente, a partir do material apresentado, que os dincas pensam que algumas ações simbolizando fins desejados de fato ajudem, elas mesmas, a atingir esses fins, o autor parece, por vezes, querer excluir esse elemento mágico por meio da racionalização. (HORTON, 1962, p.78)

O livro resenhado traça uma linha muito sutil e delicada entre as funções expressivas e as de eficácia do ritual dinca.

A meu ver, Lienhardt apresenta uma perspectiva brilhante sobre o modo como a ação simbólica controla a experiência. Mas, ao mesmo tempo, ele não é culpado de exagerar o elemento expressivo e de subestimar o elemento mágico? Robin Horton leu o livro sobre os dincas a partir de sua perspectiva nos úmidos manguezais do delta nigeriano, onde comunidades locais são fechadas e a magia é indubitavelmente mágica. Mas a magia pode ser menos importante na savana.

Depois de haver ponderado, meu ponto de vista é que ritos mágicos não são iguais ao redor do mundo e que o interesse na eficácia da magia varia de acordo com a força dos laços sociais. Aqueles que duvidam da existência de religiões primitivas não ritualistas por si só têm a mesma posição do velho Padre Schebesta (1950). Ele supôs que, se os pigmeus não possuíam elaborações rituais tão mágicas e complexas como as dos bantos, isso devia provar que um patrimônio cultural pigmeu prévio havia sido perdido. Os céticos, então, sugerem que uma parte da magia foi perdida em relatos sobre as religiões dinca e nuer. Elas traem a suposição de que todas as religiões primitivas são igualmente mágicas. O caso dos pigmeus e dos navajos novos e antigos oferece uma base para afirmar que existem religiões primitivas não ritualistas. As dificuldades dos etnógrafos dos nueres e dos dincas em convencer seus colegas de que os rituais deles não são tão mágicos sugere que há uma real dimensão a ser investigada ao longo de uma série que vai desde o alto até o baixo ritualismo em culturas primitivas.

A secularização é muitas vezes tratada como uma tendência moderna que pode ser atribuída ao crescimento das cidades, ao prestígio da ciência, ou apenas ao colapso das formas sociais. Mas veremos que se trata de um tipo cosmológico antigo, um produto de uma experiência social definível, que não precisa ter relação alguma com a vida urbana ou com a ciência moderna. Aqui, parece que a antropologia falhou em escolher o espelho apropriado para o homem contemporâneo. O contraste do secular com o religioso não tem absolutamente nenhuma relação com o contraste entre o moderno e o tradicional ou primitivo. A ideia de que o homem primitivo é, por natureza, profundamente religioso é tolice. A verdade é que todas as variedades de ceticismo, materialismo e fervor espiritual podem ser encontradas na gama de sociedades tribais. Elas variam tanto entre si nesse sentido quanto quaisquer segmentos selecionados da vida londrina. A ilusão de que todos os primitivos são pios, crédulos e sujeitos ao ensinamento de padres ou mágicos provavelmente contribuiu mais para obstruir nosso entendimento sobre nossa própria civilização do que para confundir as interpretações de arqueólogos que lidaram com o passado morto. Por exemplo, com certeza Harvey Cox teria descrito de forma muito diferente as tendências seculares atuais se tivesse percebido quão semelhantes as palavras a seguir são de relatos sobre algumas crenças tribais da Nova Guiné.

Na era da cidade secular, as questões com as quais nos preocupamos tendem a ser majoritariamente funcionais e operacionais. Nós nos perguntamos como o poder pode ser controlado e usado de maneira responsável. Perguntamos como uma ordem internacional sensata pode ser criada a partir da comunidade tecnológica na qual fomos precipitados. Preocupamo-nos com como a feitiçaria da ciência médica pode ser aplicada em sua plenitude sem criar uma população mundial constantemente à beira da fome. Essas são perguntas pragmáticas e nós somos homens pragmáticos cujo interesse em religião é no máximo periférico. (COX, 1968, p.93)

O secularismo não é, em sua essência, um produto da cidade. Secular no sentido de mundano, secular no sentido de fracassar ao transcender os significados do dia a dia, secular no sentido de não prestar atenção em instituições religiosas especializadas, há culturas tribais seculares. Até que ele compreenda esse fato, o próprio antropólogo não será capaz de interpretar seu próprio material. Quando se depara com uma tribo não religiosa, ele redobra o vigor e a sutileza de sua investigação. Ele tenta espremer suas informações com mais força para que elas produzam aquela superestrutura geral do simbolismo que sua análise pode relacionar, ao longo do livro, à subestrutura social ou escava pelo menos alguma coisa para colocar em um dos capítulos finais sobre religião. Fredrik Barth se sentiu tão frustrado com esse exercício aos estudar um grupo de nômades persas que ao final se viu compelido a escrever um apêndice especial para se defender de possíveis acusações de insensibilidade ao comportamento religioso ou de superficialidade em sua pesquisa.

Os basseri demonstram uma pobreza de atividades rituais muito notável durante o trabalho de campo; o que eles possuem em termos de cerimônias, hábitos de evitação e crenças parece influenciar ou ser expresso em pouquíssimas ações. Além disso, os diferentes elementos do ritual não parecem intimamente ligados ou inter-relacionados em um sistema mais amplo de significados; eles dão a impressão de ocorrer sem referência uns aos outros ou a importantes características da estrutura social [...]. (BARTH, 1964, Apêndice, p.135)

Os basseri aparentemente apoiariam essa perspectiva, uma vez que eles se veem como muçulmanos relapsos, "geralmente desinteressados na religião pregada pelos mulás persas e indiferentes a problemas metafísicos". Meus cumprimentos a Barth por ter registrado de forma tão franca sua surpresa e frustração profissional. Ele procura resolver o problema que persiste (por causa de sua suposição de que sociedades tribais precisam ter uma expressão religiosa durkheimiana clara) tentando refinar as ferramentas conceituais de análise: ele foi levado a procurar por uma ação expressiva especializada e separada da ação instrumental; é possível que a distinção não seja sempre relevante? Talvez os significados simbólicos estejam implícitos na ação instrumental, e, para os basseri, os significados e valores que compõem sua vida sejam completamente expressos na sequência fortemente dramática de suas migrações: "[...] esse valor não é, de fato, expresso por meio de atos simbólicos tecnicamente desnecessários e de uma parafernália exótica [...] o ciclo migratório é utilizado como esquema primário para a conceitualização do tempo e do espaço". Depois disso, ele sugere parcamente que os significados podem estar implícitos na sequência de atividades por causa do "caráter pitoresco e dramático dessas atividades, o qual transforma as migrações em uma experiência cativante e satisfatória" (ibidem, p.153). O critério "ser pitoresco", no entanto, seria de difícil aplicação para fenômenos similares na América urbana, mesmo que fosse apropriado para banquetes de carne de porco na Nova Guiné. Os sentidos da migração podem muito bem estar expressos implicitamente na própria migração, mas isso não diz nada sobre os significados da sociedade. Não se deveria supor que uma sociedade que não precisa tornar explícita sua própria representação para si mesma seja um tipo especial de sociedade? Isso levar-nos-ia direto ao que Barth fala sobre a independência e a autossuficiência da unidade doméstica nômade basseri, a qual, permitindo-a sobreviver "em uma relação econômica com um mercado externo mas em completo isolamento de seus semelhantes nômades, é uma característica fundamental e impressionante da organização basseri" (ibidem, p.21). Essas características tornar-se-ão mais visíveis como explicação para o secularismo à medida que a minha abordagem da questão for desenvolvida neste livro, visto que uma das formas mais óbvias de comportamento religioso, pela qual Barth estava procurando e que não conseguiu achar, é o uso de símbolos corporais para expressar a noção de um sistema social orgânico. Mas parece que, a não ser que a forma das relações pessoais corresponda de algum modo óbvio à forma ou às funções do corpo, uma gama de questões metafísicas muito interessantes, que gera um interesse entusiasmado em algumas pessoas, se torna completamente irrelevante.

2
Para a experiência interior

Aqueles da Nova Esquerda que se revoltam contra rituais vazios não se veem de imediato como pessoas que seguem os passos de Wycliffe e de fervorosos reformadores protestantes. Mas se pudermos saltar de culturas exóticas pequenas para nossa tradição religiosa europeia, podemos fazer a transição mais fácil entre o antirritualismo em um contexto secular e em um contexto religioso. Seremos, então, capazes de ver que a alienação dos valores sociais atuais geralmente toma uma forma definida: uma denúncia não apenas de rituais irrelevantes, mas também do ritualismo enquanto tal; exaltação da experiência interior e desvalorização de suas expressões padronizadas; preferência por formas intuitivas e instantâneas de conhecimento; rejeição a instituições mediadoras e a qualquer tendência que permita que o hábito seja a base de um novo sistema simbólico. Em suas formas extremas, o antirritualismo é uma tentativa de abolir a comunicação por meio de sistemas simbólicos complexos. Veremos, conforme este argumento avança, que essa atitude só é viável na fase inicial, desorganizada, de um novo movimento. Depois da fase de protesto, quando a necessidade de organização é identificada, a atitude negativa perante rituais é considerada conflitante com a necessidade de um sistema de expressão coerente. O ritualismo então se reafirma em torno do novo contexto de relações sociais. Fundamentalistas, que não são mágicos em suas atitudes perante a Eucaristia, tornam-se mágicos em suas atitudes perante a Bíblia. Revolucionários que fazem greve em defesa da liberdade de expressão adotam sanções repressivas para impedir o retorno da Torre de Babel. Mas cada vez que esse movimento de revolta e antirritualismo dá lugar a um novo reconhecimento da necessidade de ritualizar, algo se perdeu da ordenação cósmica original dos símbolos. Saímos do expurgo de velhos rituais, mais simples e mais pobres, como pretendíamos, ritualmente empobrecidos, mas com outras perdas. Há uma perda de articulação na profundidade do tempo passado. A nova seita remonta à igreja primitiva, ao primeiro Pentecostes, ou à Enchente, mas a continuidade histórica é traçada por uma fina linha. Apenas uma gama restrita de experiências históricas é reconhecida como precedente do estado presente. Juntamente à celebração da Última Ceia com a partilha do pão ou a simplicidade dos pescadores-apóstolos, há uma melindrosa seleção de ancestrais: assim como os revolucionários podem remover reis e rainhas das páginas da história, os antirritualistas rejeitaram a lista de santos e papas e tentaram começar de novo sem o peso da história.

Mas oscilações do pêndulo não nos levam suficientemente longe na interpretação do antirritualismo. Há ainda a grande tendência secular a ser contabilizada, a qual resultou em uma falta de sensibilidade a símbolos condensados e, ao mesmo tempo, em uma preocupação geral com a falta de sentido. O movimento de distanciamento em relação ao ritual é acompanhado por um forte movimento em direção a uma maior sensibilidade ética. Dessa forma, encontramos denominações cristãs nos Estados Unidos cada vez menos distintas umas das outras e da comunidade judaica, cada vez menos dispostas a se referir a diferenças doutrinárias, e todas igualmente comprometidas com projetos de reforma social. Essa tendência foi muito bem descrita por Herberg em *Protestantes, católicos, judeus* (1960) e documentada na pesquisa minuciosa de Neal (1965). Para entendê-la, entretanto, eu me volto para o trabalho de outro sociólogo cuja pesquisa é particularmente relevante.

O ritual é preeminentemente uma forma de comunicação. Os sociolinguistas nos oferecem um ângulo de abordagem. Basil Bernstein é um sociólogo cujo pensamento é transmitido hereditariamente desde Durkheim, passando por Sapir (BERNSTEIN, 1965, p.148). Seu interesse específico é descobrir como os sistemas discursivos transformam a experiência dos falantes. Usando uma linha de investigação sutil em sua perspicácia e poderosa em termos de escopo, ele busca aplicar as descobertas de Sapir sobre a influência controladora da linguagem sobre a cultura.

> É uma completa ilusão imaginar que alguém se ajusta à realidade basicamente sem o uso da linguagem e que a linguagem é apenas um meio fortuito de resolver problemas específicos de comunicação ou reflexão. O fato é que o mundo real é, em grande medida, inconscientemente construído a partir dos hábitos linguísticos do grupo [...]. Nós vemos e escutamos; fora isso, nossas experiências se dão em grande medida porque os hábitos linguísticos de nossa comunidade predispõem certas escolhas de interpretação. (SAPIR, 1933, p.155-69)

Este livro é uma tentativa de aplicar a abordagem de Bernstein à análise do ritual. Isso ajudar-nos-á a entender o comportamento religioso se pudermos tratar formas rituais, à maneira das formas discursivas, como transmissores de cultura que são produzidos em relações sociais e que, por meio de suas seleções e ênfases, exercem um efeito coercitivo no comportamento social. Ainda que tenhamos resumido um pouco do que Bernstein disse e aplicado-o ao ritual como um meio de comunicação, ainda estamos longe de utilizar suas ideias para entender o antirritual. Espero retornar a isso no último capítulo.

Bernstein distingue, de forma muito persuasiva, o seu argumento daquele de Whorf (1941) e de outros que trataram a linguagem como um agente cultural autônomo e não conseguiram relacionar seus padrões formais à estrutura das relações sociais. De fato, antes de Bernstein, era difícil ver como tal relação podia ser estabelecida, pois certamente, em grandes áreas de seu desenvolvimento interno, a linguagem segue suas próprias regras autonomamente estabelecidas. Não surpreende, como ele alegou (1965), que sociólogos contemporâneos muitas vezes parecem ignorar o fato de que humanos falam, a menos que os sociólogos estejam particularmente interessados em linguagem – nesse caso, eles enfatizam suas funções integrativas ou desagregadoras. O discurso tende a ser tratado como um dado, algo tido como certo. Se for verdade que a análise do discurso como uma instituição social (tão básica quanto a família e a religião) quase não foi abordada, os antropólogos não devem se sentir orgulhosos no que diz respeito à análise do ritual. Eles não cometem o erro de negligenciar esse campo nem supõem que o ritual seja meramente integrativo ou desagregador em relações sociais. Os dados são amontoados em grandes pilhas de análise de sistemas simbólicos tribais específicos que expressam a ordem social. Mas por que algumas tribos deveriam ser devotas e outras irreverentes ou mercenárias e por que algumas são afligidas pela bruxaria e outras não são questões que só foram cogitadas de modo esporádico. Quanto à questão mais profunda sobre se as formas simbólicas são puramente expressivas, meramente "meios de resolver problemas específicos de comunicação ou reflexão", nas palavras de Sapir, ou se elas interagem nas situações sociais em que surgem, ou se seu efeito é coercitivo e reacionário – essas questões não são abordadas de forma sistemática. Os antropólogos nem mesmo criaram um enquadramento discursivo no qual seus estudos tribais possam ser relacionados a nós. É nesse ponto que uma compreensão revolucionária sobre a linguagem como um processo social pode nos ajudar.

Bernstein começa com a ideia de que há duas categorias básicas do discurso, distinguíveis tanto linguística quanto sociologicamente. A primeira surge em uma situação social de pequena escala, muito local, na qual todos os falantes têm acesso às mesmas suposições fundamentais; nessa categoria, cada enunciado é posto a serviço da afirmação da ordem social. Nesse caso, o discurso exerce uma função de manutenção da solidariedade comparável à religião da forma como Durkheim a via funcionando na sociedade primitiva. A segunda categoria discursiva identificada por Bernstein é empregada em situações sociais nas quais os falantes não aceitam ou não necessariamente conhecem as suposições fundamentais uns dos outros. O discurso tem, assim, a função primária de tornar explícitas percepções individuais únicas e de reduzir a distância entre suposições iniciais diferentes. As duas categorias discursivas surgem em sistemas sociais que correspondem àqueles que Durkheim apontou como sendo governados pela solidariedade orgânica e mecânica. Dessa forma, Bernstein mereceria a atenção de antropólogos no mínimo porque é favorável a uma sociologia durkheimiana do conhecimento, originalmente elaborada pela comparação de rituais como meio de comunicação em sociedades tribais e industriais. Ele diz que

> diferentes sistemas ou códigos discursivos criam diferentes ordens de relevância e relação para seus falantes. A experiência dos falantes pode, assim, ser transformada por aquilo que diferentes sistemas discursivos tornam significativo ou relevante. Conforme a criança aprende a falar, ou, nos termos que usarei aqui, aprende códigos específicos que regulam seus atos verbais, ela aprende os requisitos de sua estrutura social. A experiência da criança é transformada pelo aprendizado gerado pelos seus próprios atos aparentemente voluntários de fala. A estrutura social se torna, dessa forma, o substrato da experiência da criança essencialmente por meio das consequências variadas do processo linguístico. Desse ponto de vista, cada vez que a criança fala ou ouve, a estrutura social é reforçada nela e sua identidade social é moldada. (BERNSTEIN, 1970, p.124)

Ele distingue dois tipos diferentes de código linguístico. Um deles é denominado código elaborado, segundo o qual, como ele diz, o falante seleciona a partir de uma vasta gama de alternativas sintáticas organizadas de forma flexível; esse discurso requer um planejamento complexo. No outro, denominado código restrito, o falante seleciona a partir de uma gama muito mais restrita de alternativas sintáticas, organizadas de forma mais rígida. O código elaborado é adaptado para permitir que um falante torne suas próprias intenções explícitas, para elucidar princípios gerais. Cada tipo de código discursivo é gerado em seu próprio tipo de matriz social. No meu entendimento, as diferenças entre os dois sistemas de código dependem inteiramente da relação de cada um com o contexto social. O código restrito está profundamente enredado na estrutura social imediata, e os enunciados têm um propósito duplo: transmitir informações, sim, mas também expressar a estrutura social, adorná-la e reforçá-la. A segunda função é a dominante, embora o código elaborado apareça como uma forma de discurso que se torna progressivamente mais livre da segunda função. Sua função principal é organizar os processos de pensamento e distinguir e combinar ideias. Em sua forma mais extrema e elaborada, ele está tão desconectado da estrutura social normal que pode até dominá-la e exigir que o grupo social seja estruturado em torno do discurso, como é o caso de uma aula universitária.

É essencial estar ciente de que o código elaborado é um produto da divisão do trabalho. Quanto mais diferenciado o sistema social, mais especializadas as funções de tomada de decisão – e, portanto, mais pressão por canais explícitos de comunicação referentes a uma ampla variedade de políticas e suas consequências. As demandas do sistema industrial estão pressionando fortemente a educação para que ela produza cada vez mais pessoas verbalmente articuladas que serão promovidas a funções empresariais. Por inferência, o código restrito será encontrado onde essas pressões são mais fracas. A pesquisa do professor Bernstein em escolas e famílias londrinas conclui que as mães incutem os códigos nas crianças desde sua mais tenra infância. Cada sistema discursivo é desenvolvido em seu sistema de controle familiar correspondente. Ele pergunta às mães de famílias das classes trabalhadora e média como elas controlam as crianças com menos de cinco anos; o que acontece se a criança não quiser ir dormir, não quiser comer, se quebrar a louça? A partir das respostas detalhadas, ele constrói um padrão de valores característico, um conceito característico de pessoa e de moralidade.

Deixe-me descrever os dois tipos de sistema de funções familiares. Códigos restritos são gerados no que ele chama de família posicional. Nela, a criança é controlada pela construção contínua de um senso de padrão social, de categorias de papéis sociais atribuídos. Se ela pergunta "Por que tenho que fazer isso?", a resposta é dada em termos de posição relativa. Porque eu disse (hierarquia). Porque você é um menino (sexo). Porque é o que crianças fazem (idade). Porque você é o mais velho (senioridade). Conforme ela cresce, sua experiência passa para uma grade de categorias de papéis sociais; certo e errado são aprendidos nos termos da estrutura dada; a própria criança é vista apenas em relação àquela estrutura. A curiosidade da criança de famílias da classe trabalhadora ou de algumas famílias aristocráticas é canalizada para a manutenção do ambiente social. Deixe-me citar brevemente o próprio Bernstein. Diferenças no discurso são consideradas

> índices de uma forma particular de comunicação; elas não são, em nenhum sentido, fortuitas, e sim dependentes de uma forma de estrutura social. Essas diferenças, demonstrarei, indicam o uso de um código linguístico. É um código (restrito) que não facilita a elaboração verbal do sentido; é um código que torna o usuário sensível a uma forma particular de relação social que é

inequívoca, na qual a autoridade é bem definida e serve para guiar a ação. É um código que ajuda a manter a solidariedade com o grupo à custa da sinalização verbal da diferença própria de seus membros. É um código que facilita a transformação imediata do sentimento em ação. É um código no qual mudanças de sentido têm mais chances de serem sinalizadas de forma não verbal do que por meio de mudanças em seleções verbais [...]. Como surge esse modo de traduzir experiências? O que, na cultura, é responsável pelo sistema discursivo? [...] Estruturas sociais diferentes gerarão sistemas discursivos diferentes. Esses sistemas ou códigos discursivos acarretam princípios de escolha específicos que regulam as seleções linguísticas que o indivíduo faz tanto no âmbito sintático quanto no lexical. Aquilo que o indivíduo de fato fala, a partir de uma perspectiva desenvolvimental, transforma-o no ato da fala.

À medida que a criança aprende seu discurso ou, nos nossos termos, aprende códigos específicos que regulam seus atos verbais, ela aprende os requisitos de sua estrutura social. A partir desse ponto de vista, cada vez que a criança fala, a estrutura social da qual ela faz parte é reforçada nela, e sua identidade social se desenvolve e é constrita. A estrutura social se torna, para a criança em desenvolvimento, sua realidade psicológica por meio da conformação de seus atos de fala. Se esse for o caso, então os processos que orientam a criança para seu mundo e o tipo de relação que ela impõe são desencadeados inicialmente, e reforçados sistematicamente, pelas implicações do sistema discursivo. Subjacentes ao padrão geral do discurso da criança estão conjuntos iniciais de escolhas, preferências inerentes por algumas alternativas em vez de outras, processos de planejamento que se desenvolvem e se estabilizam ao longo do tempo – princípios de codificação por meio dos quais se dá uma orientação para referentes sociais, intelectuais e emocionais. (BERNSTEIN, 1964, p.56-7)

Quando uma criança aprende um código restrito, ela aprende a perceber a linguagem de determinado jeito. A linguagem não é vista como um conjunto de possibilidades teóricas que pode ser transferido para um aparato com o fim de comunicar experiências únicas. O discurso não é, fundamentalmente, um meio de travessia entre o eu e o outro. Nesse caso, áreas do eu provavelmente não serão diferenciadas pelo discurso e, dessa forma, tornam-se objeto da atividade perceptiva especial. Também é provável que as motivações dos outros não sirvam como ponto de partida para o questionamento e para a elaboração verbal. Mais importante, a identidade do indivíduo será refratada para ele por meio dos símbolos concretos de seu grupo, e não por meio da criação de um problema a ser resolvido usando suas investigações particulares [...]. Um aspecto crucial da família é o meio de expressão de autoridade, principalmente o tipo de interação verbal que relações de autoridade criam. Demonstrarei que, associada a pais limitados a um código restrito, há uma forma específica de relação de autoridade. A autoridade pode ser expressa de forma a limitar as chances de interação verbal na relação ou de modo a aumentar essa interação. A área discricionária disponível para a criança pode ser reduzida a aceitação intransigente, recuo ou rebelião dentro da relação de autoridade, ou o contexto social de controle pode permitir uma série de respostas por parte da criança [...]. Se os pedidos são orientados pelo *status*, então o comportamento da criança é avaliado de acordo com alguma regra geral ou local que restringe a conduta: "Você não deveria escovar os dentes?", "Você não pode se comportar assim em um ônibus", "Espera-se que crianças no Ensino Médio se comportem de forma bem diferente". Solicitações que recorrem ao *status* também podem relacionar o comportamento da criança às regras que regulam sua conduta no que diz respeito a idade, sexo e relações etárias, por exemplo:

"Meninos não brincam de boneca", "Você já deveria ser capaz de parar de fazer isso", "Não fale assim com o seu pai, professor, assistente social etc.". Essas são consequências importantes das solicitações que recorrem ao *status*. Se elas não forem atendidas, o relacionamento pode rapidamente mudar, revelando o poder nu e cru e podendo se tornar punitivo. Tais solicitações são impessoais. Elas dependem do *status* do regulador para ter eficácia. O efeito dessas solicitações é o de transmitir a cultura ou a cultura local de forma a aumentar a semelhança entre a pessoa regulada e outros membros de seu grupo. Se a criança se rebela, ela está imediatamente desafiando a cultura da qual é parte, e é isso que tende a forçar o regulador a recorrer a ações punitivas. (ibidem, p.59-60)

Em contrapartida, no sistema familiar que o professor Bernstein chama de pessoal, um padrão fixo de papéis não é celebrado, e sim a autonomia e o valor único de cada indivíduo. Quando a criança faz uma pergunta, a mãe se sente obrigada a responder com a explicação a mais completa possível. A curiosidade da criança é usada para aumentar seu controle verbal, para elucidar relações causais e para ensiná-la a avaliar as consequências de seus atos. Acima de tudo, seu comportamento é controlado tornando-a sensível aos sentimentos pessoais dos outros por meio da avaliação de seus próprios sentimentos. Por que não posso fazer isso? Porque o seu pai está preocupado; porque eu estou com dor de cabeça. Como você se sentiria se você fosse uma mosca? E se fosse um cachorro? A criança tende a ser controlada por solicitações baseadas em pessoas:

Nessas solicitações, a conduta da criança é relacionada aos sentimentos do regulador (pais) ou à importância do ato, seu sentido é relacionado explicitamente ao regulado (a criança), por exemplo: "O papai ficará contente, magoado, decepcionado, com raiva, empolgado se você continuar a fazer isso", "Se você continuar fazendo isso, você se sentirá muito mal quando o gato sentir uma dor horrível" [...]. O controle é levado a cabo por meio da manipulação verbal dos sentimentos e pela definição de razões que ligam a criança aos seus atos. Dessa forma, a criança tem acesso ao regulador enquanto uma pessoa e à importância de seus próprios atos à medida que eles se relacionam com ela enquanto consequências [...]. A eficácia das solicitações baseadas no *status* depende de diferenças de *status*, enquanto solicitações baseadas em pessoas dependem mais da manipulação do pensamento e do sentimento. (ibidem, p.60)

Dessa forma, a criança é libertada de um sistema de posições rígidas, mas feita prisioneira de um sistema de sentimentos e princípios abstratos. O sistema pessoal de controle familiar é bem-adaptado para o desenvolvimento de habilidades verbais: a criança terá melhores resultados em provas escolares em decorrência de seu controle do código elaborado. Ela pode ir além, até o topo da sociedade mais ampla, tornar-se primeira--ministra, secretária-geral das Nações Unidas; o céu é o limite. Na base desse sistema familiar está a ansiedade com relação ao desenvolvimento da criança e ao sucesso educacional. Essa angústia provavelmente não é causada por ambição. É mais provável que ela seja motivada pela compreensão de que, em um mundo que está mudando, o único meio que alguém pode possuir para se manter em um nicho privilegiado é a educação. A criança está sendo educada para um ambiente social que está mudando. Enquanto seus pais mudam de cidade ou país como resposta à necessidade de mobilidade profissional, a criança cresce em um sistema familiar relativamente desestruturado, uma coletânea de sentimentos e necessidades únicos. O certo e o errado são aprendidos em termos de sua resposta a esses sentimentos. Em vez de internalizar determinada estrutura social, o interior da criança é continuamente agitado em uma fermentação de sensibilidades éticas. Podemos imediatamente, e a partir de nossa própria experiência, reconhecer isso como a base para a mudança do ritual para a ética. Não há necessidade de apontar os clichês da produção literária e filosófica dos últimos cem anos que validam o sistema.

Para resumir a abordagem de Basil Bernstein em diagramas: no Diagrama 1, a flecha horizontal expressa o modo como padrões de controle familiar se descolam progressivamente da estrutura social imediata da família e da comunidade local e se coordenam progressivamente com as demandas da estrutura social industrial mais ampla (BERNSTEIN, 1970). O Diagrama 2 estuda os efeitos das mesmas pressões industriais sobre o discurso. A comunicação verbal se descola progressivamente de sua dedicação ao contexto social imediato e passa a ser elaborada para seu uso nas estruturas sociais mais amplas.

Diagrama 1 Controle familiar

No processo, observe que, à medida que o discurso lança seu arreio social, ele se torna um instrumento de pensamento muito especializado e independente. Basil Bernstein plausivelmente sugeriu que a emancipação do discurso em relação ao controle social está na base de algumas variações na devoção religiosa. O Diagrama 3 resulta de nossas discussões conjuntas. Ele é muito impressionista e foi projetado, antes de tudo, para ajudar a seguir, na imaginação, os tipos de transição que podem ser estudados com esse enquadramento.

Reconhecidamente, há vários problemas nesse diagrama. Para entendê-lo, deveríamos olhar primeiramente para os quadrantes A e B. O quadrante A representa culturas mais primitivas nas quais formas discursivas estão solidamente integradas a uma estrutura social estável. O principal uso da linguagem é afirmar e embelezar a estrutura social que se baseia em pressuposições metafísicas inquestionáveis. Em tal sistema, esperaríamos que as virtudes admiradas fossem aquelas que inquestionavelmente sustentassem a estrutura social, e que os pecados odiados fossem transgressões contra ela. Uma vez que a motivação individual é irrelevante para a demanda por performance, esperaríamos encontrar pouca reflexão em torno da noção do eu; o indivíduo dificilmente é considerado um agente complexo. Pelo contrário, o eu é visto como uma arena passiva na qual forças externas encenam seus conflitos. Essa seria a estrutura social que daria origem a sistemas de pensamento totêmicos e a formas de arte que celebram dicotomias e confrontos sociais. Neles, a relação entre indivíduo e sociedade quase nunca é considerada. Essa classe geral aparece como apropriada sempre que a alfabetização é baixa e a estrutura social é estável.

Diagrama 2 Códigos discursivos

Símbolos naturais

(i) Virtudes cardinais
(ii) Pecados capitais
(iii) A ideia do eu
(iv) Forma artística

Discurso
Socialmente restrito

A

(i) devoção, honra (respeito aos papéis)
(ii) transgressões formais contra a estrutura social
(iii) eu, elemento passivo indiferenciado em um ambiente estruturado
(iv) primitivo: elaborações estruturais sobre categorias sociais, humanos como figuras alegóricas de papelão

C

(i) sinceridade, autenticidade
(ii) pecados contra o eu, hipocrisia, crueldade, aceitação da frustração
(iii) agente internamente diferenciado, tentando controlar ambiente desestruturado
(iv) romântico: triunfo do indivíduo sobre a estrutura (fuga, felicidade curta etc.)

Sistema de Controle Familiar

Posicional

(i) verdade, dever
(ii) pecado capital é fracasso em responder às demandas da estrutura social
(iii) agente ativo, internamente diferenciado, respondendo a papéis
(iv) clássico: triunfo da estrutura sobre o indivíduo

Pessoal

(i) sucesso pessoal, fazendo o bem para a humanidade
(ii) culpa generalizada, individual e coletiva
(iii) sujeito sozinho
(iv) profissionalismo: preocupação primordial com técnicas e materiais do processo criativo

B   D

Discurso elaborado

Diagrama 3 Ideias cosmológicas gerais

No quadrante B, discurso e pensamento foram elaborados como ferramentas especializadas para a tomada de decisão, mas a estrutura social ainda mantém forte controle sobre seus membros, de tal modo que suas pressuposições subjacentes não são desafiadas. O discurso elaborado, nesse caso, ainda está a serviço da estrutura social, mas usa as reflexões filosóficas nas quais se tornou versado para examinar e justificar essas pressuposições. Esse seria o quadrante para Aristóteles. O resultado dessa reflexão do discurso e do pensamento sobre a estrutura social seria uma consciência das demandas desta última sobre o indivíduo e da possibilidade de este não responder adequadamente. A verdade e o dever seriam as virtudes principais. Eles expressam a confiança no fato de que a estrutura social se baseia em uma fundação racional que justifica sua reivindicação por lealdade. Em decorrência da capacidade de reflexão e enquanto expressão da nova independência do pensamento, podemos esperar que ao eu seja atribuído um papel muito mais ativo. O perigo de o indivíduo rejeitar as reivindicações da sociedade seria, nesse caso, reconhecido, ainda que condenado. Ajuda sugerir que dramas clássicos, como as histórias de Édipo e El Cid, retratam essas atitudes?

Nos quadrantes C e D, a estrutura social perdeu a aderência. O quadrante C, de acordo com Bernstein, é instável, uma fase de transição. Por exemplo, uma mãe que pertence às classes profissionais por conta de sua própria educação e de suas aspirações e está casada dentro de um contexto de classe trabalhadora provavelmente educará seus filhos com técnicas de controle pessoal, mas em suas outras relações sociais eles seriam obrigados a usar o discurso de código restrito. Nesse caso, o indivíduo é valorizado acima da estrutura social; daí a literatura da revolta, como de Rimbaud ou D. H. Lawrence. Uma vez que há uma literatura para esse quadrante, temos que supor que indivíduos criados nele passaram, durante o curso de suas vidas, do C ao D e se tornaram verbalmente articulados em códigos elaborados.

Podemos entender o quadrante D mais facilmente, pois ele nos inclui. Eu não posso continuar sem tentar ser mais específica sobre quem, em nossa sociedade contemporânea, se encaixa nos quadrantes B e D. Qual é a distribuição de pessoas que utilizam códigos discursivos elaborados entre sistemas de controle familiar dos tipos posicional e pessoal? Comece com o quadrante B. A família posicional se desenvolve com base na premissa de que os papéis devem ser claramente definidos e a elaboração do discurso, na medida em que ele é utilizado para manter padrões sociais, reduz ambiguidades. Nesse caso, esperaríamos encontrar aristocracias cujas aspirações são relativamente fixas e cuja estrutura de papéis sociais é claramente atribuída. Algumas seções da classe média também estarão aqui. A profissão militar, por exemplo, demanda uma alocação de papéis inequívoca; as profissões legais vivem de reduzir a ambiguidade de papéis sociais. Existem outros setores altamente educados da sociedade moderna cuja profissão os encoraja a favorecer sistemas de controle posicionais. O trabalho de engenheiros, preocupados principalmente com relações abstratas entre objetos materiais, não os leva a usar o código elaborado para refletir criticamente sobre a natureza das relações sociais. O fato de que eles devem tender para sistemas familiares posicionais se torna mais nítido quando vemos como o outro quadrante, D, está preenchido. Aqui estão as pessoas que vivem de usar discursos elaborados para analisar e revisar categorias de pensamento existentes. Desafiar ideias estabelecidas é o seu ganha-pão. Eles (ou, devo dizer, nós) praticam um descolamento profissional com relação a qualquer padrão de experiência. Quanto mais audaciosa e abrangentemente eles usam a mente para repensar, melhores suas chances de sucesso profissional. Assim, o valor de seu hábito de pensamento radical é socialmente confirmado e reforçado, pois com a ascensão ao sucesso profissional vem a mobilidade geográfica e social que os separa de sua comunidade original. Com tal validação, eles provavelmente educarão seus filhos para o desafio intelectual e de forma a não impor um padrão de controle posicional. O quão mais propensos eles estão a preferir formas pessoais de controle se a área de seu pensamento profissional lida com relações humanas: psicólogos, antropólogos, escritores, filósofos, cientistas políticos? As profissões que lidam com a expressão de sentimentos pessoais em vez de com princípios abstratos também se encontram aqui. Esse é o quadrante no qual as ideias sobre moralidade e o eu se desconectam da estrutura social. Esse seria o nicho para pensar o Existencialismo e a profunda preocupação atual com o processo técnico de criação artística.

A criança posicional, que conhece o padrão ao qual ela pertence, não entende a angústia que Sartre descreveu de forma tão comovente em *As palavras*, biografia de seus primeiros dez primeiros anos de vida (1967). Na casa de seu avô dominador e histriônico, ele e sua mãe viúva eram apêndices, servindo essencialmente para propiciar satisfação emocional aos avós. Desde a infância, ele era atormentado pela consciência de que sua existência não tinha justificativa. Não havia uma sociedade organizada em categorias gerais como idade, sexo e hierarquia na qual seu papel em desenvolvimento poderia ser visto como necessário para algum padrão geral. Apenas a promessa de sucesso pessoal, o renome de futuro gênio, poderia justificar sua vida em um mundo adulto sem padrões que de forma tão pouco convincente deu a impressão de valorizá-lo por sua personalidade adorável. Essa angústia dominante da infância está claramente relacionada à sua posição filosófica posterior. Bernstein aponta que problemas de autojustificação surgem na família pessoal – e não teria sido a Reforma sobre autojustificação?

Alguns podem afirmar que o contraste de Bernstein entre família posicional e pessoal não é diferente da antiga distinção entre *status* alcançado e atribuído. Isso é um erro. O contraste posicional/pessoal se dá em um nível superior de abstração. Na família pessoal, é verdade, todos os papéis devem ser alcançados, mas o inverso não se aplica. Em algumas famílias posicionais, dentro do enquadramento atribuído, papéis importantes devem ser alcançados. Por exemplo, em famílias militares, há uma forte ênfase nas realizações. O contraste entre *status* alcançado/atribuído precisa levar em conta as diferentes áreas de conquista.

Por razões que agora possivelmente são nítidas, é mais fácil para nós (escritores e leitores) reconhecer e simpatizar com as aspirações de alguém criado em uma família pessoal do que com uma pessoa criada em uma família posicional. Tenho certeza de que os irlandeses do pântano sofreram com essa lacuna na simpatia imaginativa de seus pastores, cuja perspectiva pessoal está em conformidade com seu nicho especial na carreira profissional. Estes últimos poderiam ter uma visão mais generosa do ritualismo tenaz se vissem o empobrecido poder de resposta a símbolos condensados de todos os tipos que se encontra no caminho pelo qual estão guiando e se pudessem valorizar formas ritualísticas de comprometimento enquanto tais. Deve ser difícil para a criança criada com base em princípios abstratos em uma família pessoal estabelecer limites morais, estar comprometida por promessas – pois fronteiras inquestionáveis nunca fizeram parte de sua criação. A criança em uma família posicional cresce dentro de um conjunto de categorias incontestadas, que são expressas tanto por símbolos não verbais quanto por palavras.

O trabalho de Bernstein sobre a estruturação social do discurso em famílias londrinas desafia a antropologia em muitos campos difíceis. À primeira vista, todo ritual parece ser uma forma de código restrito. É uma forma de enunciado verbal cujos sentidos estão, em grande medida, implícitos; muitos deles são transmitidos por canais não verbais padronizados. De fato, desde Malinowski, ninguém pensou em interpretar a linguagem da magia separadamente das ações simbólicas e de todo o contexto social. Rituais em geral são altamente codificados. Suas unidades são organizadas em tipos padronizados antes do uso. Lexicalmente, seus significados são locais e particulares. Sintaticamente, eles estão disponíveis a todos os membros da comunidade. A sintaxe é rígida, oferecendo pouca variedade de formas alternativas. Aliás, a variação sintática tende a ser tão limitada que muitos antropólogos concluem que uma simples análise binária é suficiente para elucidar os significados de mitos ou símbolos rituais. O próprio Bernstein sugeriu que suas definições deveriam ser aplicáveis a outras formas simbólicas – ele sugeriu a música (1965, p.166). Ele também admitiu que, em qualquer outro caso, a elaboração e a restrição serão relativas. É claro que existem dificuldades técnicas ao se aplicar essa comparação entre formas rituais e discursivas. Entretanto, à primeira vista, parece que temos uma solução pronta para a nossa questão inicial. As causas do antirritualismo hoje, nas comunidades de classe média europeia e norte-americana, poderiam parecer o resultado previsível de um processo de socialização no qual a criança nunca internaliza um padrão de *status* sociais e nunca vivencia o controle autoritativo que exalta a propriedade autoevidente de um sistema social de obter obediência. Símbolos de solidariedade e hierarquia não fizeram parte de sua criação. Consequentemente, uma forma de experiência estética não está disponível para ela. Como Bernstein enfatiza:

> É importante perceber que um código restrito traz sua própria estética. Ele tenderá a desenvolver um leque metafórico de poder considerável, uma simplicidade e retidão, uma vitalidade e um ritmo; ele não deve ser desvalorizado. Psicologicamente, ele une o falante a seus parentes e à sua comunidade local. (ibidem, p.165)

É tentador igualar o código restrito ao ritualismo e parar por aí. Em diversos relatos de antropólogos sobre economias pastorais ou de caça, vemos um esboço de um boi, porco selvagem ou antílope esquartejado e subdividido, com uma legenda indicando a categoria de parentesco para a qual cada parte é alocada. Esse mapeamento, mostrando a distribuição correta da caça ou da carne sacrificial, resume as principais categorias sociais. O mesmo ocorre com a festa das primícias dos agricultores. Cada celebração reafirma as categorias de forma visível e pública. Regras primitivas de pureza também sustentam as categorias sociais e dão a elas uma realidade externa e física. É evidente que as palavras que acompanham essas distribuições contêm apenas uma pequena parte da importância da ocasião. Situações comparáveis na vida familiar seriam a disposição espacial das cadeiras na sala de estar, que comunica a hierarquia em termos de posição e sexo, a celebração do jantar de domingo e, para algumas famílias, supostamente aquelas nas quais um código restrito é utilizado, cada refeição e cada despertar, banho e hora de dormir se estruturam de forma a exprimir e manter a ordem social. A família completamente pessoal de Bernstein, portanto, seria uma na qual nenhuma refeição é feita em comum e nenhuma hierarquia é reconhecida, mas na qual a mãe tentaria atender às necessidades particulares de cada filho, criando um ambiente completamente individual de cronogramas e serviços em torno de cada integrante de sua prole: jantar mais cedo para este aqui, que vai ao ensaio do coro, jantar mais tarde para o que está voltando de uma excursão, hospitalidade para os amigos do outro e por aí vai; a seleção de alimentos também seria feita para cada indivíduo. Como essa criança seria capaz de aprender a responder a uma autoridade exercida de forma comunitária? Seus ouvidos não estariam afinados para captar as mensagens não ditas de um código restrito, resultando em parte da surdez e da antipatia perante o ritualismo atualmente.

Não haveria problema e seria o fim da discussão se, como acontecia frequentemente, todos os povos primitivos fossem ritualistas, e se o distanciamento da magia pudesse de fato ser traçado em um gráfico que mostrasse cada vez mais os efeitos da divisão do trabalho no comportamento familiar. Mas eu já mencionei os pigmeus não ritualistas; há também os basseri, que não possuem quase nada que possa ser chamado de religião, os anuak, que estão muito mais interessados em combater a bruxaria do que em adorar Deus ou em se deixar levar por especulações metafísicas, e provavelmente uma miríade das assim chamadas tribos primitivas que compartilham com as nações mais industrialmente avançadas a falta de interesse em rituais. Precisaremos olhar atentamente para as estruturas sociais dessas tribos para encontrar um conjunto de variáveis que serão consistentes tanto com o efeito Bernstein entre nós quanto com o que se sabe sobre estrutura e cosmologia sociais primitivas. Esse exercício levar-nos-á para longe da análise de Bernstein, mas a minha intenção é retornar a ela ao final. Não há dúvidas de que os leitores estão mais interessados em si mesmos do que nos membros exóticos de uma tribo, e eu lamento não ser capaz de desenvolver de forma mais completa o paralelo entre o lar posicional e o ritualista primitivo. Deixe-me ao menos incluir algumas sugestões dadas por Bernstein (em uma comunicação pessoal) sobre os tipos de comportamento religioso que ele esperaria estarem associados com tipos de controle familiar. O ritualista primitivo, em seu sistema social atribuído, expressa orientações cósmicas e diretivas morais em símbolos condensados. O lar organizado em torno de valores posicionais possui métodos semelhantes de explicação e controle. Em uma comunidade composta por tais lares, Deus também seria conhecido por meio do código restrito. Conceitos teológicos sobre ele não seriam completamente elucidados, ele seria conhecido por seus atributos da maneira como eles se manifestam na estrutura social. Conhecer Deus estaria sujeito às mesmas restrições que conhecer a mãe: o código discursivo não ofereceria meios para refletir sobre a relação ou examiná-la verbalmente. Esperar-se-ia que o culto religioso corresp0ndesse, em termos de estilo, aos rituais familiares e que ele fosse, portanto, fixo e ritualístico. Da mesma forma, a definição de pecado estaria mais relacionada a ações externas específicas do que à motivação interna.

No Diagrama 3, a ideia do eu se descolou progressivamente da estrutura social. Assim, à medida que o ritualismo diminui, a Ideia de Deus se torna mais íntima. Mas à medida que Deus se aproxima, sua glória e seu poder se reduzem. Essa hipótese pode ser vista como completamente durkheimiana, visto que a cosmologia, baseada em sua hierarquia de valores particular e preservando um padrão de comportamento particular, deriva da sociedade. Conforme a pressão da sociedade imediata sobre o indivíduo aumenta ou diminui, algo acontece com suas atitudes religiosas.

Há um estranho paradoxo nessa apresentação, porque quanto mais um londrino é cada vez mais atraído para o vórtice da sociedade industrial, mais suas ideias religiosas parecem se aproximar daquelas dos pigmeus. Ele acredita em espontaneidade, amizade, liberdade e bondade do coração; ele rejeita formalidade, magia, sofismas e a condenação de seus companheiros humanos por erros que cometeram. Esse paradoxo ocorre por causa de uma distorção na comparação causada pelos efeitos da divisão do trabalho. Os pigmeus não podem ser igualados a pastores, jornalistas e catedráticos. O argumento terá que percorrer um longo caminho antes de podermos compreender esse paradoxo e resolvê-lo. Nesse meio-tempo, observe em que resulta o efeito Bernstein. Em decorrência das pressões definíveis no lar e na escola, há uma tendência cada vez maior de se criar crianças com métodos relativos ao código discursivo pessoal e elaborado. Isso resulta em crianças profundamente sensíveis aos sentimentos dos outros e interessadas em seus próprios estados internos. Por conseguinte, tal educação predisporá uma pessoa a preocupações éticas, pois, à medida que desvela seu vocabulário sobre sentimentos, ela também nega qualquer sentido de padrão em sua vida social. Ela deve, portanto, buscar alguma justificativa para sua existência fora do cumprimento de regras estabelecidas. Ela só pode encontrá-la em boas ações em prol da humanidade em geral, do sucesso pessoal ou de ambos. Daí a tendência em direção a uma religião puramente ética.

3
O irlandês do pântano

O irlandês do pântano, com sua lealdade à regra da abstinência às sextas-feiras, é inegavelmente como o ritualista primitivo. Regras mágicas sempre têm uma função expressiva. Não importa quais outras funções exerçam – disciplinares, de redução de ansiedade ou de sancionamento de códigos morais –, elas têm, antes de mais nada, uma função simbólica. O simbolismo oficial da abstinência às sextas-feiras era, inicialmente, a penitência pessoal, uma pequena celebração semanal da celebração anual, a Sexta-feira Santa. Dessa forma, ela remetia diretamente ao Calvário e à Redenção. Ela dificilmente poderia ter um peso mais central para o significado da devoção cristã. Declarar que ela se tornou vazia e sem sentido significa que não mais se considera que seus símbolos apontam para aquela direção nem para nenhum lugar em particular.

No entanto, símbolos aos quais se adere com tenacidade dificilmente podem ser descartados como se não tivessem nenhum sentido. Eles devem significar algo. Podemos começar perguntando quais são as experiências mais pungentes da garota irlandesa que deixou sua casa para trabalhar em hotéis ou hospitais em Londres ou do homem irlandês que chega buscando ganhar muito dinheiro rapidamente em trabalhos de construção. Se eles têm amigos ou familiares para encontrar alojamento, a sensação de exílio será suavizada pelo sentimento de comunidade, pelos jornais irlandeses vendidos na frente da igreja após a missa, pelas danças semanais no salão paroquial. Existe um sentimento de pertencimento. Se uma recepção como essa não for organizada, eles provavelmente verão nas portas das pensões: "Não aceitamos irlandeses nem pessoas de cor". Nesse caso, a sensação de exílio e de fronteira é mais acentuada. É isso que a regra da abstinência às sextas-feiras pode significar. Ao contrário de um símbolo vazio, ela significa lealdade a um lar humilde na Irlanda e a uma gloriosa tradição em Roma. Essas alianças são motivo de orgulho em meio às humilhações que fazem parte da sina do trabalhador não qualificado. No mínimo, elas significam o mesmo que o *haggis*[1] para os escoceses expatriados durante a Ceia de Burns. No máximo, significam o que se abster de comer carne de porco significou para o venerável Eleazar como narrado em II Macabeus.

A hierarquia católica na Inglaterra está atualmente sob pressão para subestimar a função expressiva do ritual. Os católicos são exortados a inventar atos individuais de caridade como uma celebração mais significativa da sexta-feira. Mas por que sexta-feira? Por que fazer qualquer celebração? Por que não ser bom e generoso o tempo todo? Tão logo seja negado o valor da ação simbólica por si mesma, abrem-se as comportas da confusão. Símbolos são os únicos meios de comunicação. Eles são os

---

1 Prato tradicional escocês preparado com vísceras de ovelha cozidas dentro do seu estômago. (N.T.)

Símbolos naturais

únicos meios de expressar valor, os principais instrumentos do pensamento, os únicos reguladores da experiência. Para que qualquer comunicação aconteça, os símbolos devem ser estruturados. Para que a comunicação sobre religião aconteça, a estrutura dos símbolos deve ser capaz de expressar algo relevante para a ordem social. Se uma pessoa pega um símbolo que originalmente significava uma coisa, o contorce para que ele signifique outra coisa e se agarra vigorosamente a esse símbolo subvertido, seus significados para sua vida pessoal devem ser muito profundos. Quem, que não tenha ele mesmo suportado a vida do trabalhador irlandês em Londres, ousaria desprezar o culto da abstinência às sextas-feiras?

A abstinência às sextas-feiras deve ser interpretada sob a mesma rubrica da abstinência de porco dos judeus. Em *Pureza e perigo*, afirmei que as regras alimentares em Levítico 11 fornecem uma síntese das categorias da cultura israelita. O porco não é escolhido como objeto de repulsa mais do que o camelo ou o texugo. As regras alimentares, sugeri, deveriam ser consideradas como um todo e em relação à totalidade das estruturas simbólicas que organizam o universo. Dessa forma, as abominações são vistas como anomalias dentro de um esquema lógico particular (DOULAS, 1966, cap.3). Desde que escrevi isso, profícuas críticas foram feitas. O dr. S. Strizower (1966) observou que negligenciei a importância de regras alimentares restritivas para a distinção entre os israelitas e outros povos e para a expressão de seu senso de afastamento. Ralph Bulmer afirmou que ainda que se admita minha interpretação de que todo o conjunto de regras contém uma classificação condensada do universo, ela ainda assim não explica a aversão particular à carne de porco (1967, p.21). Por que logo esse animal deveria ser escolhido como o principal representante e a vanguarda de todas as outras abominações? A resposta a ambos parece estar nos dois livros de Macabeus. Ali se encontra a história de como Judas Macabeu conduziu o povo de Israel contra seus conquistadores, os gregos.

> I Macabeus, 1, 21. E depois de Antíoco ter devastado o Egito no centésimo quadragésimo terceiro ano, ele regressou e avançou contra Israel. [...] 23. E ele orgulhosamente entrou no santuário e levou o altar dourado. [...] 26. [...] e houve grande luto em Israel [...] 29. E toda a casa de Jacó se cobriu de confusão. 32-8. Ele atacou e destruiu a cidade, derrubou muralhas, emprisionou mulheres [...] e construiu a cidade de Davi com uma muralha alta e forte e com torres fortes e a transformou em uma fortaleza para eles. [...] 39. [...] e profanaram o lugar sagrado. [...] 40. E a população de Jerusalém fugiu por causa deles, e a cidade se tornou uma morada de estranhos; e ela se tornou uma estranha para a sua própria semente e seus filhos a abandonaram.

Não satisfeito com a vitória política e militar, o rei Antíoco ordenou que todas as nações sob seu comando abandonassem suas próprias leis.

> 45. [...] E muitos em Israel consentiram com o seu serviço: e eles sacrificaram para os ídolos e profanaram o sábado.

Ao longo de toda a narrativa subsequente sobre a derrocada dos exércitos invasores e a purificação do templo, três temas são tratados como símbolos coordenados:

Símbolos naturais

profanação do templo
profanação do corpo
violação da lei.

O templo é finalmente reconstruído e rededicado, com altas muralhas e fortes torres ao seu redor (I Macabeus, 4, 60); uma precaução militar necessária. Mas os líderes de Israel também tomaram precauções drásticas contra a profanação de seus corpos (II Macabeus, 5, 27):

> Mas Judas Macabeu [...] tinha se retirado para um local deserto, vivendo ali na companhia de animais selvagens nas montanhas; e eles continuaram a se alimentar de ervas, para não se contaminar.

Os circuncidados ou aqueles que observavam o sábado em segredo eram brutalmente assassinados pelos conquistadores. Aqui fica claro que qualquer uma das regras (alimentares ou não) e qualquer uma das regras alimentares eram consideradas igualmente sagradas e sua violação era igualmente poluente. Mas Antíoco ordenou que porcos fossem sacrificados em seus altares (I Macabeus, 1, 50) e fez da ingestão de carne de porco um símbolo de submissão (II Macabeus, 6). Então foi ele, por meio de suas ações, que fez que a regra com relação à carne de porco ganhasse proeminência como um símbolo decisivo de lealdade ao grupo. A circuncisão, no final das contas, é uma questão privada que diz respeito às partes íntimas de uma pessoa. Observar o sábado também não interfere necessariamente na vida de outras pessoas, ou pelo menos o faz apenas periodicamente. A recusa de comensalismo é uma rejeição mais integral de relações sociais. Se o pagão come carne de porco, o israelita que a evita não pode fazer as refeições com ele. Em um grau muito menor, se um católico é convidado para jantar fora na sexta-feira, sua obediência ao ritual pode ser uma afronta a seus anfitriões, mas apenas porque não se trata de um ritual que eles compartilham. Portanto, evitar a carne de porco e a abstinência às sextas-feiras adquirem significado de símbolo de lealdade simplesmente pela falta de significado para outras culturas. A esplêndida passagem que descreve o julgamento de Eleazar explica como comer carne de porco passou a ser abominado como um ato de traição e de profanação.

II Macabeus, 6, 18. Eleazar, um dos chefes dos escribas, um homem de idade avançada e de gracioso semblante, foi forçado a abrir sua boca para comer carne suína. 19. Mas ele, escolhendo uma morte gloriosa ao invés de uma vida infame, foi voluntariamente em direção ao tormento. [...] 21. Ora, aqueles que ali observavam, pela antiga amizade que tinham com o homem, tomando-o à parte, pediram que trouxessem a carne que lhe fosse lícito comer, que ele fizesse como se tivesse comido, como o rei comandara, a carne do sacrifício. 22. Que se ele assim o fizesse, ele livrar-se-ia da morte. E em virtude da sua antiga amizade com o homem eles fizeram essa cortesia. 23. Mas ele começou a refletir sobre a dignidade da sua idade e de seus velhos anos e sobre a honra inata dos seus cabelos grisalhos e sobre a sua conduta impecável desde a infância: e ele respondeu, sem demora, de acordo com os mandamentos da lei sagrada criada por Deus, dizendo que preferiria ser enviado ao outro mundo. 24. Não é digno da nossa idade, disse ele, dissimular: para que as pessoas mais jovens pensem que Eleazar, aos noventa anos, passou aos costumes pagãos.

25. E para que eles, por causa da minha dissimulação, e em troca de pouco tempo de vida corrompida, seriam enganados, e por este meio eu mancharia e amaldiçoaria minha velhice. [...] 27. Sendo assim, se eu partir corajosamente desta vida, eu mostrarei ser digno da minha velhice. 28. E eu terei deixado um exemplo de fortidão para os jovens de como, com a mente pronta e constância, eu sofro uma morte honrosa, pelas nossas veneráveis e sagradas leis. E tendo dito isso, ele imediatamente se encaminhou ao suplício.

Observe como não é por causa de uma lei, mas sim de todas as leis, que ele morre e que a natureza execrável do porco enquanto animal ou forma de comida não é discutida. Ela também não aparece no próximo capítulo, no qual sete irmãos e sua mãe são apreendidos e obrigados pelo rei a comer carne suína. Durante toda a terrível descrição de como suas línguas foram decepadas, suas cabeças escalpadas e seus corpos (ainda vivos) fritos em imensas frigideiras para o regozijo dos espectadores pagãos, não se diz absolutamente nada sobre o caráter abominável do porco. Mas após tais atos históricos de heroísmo, não surpreende que a evitação de carne de porco tenha se tornado um símbolo de lealdade particularmente poderoso para o povo judeu, gerando a subsequente exegese helenizante que considerava os atributos morais do porco. Embora, originalmente, esse símbolo devesse seu significado apenas a seu lugar em um padrão total de símbolos, ele passou a representá-lo em decorrência de sua proeminência durante a perseguição. Pertencemos a uma geração cuja percepção dos símbolos é difusa, com exceção de contextos sociais familiares. Portanto, pode ser mais fácil se compadecer com a irritação do cozinheiro em *As minas do rei Salomão* diante a inabalável obediência do zulu

Umslopogas às suas leis alimentares. Se dois sistemas simbólicos são confrontados, eles começam a formar, ainda que por oposição, um todo único. Nessa totalidade, cada metade pode ser representada para a outra por meio de um único elemento, que precisa sair do contexto para executar esse papel. Outros povos selecionam, entre nossos símbolos externos de lealdade, aqueles que mais os ofendem ou divertem. Então Shifra Strizower estava certa. Relatos adicionais sobre o distanciamento do povo de Israel e sobre sua atormentada história teriam dado mais sentido para suas leis alimentares. A história dos macabeus ensina que os israelitas entenderam que a pureza do templo e a pureza do corpo humano representavam uma adesão a todos os detalhes da lei e, portanto, que cada pessoa (em seu próprio corpo) e toda a nação (no templo e na lei) estavam se voltando para Deus, pois, quando expiaram e reconstruíram o templo (I Macabeus, 4, 42), "ele escolheu sacerdotes irrepreensíveis cuja vontade estava fixada na lei de Deus". As altas muralhas que eles construíram em torno do Monte Sião e a forte vigilância que colocaram em suas embocaduras eram as defesas simbólicas de seu comprometimento com a religião.

Talvez seja verdade que a abstinência às sextas-feiras tenha se tornado uma fortaleza para trás da qual os católicos na Inglaterra se retiraram de forma bem presunçosa. Mas ela foi o único ritual que levou os símbolos cristãos para a cozinha e a despensa e para a mesa de jantar da mesma forma que as regras de impureza judaicas. Remover um símbolo que tinha algum significado não garante que o espírito de caridade fluirá em seu lugar. Talvez tivesse sido mais seguro ampliar aquele pequena fortaleza simbólica na esperança de que um dia ela viesse a cercar o Monte Sião. Mas vimos que aqueles que são responsáveis

Símbolos naturais

pelas decisões eclesiásticas muito provavelmente se tornaram, por causa de sua criação, insensíveis aos signos não verbais e desinteressados em seu sentido. Isso é fundamental no que concerne às dificuldades do cristianismo atualmente. É como se os buracos de agulha litúrgicos fossem manejados por agulheiros daltônicos.

Agora abrirei espaço para a questão da abstinência às sextas-feiras visando demonstrar que há, de fato, um movimento visível em círculos católicos instruídos na Inglaterra, um movimento da ação simbólica para a ação ética. Esse, entretanto, é um exemplo menos importante do que o segundo: a mudança de atitude perante a Eucaristia. A abstinência às sextas-feiras nunca foi nada além de uma regra disciplinar. Nenhuma eficácia sacramental especial foi oficialmente imputada ao ato, positiva ou negativamente, ao passo que a doutrina da Eucaristia é tão magicamente sacramental quanto qualquer religião tribal.

Alguns antropólogos que estiverem lendo isto podem se sentir tão confusos com relação à abstinência de carne às sextas-feiras quanto o mais inculto dos fiéis. Eles podem até compartilhar da crença de Goodenough de que o foco do ritual não está na penitência, mas em uma celebração positiva do peixe em contraste com a carne. Ele argumentou de forma engenhosa (1956, p.50 et seq.) que o peixe, para o qual as esposas católicas fazem fila às sextas-feiras, é um poderoso símbolo condensado de Cristo e que nisto reside a verdadeira explicação da prática. Entretanto, não existe nenhuma regra que envolva comer peixe, apenas uma regra que determina a abstinência de carne animal. Em fevereiro de 1966, o papa Paulo VI emitiu um decreto sobre jejum e abstinência. Ele discorreu sobre a tradição da penitência, "um ato religioso e pessoal que tem como objetivo o amor e a entrega a Deus". Citando diversas passagens do Velho Testamento nas quais o jejum aparece como uma maneira de agradar a Deus e o exemplo de Cristo no Novo Testamento, ele descreve atos de penitência como maneiras de "participar de forma especial na expiação infinita de Cristo. [...] Portanto, a tarefa de carregar no seu corpo e na sua alma a morte do nosso Senhor afeta toda a vida da pessoa batizada, a cada instante e em todos os aspectos". Ele prossegue, condenando toda forma de penitência que seja "puramente externa". Reconhecendo que condições muito diferentes prevalecem em países ricos e pobres, ele revisa as leis da Igreja com relação ao jejum e à abstinência, concentrando-as durante a Quaresma e, fora isso, exigindo a abstinência somente às sextas-feiras. Esses dias e períodos penitenciais mínimos têm como objetivo "unir os fiéis em uma celebração comum da penitência". Ao mesmo tempo, ele convida os bispos a substituir, total ou parcialmente, outros exercícios penitenciais (*Paenitemini*, 17 de fevereiro de 1966).

Um artigo de W. Bertrams (canonista da Universidade Gregoriana) no *L'Osservatore Romano* [O observador romano] (20 de fevereiro de 1966) comenta sobre o decreto e oferece uma pequena guinada extra se afastando do ritual em direção à ética e à justiça social:

> Com efeito, ao fiel se deve ensinar que o espírito cristão da penitência também demanda a privação voluntária de coisas que não são absolutamente necessárias, de forma que o dinheiro que teria sido gasto para as obter possa, ao contrário, ser utilizado em trabalhos de caridade.

Símbolos naturais

Um ano depois, a hierarquia inglesa atende ao convite para adaptar a legislação penitencial às condições locais. Uma carta é emitida do arcebispado, Westminster (21 de julho de 1967), buscando conhecer a opinião de todo o clérigo e do laicado. A carta não demonstra nenhum senso histórico ou sobre o valor da ação simbólica; além disso, demonstra uma estranha ambivalência no tratamento do assunto em questão. Ela começa com firmeza, anunciando que está fora de cogitação simplesmente abolir a abstinência às sextas-feiras, mas que se trata de perguntar se uma lei obrigatória de abstinência às sextas-feiras alcança seu propósito hoje. A carta aborda muito brevemente qual seria esse propósito e prossegue:

> Alguns creem que a obrigação deveria ser abolida e, em vez disso, que as sextas-feiras deveriam ser marcadas por preces, abstinência voluntária ou outros exercícios penitenciais. Argumenta-se que a abstinência obrigatória às sextas-feiras não é necessariamente uma penitência e que condições modernas tornam difícil cumpri-la. Na maioria dos casos, profissionais e trabalhadores comem suas refeições do meio-dia fora de casa, geralmente em um refeitório. Eventos sociais são geralmente marcados às sextas-feiras. E, ao passo que um prato alternativo muitas vezes está disponível, questiona-se se é aconselhável, em nossa sociedade mista, que um católico se apresente como diferente dessa forma. Não católicos sabem e aceitam que não comemos carne às sextas-feiras, mas muitas vezes eles não entendem por que não o fazemos e, por conseguinte, nos consideram estranhos.

Ecos da Sinagoga Reformada! Afirmar que evitar comer carne não é uma privação e depois acrescentar que há muitas privações para aqueles que comem fora de casa e embaraço social para aqueles que jantam fora parece uma declaração inadequada para ser usada com o fim de consultar a opinião dos fiéis. Quando a consulta foi concluída, o seguinte foi expedido por Westminster:

> À medida que o respeito pela lei moral diminui, a necessidade de abnegação aumenta. Muitos católicos começaram a se perguntar se não comer carne às sextas-feiras é penitência suficiente. Alguns não veem nenhuma penitência no ato. Enquanto isso, na Ásia, na África e na América do Sul, muitos católicos precisam viver sem carne não apenas às sextas-feiras, mas todos os dias. Milhões passam fome ou estão, no mínimo, subnutridos.
>
> Os bispos decidiram, portanto, que a melhor maneira de obedecer ao comando do Senhor para fazer penitência é cada um de nós escolher nossa própria forma de abnegação a cada sexta-feira. [...] (31 de dezembro de 1967)

E assim foi abolido o antigo ritual. No passado, a criança admoestada a comer sua tapioca em nome das milhões de pessoas passando fome sentir-se-ia confusa tentando entender como essa obediência beneficiaria os famintos. O problema de como beneficiar os famintos por meio da não abstenção de carne não é uma questão. O Instituto Católico de Relações Internacionais rapidamente produziu uma caixa de coleta na qual se lia "Fundo da sexta-feira. Uma refeição por dia" e a enviou com um apelo: "Sexta de apatia ou sexta de ação: você poupará um pouco para os outros a cada sexta-feira? Caixas do ICRI". Agora não há razão para os outros "nos considerarem

Símbolos naturais

estranhos". A sexta-feira não ressoa mais os grandiosos símbolos cósmicos de expiação e redenção: ela não é de modo algum simbólica, mas um dia prático para a organização de caridade. Agora os católicos ingleses são como todo mundo. Curiosamente, os bispos norte-americanos se saíram bem melhor (do ponto de vista ritualístico, antropológico) do que os ingleses ao lidar com a mesma oportunidade. Não houve rebaixamento da função simbólica, e sim mais reconhecimento da necessidade de solidariedade simbólica com o corpo da Igreja, passado e presente. Sua declaração pastoral começa com uma franqueza admirável:

> Cristo morreu por nós na sexta-feira. Lembrando-se disso com gratidão, os povos católicos desde tempos imemoriais reservaram a sexta-feira para uma especial prática penitencial por meio da qual eles, de bom grado, sofrem com Cristo, para que possam um dia ser glorificados com ele. Esse é o cerne da tradição da abstinência de carne às sextas-feiras. [...] Mudanças de circunstância, incluindo elementos econômicos, alimentares e sociais, fizeram alguns de nós sentir que a renúncia a comer carne não é sempre, nem para todos, o meio mais eficiente de praticar penitência.

Seu senso de continuidade litúrgica vem à tona em uma lista de recomendações que começa dizendo: "A sexta-feira deveria ser para a semana semelhante ao que a Quaresma é para o ano todo. Por esse motivo, encorajamos todos a se preparar para aquela Páscoa semanal transformando livremente cada sexta-feira em um dia de penitência em memória, por meio da oração, à paixão de Jesus Cristo". Assim, o ano litúrgico é encapsulado na semana litúrgica. Eles então elogiam especialmente a abstinência voluntária de carne como forma de observância da sexta-feira:

(a) Devemos, portanto, livremente e por amor ao Cristo crucificado, mostrar nossa solidariedade à geração de fiéis para os quais essa prática, sobretudo em tempos de perseguição e de extrema pobreza, frequentemente deixou de ser evidência de fidelidade a Cristo e a Sua Igreja.

(b) Devemos, portanto, também nos lembrar de que, como cristãos, apesar de estarmos imersos no mundo e compartilhando sua vida, precisamos preservar uma diferença necessária e salvadora perante o espírito do mundo. Nossa abstinência de carne, pessoal e deliberada, sobretudo por não ser mais exigida por lei, será um sinal exterior dos valores espirituais interiores que estimamos. (Declaração pastoral da Conferência de Bispos Católicos sobre a Prática Penitencial, Washington, D.C., 18 de novembro de 1966)

É fácil reconhecer, na banalidade da atitude da hierarquia inglesa, o efeito Bernstein em ação, sem dúvida não entre todos os bispos, mas certamente entre seus assessores. É surpreendente saber como a hierarquia norte-americana adotou uma posição diferente diante da ação simbólica. É improvável que seus secretariados não sejam igualmente compostos por novos homens, educados em lares pessoais e mestres do código elaborado. É possível que uma maior consciência sociológica dos norte-americanos faça diferença, uma vez que um sociólogo da religião seria de fato superficial se não estivesse ciente do poder dos símbolos na ordenação da experiência. Ninguém que dedique tempo para refletir objetivamente sobre o assun-

Símbolos naturais

to negaria o valor da função simbólica por si só. Aqueles que a menosprezam estão respondendo de forma imediatista ao seu próprio posicionamento subjetivo em casa e na sociedade. Parece que escolhi um malho para quebrar uma pequena noz litúrgica. A abstinência às sextas-feiras é uma regra disciplinar, um mero detalhe. Apesar de este livro não se destinar principalmente a antropólogos, escrevi detalhadamente sobre o tema para eles, uma vez que antropólogos muitas vezes exortam uns aos outros a se voltar para religiões contemporâneas em busca de material, particularmente para o cristianismo. Restrições alimentares são parte fundamental do seu objeto de estudo, e eu gostaria de mostrar que exemplos modernos são tão suscetíveis aos modos de análise que empregamos quanto exemplos primitivos. Por que não? A única dificuldade até aqui tem sido a falta de um quadro analítico para comparar nós mesmos e as sociedades tribais que vão desde o alto até o baixo teor mágico. Na década de 1960, o trabalho de Bernstein sobre nós mesmos e o trabalho de Turnbull sobre os pigmeus permitiram que esse quadro se estabelecesse. A discussão pode começar.

Agora me volto para o outro exemplo de como mensagens sobre símbolos são emitidas pelo Vaticano apenas para serem decodificadas aqui como mensagens sobre ética. A celebração da Eucaristia é central para o dogma católico. Se isso for censurado, então a tendência descrita por Herberg de denominações se tornarem compartimentos sociais esvaziados de doutrinas distintivas terá conseguido percorrer o mundo moderno. O catolicismo histórico, sacramental, terá desaparecido.

Para introduzir o problema, consideremos a carta encíclica do papa Paulo VI, *Mysterium Fidei* (1965). Nela, ele faz referência, como razões para sua preocupação e inquietação pastorais, às visões atuais preocupantes sobre a Eucaristia. Entre elas, ele observa que não é

> correto estar tão preocupado com considerações sobre a natureza do símbolo sacramental a ponto de que se passe a impressão de que o simbolismo – e ninguém nega sua existência na mais sagrada Eucaristia – expressa e exaure todo o significado da presença de Cristo nesse sacramento. Tampouco é correto tratar o mistério da transubstanciação sem mencionar a incrível mudança da totalidade da substância do pão em corpo de Cristo e da totalidade da substância do vinho em seu sangue, sobre a qual o Concílio de Trento fala, e assim fazer que essas mudanças consistam em nada além de uma "trans-significação" ou uma "transfinalização", para usar esses termos. Nem, por último, é correto propor e dar voz, na prática, à perspectiva que sustenta que Cristo, o Senhor, não está mais presente nas hóstias consagradas que restam após o fim do sacrifício da Missa. (PAULO VI, 1965, p.7-8)

Aqui temos uma doutrina tão intransigente quanto a de qualquer fetichista da África Ocidental, segundo a qual a divindade está localizada em um objeto, local e tempo específicos, sob controle de uma fórmula específica. Fazer a divindade habitar um objeto material, seja ele um templo, máscara, vodu ou pedaço de pão, é ritualismo em sua forma mais completa. A condensação de símbolos na Eucaristia é impressionante em termos de alcance e profundidade. O círculo branco de pão engloba simbolicamente o cosmos, toda a história da Igreja e mais, uma vez que remete à oferta do pão de Melquisedeque, ao Calvário e à Missa. Ele une o corpo de cada devoto ao corpo dos

Símbolos naturais

fiéis. Nesse escopo, ele exprime temas como expiação, nutrição e renovação. Uma condensação tão intensa é difícil de ser digerida por aqueles que tiveram uma criação altamente pessoal e verbal. Mas isso não é tudo. Simbolizar não exaure o sentido da Eucaristia. Seu significado completo envolve a eficácia mágica ou sacramental. Se fosse apenas uma questão de exprimir todos esses temas, simbolizar e comemorar, muito menos sangue e tinta teriam sido derramados durante a Reforma. O cerne da doutrina reside no fato de que uma transformação real, invisível, ocorreu no momento em que o padre pronunciou as palavras sagradas e que comer a hóstia consagrada possui eficácia salvadora para aqueles que a ingerem e para outros. Ela se baseia na premissa fundamental sobre o papel humano na religião. Ela pressupõe que humanos podem participar ativamente do trabalho de redenção, para salvar a si mesmos e aos outros, por meio do uso de sacramentos como canais de graça – sacramentos não são apenas signos, mas são, em sua essência, diferentes de outros signos, sendo instrumentos. Isso toca na crença no *opus operatum*, o rito eficaz, cuja possibilidade mesma foi negada pelos reformistas protestantes. No pensamento católico, há uma economia de mediação por meio da Igreja, dos sacramentos e principalmente da Missa enquanto contraparte eucarística do Calvário. O dr. Francis Clark vai à raiz dessa questão em sua notável pesquisa *The Eucharistic Sacrifice and the Reformation* [O sacrifício eucarístico e a Reforma], a qual cito agora. O protestantismo rejeitava a mediação por meio do instrumento tanto de objetos quanto de pessoas. Para Lutero, e sobretudo para professores que se seguiram,

> não havia lugar para nenhuma realidade criada para mediar entre a ação salutar de Deus e o homem nem para a partilha ativa, por

parte do homem, da distribuição de graça. Sua principal objeção à doutrina tradicional do sacrifício da Missa era a de que ela era um "trabalho", algo que pertencia a toda aquela ordem de mediação instrumental e de participação ativa do homem na economia da graça, a qual era um anátema para o Reformista. [...] A celebração da ceia do Senhor era uma promessa e um testamento daquele perdão para o comungante individual; ela não podia "fazer" nada pelos outros nem "oferecer" nada a Deus. [...] No *Cativeiro babilônico*, ele insistiu: "Deus não lida, e nunca lidou, com o homem de outra maneira que não pela palavra de sua promessa. Da mesma forma, nunca podemos nos relacionar com Deus de outra maneira que não pela fé naquela palavra da promessa". (*Werke*, Weimar, VI: 516, 521)

Essa oposição radical entre "mundo" interior e "trabalho" sacramental é a chave teológica para a compreensão da tempestade de hostilidade à Missa que assolou a Europa. (CLARK, 1960, p.106-7)

Ele prossegue citando o dr. J. Lortz, que diz:

Era um ataque direto ao conceito sacramental tradicional, ou seja, contra a objetividade da vida divina operante na liturgia da Igreja. Com ele, a definição do cristianismo como uma religião de sentimento interior foi alcançada no exato momento em que sua vitória teria o maior impacto. Com ele, assolou-se o centro secreto da unidade da Igreja. [...] Para a Igreja Católica, não foi o ataque ao papado o evento mais fatídico que ocorreu durante a Reforma, mas o esvaziamento da fonte objetiva de poder de seus Mistérios. (*Die Reformation im Deutschland*, 2.ed., I, p.229, citada em ibidem, p.107)

Símbolos naturais

Não surpreende que o papa Paulo VI esteja preocupado com teólogos contemporâneos que reduzem o significado da Eucaristia e que, com termos ambíguos tais como "trans-significação" e "transfinalização", ameaçam reduzi-la de uma fonte de poder eficaz a um mero símbolo. Dois anos após sua encíclica, a Sagrada Congregação de ritos emitiu uma *Instrução sobre o culto do mistério eucarístico* (1967). Ela propõe quatro modos diferentes da presença de Cristo, reconhecendo-as todas, mas exaltando, acima de tudo, a presença na Eucaristia. Cristo está presente no corpo dos fiéis reunidos em seu nome. Ele está presente na sua Palavra. Ele está presente na pessoa do sacerdote e, "acima de tudo, sob a espécie da Eucaristia. Pois, nesse sacramento, Cristo está presente de forma única, todo e inteiro, Deus e homem, substancial e permanentemente". Essa é a mensagem enviada. Ao chegar aos fiéis, ela está consideravelmente emasculada, pois os escritores de catecismos e livros de oração populares evidentemente receberam a educação pessoal de Bernstein. Eles preferem discorrer verbalmente sobre seus sentimentos interiores em um nível mais íntimo, aconchegante. Minha comparação com religiões primitivas provavelmente lhes causaria asco. Incríveis atos mágicos de adoração, que tornam os humildes e os nobres harmônicos em padrões cada vez mais inclusivos, não os interessam. E assim descobrimos que o *Novo catecismo*, no capítulo sobre a Eucaristia, dá à doutrina da presença real tanta atenção quanto dá ao aspecto comemorativo do rito. Ele fala mais sobre a Eucaristia como ação de graças, sobre a comunhão das pessoas que a celebram, sobre o símbolo da refeição comum e da alimentação. A doutrina da transformação do pão em corpo divino é minimizada e os outros modos da presença de Cristo (particularmente a

"Palavra") são ressaltados (INSTITUTO SUPERIOR DE CATECISMO, 1967, p.332-47). Eles não aceitam isso – os bispos holandeses que distribuíram esse catecismo e os professores ingleses liberais que o adotam como uma expressão diluída de uma fé que praticamente perdeu o sentido para eles. O mistério da Eucaristia é muito ofuscantemente mágico para sua empobrecida percepção simbólica. Assim como os pigmeus (repito isso porque eles parecem frequentemente se orgulhar de ter alcançado um tipo de pico de desenvolvimento intelectual), eles não podem conceber uma divindade localizada em um objeto ou lugar.

Mas, se minha interpretação da pesquisa de Bernstein estiver correta, vastos rebanhos de iletrados ao redor do mundo não partilham dessa deficiência. Devido à sua educação e experiência social posicionais, eles são capazes de responder profundamente a símbolos de orientação e fronteira. Demonstrarei, no capítulo 5, que eles já utilizam o próprio corpo como correspondentes simbólicos para pensar a sociedade e o universo. Eles respondem menos fortemente à exposição verbal. Eles provavelmente sentem menos necessidade de justificações pessoais por meio de boas ações. Aquilo que é carne muito forte para os pastores é sua comida natural. "A ovelha faminta ergue os olhos e não é alimentada." Agora não há dúvidas de que os rebanhos estão sendo negligenciados por contentes párocos caçadores inclinados ao prazer. Mas parece que há razões para argumentar que pastores sérios e bem-intencionados entendem mal a necessidade de alimentos nutritivos, pois estes não parecem adequados para seus sistemas digestivos. Mas isso ainda não os exporia com força suficiente. Não há ninguém cuja vida não precise se desdobrar em um sistema simbólico coerente.

Símbolos naturais

Quanto menos organizado o modo de vida, menos articulado o sistema simbólico pode ser. Mas responsabilidade social não é um substituto para formas simbólicas; pelo contrário, ela depende destas últimas. Quando o ritualismo é abertamente desprezado, o impulso filantrópico corre o perigo de derrotar a si mesmo, uma vez que é ilusão supor que possa haver organização sem expressão simbólica. É o velho sonho profético de uma comunicação instantânea, não mediada. A compreensão telepática pode servir para breves vislumbres. Mas criar uma ordem na qual jovens e idosos, humanos e animais, leões e cordeiros possam se entender de forma direta é uma visão milenarista. Aqueles que desprezam o ritual, mesmo em sua forma mais mágica, estão valorizando, em nome da razão, um conceito bastante irracional de comunicação.

Eu me atrevi a comparar o ritual cristão a noções mágicas e primitivas de tabu. Estou ciente de que o argumento dificilmente servirá para recomendar o ritual a não ritualistas. Contudo, o desprezo deles tanto pela magia quanto pelas regras de impureza baseia-se na ignorância. O traçado de limites e fronteiras simbólicas é um modo de trazer ordem à experiência. Tais símbolos não verbais são capazes de criar uma estrutura de significados na qual indivíduos podem se relacionar e alcançar suas finalidades maiores. A aprendizagem e a própria percepção dependem da classificação e da distinção. Fronteiras simbólicas são necessárias até para a organização privada da experiência. Mas os rituais públicos que desempenham essa função também são necessários para a organização da sociedade. Poder-se-ia supor que a sociedade industrial, organizada pela troca econômica, não precisa ser acionada pelos símbolos necessários para a criação da solidariedade em pequenas comunidades. Isso pode explicar, em termos durkheimianos, o enfraquecimento do interesse pelo ritualismo atualmente. Mas isso de forma alguma explica a falta de ritual em algumas sociedades tribais. Porém, se o argumento funciona para nós, chega-se a uma conclusão sombria para aqueles que se voltam para boas obras a fim de resolver problemas com sua identidade. Eles estão sujeitos a se frustrar em todos os aspectos. Primeiro, pode parecer que eles devem ceder suas boas causas às energias burocráticas da organização industrial; caso contrário, elas não surtirão efeito. Segundo, apesar de qualquer escritório ou clínica poder ser organizado por padrões simbólicos posicionais, como essas pessoas são incapazes de apreciar o valor do comportamento simbólico, elas nunca conseguirão organizar suas relações pessoais de forma a permitir o surgimento de uma estrutura de símbolos não verbais. Todos conhecemos o organizador do seminário que senta em um assento diferente toda semana para que nenhum símbolo de autoridade ou superioridade permeie as relações espaciais do grupo. Alguns de nós podem até conhecer uma editora pequena na qual o *office boy* é consultado de vez em quando sobre a qualidade de um livro e o gerente prepara o chá porque se acredita que a solidariedade requer uma contínua confusão de papéis. Um antropólogo me disse que sua inibição para exercer autoridade era tão forte que o trabalho de campo se tornou extremamente difícil por causa de sua recusa em empregar um funcionário. Essas mesmas pessoas, que preferem uma intimidade desestruturada em suas relações sociais, malogram o próprio desejo por uma comunicação sem palavras. Apenas uma estrutura ritual possibilita um canal de comunicação sem palavras que não seja completamente incoerente.

Símbolos naturais

O antirritualista convicto desconfia da expressão externa. Ele valoriza as convicções internas de um homem. O discurso espontâneo que emana diretamente do coração, não premeditado, irregular em sua forma, até mesmo um pouco incoerente, é bom porque ele serve como testemunho das reais intenções do falante. Ou ele não é um homem que utiliza o discurso como uma fachada para esconder seus pensamento ou, naquela ocasião, não houve tempo para refiná-lo: a incoerência é considerada um sinal de autenticidade. Da mesma forma, líderes de uma igreja pentecostal competem para demonstrar sua santidade "falando em línguas", isto é, despejando um discurso incoerente. Quanto mais ininteligível, mais evidente se torna para a congregação que o dom das línguas está presente. Ao mesmo tempo, o antirritualista suspeita do discurso que vem em unidades-padrão, refinado pelo uso constante; essa é a moeda corrente das relações sociais, e não se deve confiar que ela exprima a verdadeira opinião do falante.

Ao rejeitar as formas rituais de discurso, é o aspecto "externo" que está sendo desvalorizado. Provavelmente todos os movimentos de renovação religiosa tiveram em comum a rejeição de formas externas. Na Europa, o maniqueísmo, o protestantismo e agora a revolta da Nova Esquerda, historicamente, afirmam o valor do interior dos seguidores e de todos seus outros membros, assim como a maldade de tudo que é externo ao movimento. Sempre encontramos a aplicação do simbolismo corporal, dos valores dados às partes internas e externas do corpo, à realidade e à aparência, ao conteúdo e à forma, à espontaneidade e às instituições estabelecidas. David Martin recentemente escreveu sobre existencialistas de religiões contemporâneas nestes termos:

Os radicais tendem a rejeitar a "religião" em comparação ao evangelho. A religião é um complexo de instituições construídas em torno de um "Deus" ídolo que é erroneamente considerado uma existência junto às demais existências. O uso apropriado da palavra "Deus" se refere à dimensão qualitativa de toda a existência. A religião O obscurece com formas e fórmulas, O ritualiza sacramentalmente quando, na verdade, Ele só pode ser conhecido experimentalmente e na prática. Apenas assim Ele pode se tornar verdade para a pessoa individual. Ligada à falsa religião está a moralidade, entendida como um corpo de regras, e não como respostas pessoais genuínas ao caráter exclusivamente situacional da escolha moral. [...] O movimento existencialista exprime uma tensão atemporal entre o vivido e o formalizado, o objetivo e o pessoal, o individual e o institucional. (MARTIN, 1965, p.180-1)

Os psicanalistas explicam melhor por que os eleitos sempre possuem essa confiança em sua própria pureza interior e capacidade para ter acesso direto e não mediado a Deus. Mas é um paradoxo deste estudo que aqueles que mais imediatamente desprezam o ritual não estejam isentos do desejo por uma comunicação não verbal. Melanie Klein, escrevendo sobre o contato estreito entre o inconsciente da mãe e da criança, afirmou:

> Não importa o quão gratificante seja, na vida adulta, expressar pensamentos e sentimentos a uma pessoa aprazível, permanecerá um desejo não satisfeito por uma compreensão sem palavras – em última instância, pela relação inicial com a mãe. (KLEIN, 1963, p.100)

E mais uma vez, sobre a atitude de um bebê em relação ao seio da mãe:

Símbolos naturais

Eu não partiria do princípio de que o seio é, para ele, um mero objeto físico. Todos os seus desejos instintivos e suas fantasias inconscientes imbuem o seio de qualidades que vão muito além da nutrição que ele proporciona.
Nota de rodapé: O bebê sente tudo isso de modos muito mais primitivos do que a linguagem consegue expressar. Quando essas emoções e fantasias pré-verbais são revividas no contexto da transferência, elas aparecem como "memórias em sentimentos", como prefiro chamá-las, e são reconstruídas e transformadas em palavras com a ajuda do analista. (KLEIN, 1957, p.5)

Se for verdade que, durante toda a nossa vida, somos movidos pelo anseio por um ideal, a harmonia impossível derivada das memórias da união inicial com a mãe no útero, então é compreensível que idealizemos também a comunicação não verbal, para a infelicidade da criança de um lar pessoal que anseia por formas não verbais de comunicação, mas está equipada apenas com palavras e um desprezo por formas rituais. Ao rejeitar o discurso ritualizado, ela rejeita sua própria faculdade de fazer recuar a fronteira entre o interior e o exterior de forma a incorporar em si mesmo um mundo social padronizado. Ao mesmo tempo, ela cerceia sua capacidade de receber mensagens imediatas e condensadas passadas obliquamente por meio de canais não verbais.

4
Grade e grupo

É esclarecedor considerar o ritual como um código restrito. Mas surgem mais problemas ao aplicarmos essa perspectiva do que estou preparada para lidar. Bernstein afirma que o código restrito possui muitas formas; qualquer grupo estruturado, ou seja, um grupo em que seus membros se conhecem muito bem, por exemplo, no críquete, nas ciências ou no governo local, desenvolverá uma forma especial de código restrito que reduzirá o processo de comunicação, condensando unidades em formas codificadas preestabelecidas. O código possibilita que determinado padrão de valores seja posto em vigor e permite que os membros internalizem a estrutura do grupo e suas normas durante o próprio processo de interação. Uma boa parte dos escritos e das atas de conferências dos antropólogos, ou de qualquer outro corpo de acadêmicos, teria que ser classificada como ritualística ou de código restrito, já que menções ao trabalho de campo, referências a procedimentos (muitas vezes impossíveis), notas de rodapé etc. são tidas como itens pré-codificados de interação social. Alianças, patronagem, clientelismo, desafio à hierarquia, afirmação da hierarquia etc., todos eles estão sendo silenciosa e obliquamente expressos por canais verbais explícitos. Se esse é o caso, então Bernstein, ao trabalhar dentro do quadro mais amplo de uma dicotomia entre códigos restritos e elaborados, está no mesmo estágio que Durkheim quando este diferenciou a solidariedade mecânica da orgânica, ou que Maine, o qual diferenciou entre sociedades governadas por contrato ou pelo *status*. Como ele mesmo diz, a diferença entre códigos restritos e elaborados deve ser relativa dentro de determinada cultura ou dentro das formas discursivas de determinado grupo. Daí a questão de existirem culturas primitivas nas quais todo discurso no código restrito não faz sentido, uma vez que atribui valor absoluto à definição. Bernstein suporia que, em qualquer grupo social, existem algumas áreas da vida social mais responsáveis pelas decisões referentes à formulação de políticas e mais expostas à necessidade de comunicação com pessoas de fora. Portanto, em qualquer sistema tribal, ele esperaria encontrar algumas pessoas que foram forçadas a desenvolver um código mais elaborado no qual princípios universais podem ser explicitados e os significados podem ser separados de um contexto puramente local. Eu mesma não estou convencida disso. Se as situações que requerem decisões relacionadas a políticas fossem apenas uma parte de um ciclo repetitivo, seria possível discuti-las integralmente em termos de unidades de discurso pré-organizadas. Apenas a necessidade de inovação em termos de formulação de políticas suscitaria o esforço de utilização de um código discursivo elaborado. Essa questão apresenta problemas de método interessantes para os etnolinguistas, mas não é central para meu tema. A questão mais pertinente é como utilizar a ideia de código restrito para interpretar diferentes graus de ritualização.

Se o ritual for considerado uma forma de código restrito e se a condição para o surgimento de um código restrito é que os membros de um grupo se conheçam tão bem a ponto de compartilharem um pano de fundo de premissas que nunca precisa ser explicitado, então as tribos podem muito bem variar com base nisso. Pode-se muito bem supor que os pigmeus talvez nunca cheguem a se conhecer muito bem. Sua relação social pode ser comparada, em termos de intensidade e estrutura, à dos provedores de serviço de um *resort* francês à beira da praia que deixam Paris em junho para abrir suas lojas e hotéis durante a alta temporada. Eles se conhecem bem, e há, com certeza, um campo de premissas em comum, mas isso de forma alguma significa que eles não têm outros interesses. Pode-se esperar que eles desenvolvam um código restrito que tenha como referência suas preocupações locais. Da mesma forma, podemos supor que os pigmeus e nômades persas que unem seus respectivos acampamentos de caça ou pastorais durante uma estação e não necessariamente estarão juntos no ano seguinte usam um código restrito para aqueles interesses comuns ao quais corresponde uma estrutura social duradoura e formas variáveis do código restrito para a comunicação dentro das famílias. Essa analogia entre códigos discursivos sugere que há uma boa razão para a pobreza das formas rituais nos dois casos. Ela se encaixa à premissa durkheimiana de que a sociedade e Deus podem ser equiparados: a sociedade é confundida em sua estrutura relacional na mesma medida em que a ideia de Deus é instável e pobre em termos de conteúdo.

 O código restrito é usado de forma econômica para transmitir informações e manter uma forma social específica. Ele é tanto um sistema de controle quanto um sistema de comunicação. Da mesma forma, o ritual cria solidariedade, e ideias religiosas têm suas implicações punitivas. Podemos esperar que essa função seja cada vez menos importante quanto menos valorizada for a coerência social eficaz. Portanto, não podemos nos surpreender com o fato de que os pigmeus não desenvolveram os aspectos punitivos da religião. Eles se contentam com um nível mínimo de organização. Aqui também se sugere uma gama de comparação que anteciparia algo sobre a presença ou ausência do ritualismo em sociedades humanas. Precisamos de alguma maneira de comparar o valor dado à organização e ao controle social. É muito fácil ilustrar meu tema fazendo referência a tribos exóticas, mas, em algum momento, o problema da comparação precisa ser controlado. Comparar pregadores com pigmeus não é apenas uma prática dúbia; é tão dúbio quanto comparar caçadores com pastores, ou caçadores na África com caçadores na Austrália. Tentarei controlar esse problema de variação cultural permanecendo, tanto quanto puder, dentro de uma dada cultura. Mas, antes disso, a tarefa consiste em adaptar o diagrama dos sistemas de controle familiar de Bernstein. Ele foi concebido para refletir a crescente influência da divisão do trabalho na sociedade industrial de acordo com duas variáveis: discurso e técnicas de controle. Nosso primeiro passo, portanto, é eliminar o efeito da divisão do trabalho por meio da escolha de variáveis ligeiramente diferentes. Uma vez que o trabalho de Bernstein versa sobre a estrutura das famílias londrinas, ele está interessado em relações pessoais cara a cara. Por conseguinte, ele pode ser adaptado a sociedades tribais com poucas mudanças. Suas duas linhas medem diferentes aspectos do que Bernstein chama de comportamento posicional em famílias. Onde a divisão do trabalho tem o menor efeito, o código discursivo e o sistema de controle sustentam uma estrutura diferenciada de relações na família. Se quisermos utilizar seu trabalho rigorosamente, devemos, primeiro, contrariar a sutileza de seu pensamento. No diagrama de Bernstein (Diagrama 3), códigos discursivos respondem à pressão por cada vez mais articulação verbal exercida pelas áreas de tomada de decisão na parte central superior da sociedade industrial. Os sistemas de controle familiar respondem ao mesmo conjunto de pressões, exigindo crianças capazes de dominar abstrações intelectuais sobre o comportamento humano. Seu quadrante foi concebido para mostrar como as duas respostas não são produzidas de acordo com a mesma combinação em todos os setores da sociedade industrial. A área de máxima estruturação das relações sociais na família está à esquerda; a área de maior abertura e liberdade em relação à estruturação está à direita. Na parte inferior direita, o indivíduo aparece o mais livre possível de um sistema de controles socialmente estruturados. Seu diagrama ilustra alguns efeitos de uma única pressão para ir do sistema de controle posicional ao pessoal. A linha vertical expressa mudanças no uso do discurso. Ela demonstra a possibilidade de o discurso ser utilizado como intensificador do controle posicional, a qual diminui à medida que se desenvolve a pressão central para ser intelectual, verbal e simbolicamente livre da estrutura posicional local. As pessoas que foram liberadas mais completamente das relações pessoais estruturadas estão entre as mais envolvidas na complexidade da estrutura industrial moderna. É inevitável que esse modelo tenha que ser desmantelado para ser adaptado à sociedade tribal. Na sequência, trabalharemos apenas com uma paródia muito rudimentar e claudicante de sua ideia.

A tarefa pode ser simplificada se lembrarmos o que, essencialmente, ele está fazendo: derivando a cosmologia a partir de sistemas de controle, ou melhor, mostrando como a cosmologia faz parte do laço social de acordo com os princípios a seguir. Primeiro, visto que é preciso tornar qualquer sistema de controle sensato (ser justificado, validado ou legitimado, como disse Weber), tal sistema deve recorrer aos princípios fundamentais da natureza do homem e do cosmos. Isso se aplica até mesmo ao nível familiar. Segundo, o sistema de controle interage com os meios de controle (discurso, ritual). Terceiro, permanece certa uniformidade entre a codificação do meio e o caráter do sistema de controle, cuja combinação seria uma previsão de longo prazo. No curto prazo, o processo de transição pode obscurecer a combinação. Nossa tarefa começa, portanto, pela identificação das dimensões de controle da cosmologia.

Em algum lugar muito distante do âmbito familiar e dos lares ingleses, um maquinário está produzindo um conjunto de pressões sociais. O poder nu e cru está vestido decentemente e se tornou legítimo. Sua demanda por legitimidade alcança os mais íntimos recessos, até a relação que a mãe inglesa tem com seu filho. Ela aprende a exercer seu controle de certas formas e a justificar sua autoridade fazendo referência a princípios gerais. A criança, dessa maneira, é doutrinada nas premissas de sua sociedade. Sua curiosidade é reprimida ou despertada, suas expectativas sobre si mesma são definidas do modo mais oculto possível – não pelas doutrinas explícitas que são distribuídas, mas pelo que fica implícito. Bernstein revela duas visões de mundo implícitas que se concretizam em nossos estilos discursivos. Ele acredita que elas são geradas em dois sistemas de controle distintos. Para estar à altura

Símbolos naturais

do seu trabalho, devemos nos voltar para sistemas de controle e as premissas ocultas que os validam. Não estamos prontos para lidar com como os meios variam; deixaremos isso para o próximo capítulo. Portanto, deixando de lado códigos discursivos, nesta etapa eu precisaria criar uma comparação entre sistemas de controle que contrastará uma forma completamente pessoal de relação, não estruturada por princípios fixos, com um sistema equivalente à sua família posicional. Podemos nos concentrar, ao que parece, na interação entre indivíduos em duas dimensões sociais. Uma delas é a ordem, classificação, o sistema simbólico. A outra é a pressão, a experiência de só ter a opção de consentir nas demandas sufocantes de outras pessoas. Consideremos primeiro a ordem. Relações sociais exigem que categorias sejam esclarecidas e que orientações sejam dadas. A ordem é o requisito básico para a comunicação. Seria concebível comparar sistemas simbólicos de acordo com a clareza da definição dada às categorias utilizadas. Há um esboço desse projeto nas primeiras páginas de "Algumas formas primitivas de classificação".

Para nós, na realidade, classificar coisas é organizá-las em grupos distintos e separados por linhas de demarcação claramente determinadas. [...] Na base de nossa concepção de classe está a ideia de um limite com contornos fixos e definidos. Ora, pode-se quase dizer que essa concepção de classificação não remonta a Aristóteles. [...] Nossa atual noção de classificação possui uma história, e essa história implica uma pré-história considerável. Seria impossível exagerar, na verdade, o estado de indistinção a partir do qual a mente humana se desenvolveu. Mesmo nos dias de hoje, uma parte considerável da literatura popular, nossos mitos e nossas religiões se baseiam em uma confusão fundamental de todas as imagens e ideias. Elas não estão separadas umas das outras, por assim dizer, com nenhuma clareza. [...] Se descermos às sociedades menos evoluídas de que temos conhecimento, àquelas a que os alemães se referem pelo termo um tanto quanto vago *Naturvölker*, encontraremos um grau ainda mais geral de confusão mental. (DURKHEIM; MAUSS, 1903, p.5-6)

Os autores prosseguem, fazendo uma comparação entre essa fraqueza na definição e o aumento de consciência no indivíduo desde a infância até a vida adulta: quando surgem pela primeira vez, as distinções são fragmentárias e instáveis; é apenas gradualmente que um limite estável de elementos da experiência leva à classificação. No entanto, essa não é a base de comparação de sistemas de classificação que proponho utilizar aqui. Considerarei axiomático que a clareza da delimitação de diferentes categorias dentro do sistema total não varia ou que, se ela se torna confusa aqui e rígida ali, essa não será uma diferença que pretendo levar em consideração. Tentarei, em vez disso, comparar a articulação geral das categorias que constituem uma visão de mundo. Um sistema de classificação pode estar organizado de forma coerente para uma pequena parcela da experiência e, para o restante, deixar elementos discretos brigando em desordem. Ou ele pode ser altamente coerente na ordenação que oferece para toda a experiência, mas os indivíduos para os quais ele está disponível podem desfrutar do acesso a outro sistema diferente e concorrente, igualmente coerente em si mesmo, do qual eles têm liberdade para selecionar segmentos aqui e ali, ecleticamente, sem se preocupar com a falta de coerência global. Surgirão, então, conflitos, contradições e áreas descoordenadas de classificação para essas pessoas. Na prática, a perda de coerência leva ao estreitamento do escopo total do sistema de classificação. Podemos, portanto, considerar o escopo e a articulação coerente de um sistema de classificação como uma dimensão social na qual qualquer indivíduo deve se situar. Chamá-la-ei de grade.

Como o próprio Durkheim afirmou vigorosamente, qualquer sistema de classificação é ele mesmo um produto das relações sociais. O exemplo da família posicional dado por Bernstein mostra pessoas colocando pressão umas sobre as outras em termos de classificações. Quando as pressões são fortes e sustentam um conjunto de classificações, um processo de reforço mútuo está em ação. Tal sistema social provavelmente permanecerá estável, a não ser que contrapressões se desenvolvam a partir do exterior ou novos conhecimentos enfraqueçam a credibilidade das classificações. Em qualquer um dos casos, a mudança social será forjada na outra dimensão, a da ação ou pressão. Desenhar a dimensão da grade verticalmente partindo do zero em direção a articulações cada vez mais abrangentes nos permite considerar o que significaria a falta de classificação. O zero representaria um vazio, uma confusão total sem nenhum sentido. A falta de regras poderia ser a anomia, a dúvida do suicídio. Poderia ser o momento de dissociação do místico, quando todas as classificações estão em suspensão. Poderia também representar, como a citação de "Algumas formas primitivas de classificação" sugeriu, a primeira consciência indiferenciada da criança. Para diferenciar um pouco entre essas possibilidades, separemos o sistema de classificação publicamente aceito daquele privado. Um sistema de classificação progressivamente coerente mas totalmente privado afastar-se-ia da comunicação com outros, chegando, por fim, à loucura. Esse mundo de pensamento privado, nós o traçamos para baixo, a partir do zero.

No eixo horizontal, traçamos a pressão, aumentando do zero para a direita. No zero, nenhuma exigência é feita ao indivíduo. Ele está livre de pressões, o que significa que ele está sozinho. Mas outro cenário teria que estar localizado na linha vertical. Quando pressões e contrapressões se equilibram completamente, o ponto de indecisão seria registrado aqui. É o momento antes da conversão e do comprometimento. Indo para a direita, o indivíduo está cada vez mais vinculado a outras pessoas. Por motivos que ficarão claros posteriormente, chamo a tendência em direção ao máximo controle pessoal de linha do grupo. A vida de uma criança começa bem avançada naquela linha (já que ela é completamente controlada pelos outros) e na parte mais baixa da linha da grade: à medida que ela cresce, pode progressivamente se libertar das pressões pessoais e ser progressivamente doutrinada no sistema de classificação predominante. Se for hábil na internalização das categorias e de suas implicações, ela pode usá-las em sua própria defesa contra a tirania pessoal. Ela pode até utilizá-las para tiranizar. Para que isso seja possível, podemos prolongar a linha horizontal partindo do zero para a esquerda. Nesse lado, o indivíduo escapou da pressão de outras pessoas. Ele exerce pressão sobre elas.

Apesar de a grade pública de classificações ser utilizada por outras pessoas para controlar o indivíduo, ele pode se esquivar dela caso o isolamento se rompa. O reforço mútuo da grade e do grupo só mantém o sistema estável se ele estiver perfeitamente isolado. Mas o isolamento perfeito é raro e há certa margem para mudança. Agora temos em mãos um dispositivo que pode examinar a mudança social enquanto um processo dinâmico. Podemos ver o indivíduo sob forte pressão para aceitar um sistema de classificação que o degrada e o compromete a uma vida de servidão. Poderíamos avaliar as outras opções disponíveis para ele e o peso relativo de pressões concorrentes. Mas esse não é o exercício que estou tentando fazer. Nosso problema consiste em encontrar alguma relação entre ideias cosmológicas e características das relações sociais. Afirmarei que diversos sistemas que se distribuem de acordo com padrões diferentes ao longo do diagrama estão sujeitos a desenvolver tendências reconhecíveis na maneira como o universo é constituído. A primeira tarefa é investigar mais atentamente as propriedades do gráfico.

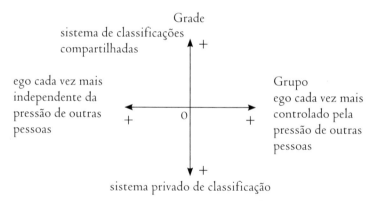

Diagrama 4 Grade e grupo

Acima da linha horizontal está a área de classificação pública. O sistema social sempre estará centralizado aqui. Próximo à linha e abaixo dela se encontram os elementos periféricos, os setores marginais da sociedade: quanto mais à direita eles se encontram, menos opção eles têm de não serem explorados por aqueles que estão à esquerda, operando o sistema público de classificação; indo para a direita e em direção ao zero estão os párias voluntários, vagabundos, ciganos, excêntricos ricos e outros que mantêm sua liberdade a um custo. Essa linha que atravessa a página separa a área da conformidade daquela da inovação. Dado o modo como definimos a dimensão vertical, não estamos sugerindo que ninguém está idealizando novos sistemas conceituais do zero. O que é privado e inovador é a maneira como as categorias culturais ordinárias são articuladas. O avanço para baixo da linha, em direção a uma maior coerência da filosofia privada, depende do isolamento em relação a pressões sociais. Após certo ponto de originalidade, o pensador pode desistir de qualquer expectativa sensata de ter suas ideias acolhidas. Isso decorre da relação entre a grade e o grupo acima da linha horizontal do zero. A estrutura da vida institucional e a distribuição de poder resultam de uma adaptação de longo prazo entre pressões sociais e classificação. A guinada que muda a classificação deve ser grande o suficiente para também redistribuir o poder. Na extrema direita, a área periférica do pensamento privado é socialmente nula. Ela está sob mais pressão do que pode exercer. Na extrema esquerda, ela recebe grande apreço público: hordas de pessoas na extrema direita estariam aplaudindo cada novo impulso proveniente da extrema esquerda inferior. Vale a pena nos determos aqui para examinar como uma pessoa pode se situar naquele quadrante. Um músico pode inovar, bem como um pintor, um inventor e um escritor. Se sua ideia for ignorada, ele ainda se encontra à direita. Durante a maior parte de sua vida profissional, o pintor flamengo James Ensor sofreu com esse destino e se vingou do público que lhe negou a honra com caricaturas cruéis. Se for bem-sucedido, entretanto, o inovador pode ver o sistema público de classificação mudar durante sua vida. Se ele quiser continuar original, terá que continuar pensando em coisas novas para surpreendê-los ou criar uma técnica para maximizar o inesperado, como John Cage fez com sua música. Para permanecer livre do sistema público de classificação, a pessoa precisa, acima de tudo, não cobiçar suas recompensas. Cada olhar que ela direciona ao júri que distribui os prêmios a torna vulnerável a suas críticas e passível de ser sugada para dentro da grade geral. Assim, ainda que seja difícil permanecer ali, as pessoas, durante a vida, podem passar por diferentes pontos do quadrante inferior esquerdo.

O quadrante superior direito pode ser ocupado pela infância. Aqui se encontra a família pessoal na qual a criança é controlada por meio da sensibilização a um conjunto dos desejos e das dores de seus pais: nenhum sistema público de classificação é utilizado para explicar o universo e seu lugar nele, mas (ao menos teoricamente) lhe ensinam a desenvolver um sistema classificatório próprio. Entretanto, categorias publicamente conhecidas enfatizam implicitamente seu comportamento e ela rapidamente as deduz à medida que vai crescendo. É certamente impossível para um adulto aceitar pressões sociais intensas e, apesar disso, desenvolver uma filosofia articulada privadamente. Se ele deseja ter privacidade intelectual, deve inevitavelmente alcançar um estado de solidão, e assim a tendência seria que essa pessoa passasse da direita em direção à linha vertical da ausência de controle.

Isso nos leva a aprofundar a análise das relações entre a distribuição de poder e a coerência de classificações públicas.

É axiomático que um padrão estável de controle é necessário para um sistema de classificação coerente. Quanto mais lugares distinguíveis houver no sistema de controle e quanto mais eles forem coordenados em uma hierarquia duradoura de responsabilidades, mais o sistema público de classificação diferencia suas categorias. Portanto, uma sociedade distribuída ao longo do diagrama, do ponto intermediário mais alto entre a grade pública e o grupo à direita até algum ponto intermediário na parte superior esquerda, é um sistema social complexo. Profundidade temporal e instituições corporativas estão implícitas naquele padrão. Por outro lado, uma sacudida política torna muitas classificações irrelevantes e perturba a coerência do sistema simbólico; a expectativa de mudança contínua deixa o nível ainda mais baixo. Uma sociedade espalhada pelo diagrama em um nível baixo de classificação provavelmente se tornará uma sociedade que está continuamente sujeita a agitações políticas e a um perfil mutável de distribuição de autoridade. Isso será importante para nosso tema.

Agora devemos examinar os diferentes modos pelos quais essas dimensões organizam nosso material. Alguns sistemas tribais estarão distribuídos, em sua maior parte, no lado superior direito do diagrama, sem aparecer à esquerda. Um exemplo clássico de alta classificação que os antropólogos reconheceriam são os tallensi da região Volta, em Gana, descritos por Meyer Fortes no período colonial. Nesse caso, o sistema público de direitos e deveres equipa cada homem com uma identidade completa, determinando o que e quando comer, como cuidar do cabelo, como ele é enterrado ou como ele nasce. A maioria dos tallensi, provavelmente todos, estão sob pressão dos outros. Os chefes e sacerdotes não são exceções. Considera-se que a pessoa cuja alma está em revolta é anormal e necessita de um ritual especial de cura (FORTES, 1959). Nessa sociedade, devoção é a ordem do dia, devoção aos parentes mais velhos e devoção aos mortos, ainda que os antepassados sejam vistos como punidores agressivos. O único inimigo é o intruso, que não tem obrigações clânicas. Algumas mulheres mais velhas miseráveis, banidas por serem consideradas bruxas, são acossadas de aldeia em aldeia ou são meramente toleradas. Quem conhece seus pensamentos? Se elas estão totalmente desconcertadas pela grade pública que as rejeita, poderíamos situá-las abaixo da linha horizontal, embora bem à direita, onde as opções são escassas. Afirmarei posteriormente que um sistema social caracterizado pela alta classificação exibiria o mesmo viés cosmológico. Uma grade forte e um grupo forte tendem a uma devoção rotinizada à autoridade e seus símbolos, crenças em um universo moral e punidor e uma categoria de rejeitados.

Qualquer sistema burocrático suficientemente seguro e isolado da crítica tenderá a pensar da mesma maneira. Essa é a vida monástica ou a sociedade militar. De forma mais visível, é o sistema tribal estável descoberto por antropólogos na África durante o período colonial, pouco antes e pouco depois da Segunda Guerra Mundial. Não é por acaso que uma análise funcional produziu um modelo de equilíbrio da sociedade primitiva naquela época, visto que o próprio regime colonial oferecia isolamento e proteção contra os efeitos da guerra e da fome. Ele tendia a congelar os sistemas sociais nativos em padrões de reforço e estabilidade.

Entretanto, os efeitos na África Central e em Gana não foram os mesmos. Nesta, as longas guerras do século XIX entre árabes e outros caçadores de escravos já haviam abalado as estruturas sociais locais antes que ocorresse o congelamento colonial. As tribos da região em torno do Lago Niassa são descritas de forma muito diferente em escritos da década de 1950, quando a migração de mão de obra, os cultivos comerciais e a taxação aceleraram o processo de mudança. Aqui, também encontramos pequenas comunidades. Mas, no que diz respeito à grade, elas se situam muito abaixo na linha de classificação coerente do que os tallensi. Sua cultura promete recompensas contraditórias e estabelece objetivos impossíveis. Eles acreditam que é bom ser leal e obediente e nunca dividir a aldeia em facções. Eles também acreditam que a ambição adequada de todo homem é se tornar chefe de sua própria aldeia – o que é impossível sem deslealdade e atrito. Eles colocam uma pressão imensa uns sobre os outros e se esforçam incessantemente para definir e fechar seu círculo de amigos. Acusações de bruxaria são o idioma político da exclusão e da redefinição de fronteiras sociais. O conceito amplo e normativo de ser humano para o qual obrigações morais são obrigatórias é contrastado com o da bruxa que come homens. Acusar um rival de bruxaria é destruí--lo politicamente. Esse é o segundo entre os principais tipos de ambiente social ao qual me referirei ao longo do livro. Por conveniência, chamá-lo-ei de pequeno grupo. Ele é um sistema social que se aglomera na parte inferior do lado direito do diagrama. Seus membros se conhecem e podem contabilizar suas posições e possibilidades de promoção. Eles não estão cientes do controle à distância exercido por líderes situados na extrema esquerda do diagrama. Confinados e face a face, o destino está em suas mãos, e eles o encaram com intrigas e inveja. O contraste entre o pequeno grupo e o exemplo anterior, o da alta classificação, abarca muitos aspectos. Por exemplo, a alta classificação requer uma categoria bem definida de rejeitados e pessoas anômalas. Mas o pequeno grupo expande a categoria de possíveis rejeitados de forma a incluir um vasto leque de conhecidos, homens, mulheres, parentes ou pessoas sem parentesco.

O terceiro tipo, que deve ser distinguido desses dois, é a sociedade que se espalha por todo o diagrama, em vez de estar ordenadamente agrupada à direita. Os líderes, no caso do pequeno grupo, estão imersos na comunidade, lutando contra seus pares. Nesse terceiro caso, que chamarei de grade forte, os líderes são seres poderosos remotos, raramente vistos pessoalmente. Teremos que lidar com o ambiente social dos líderes e o daqueles que estão sujeitos a eles de forma separada.

Durante o período colonial, por razões que já sugerimos, a antropologia estava muito preocupada com as propriedades dos grupos corporativos e com os direitos e deveres transmitidos por meio de canais de controle duradouros. O próprio colonialismo verificava a evolução interna e limitava os sistemas políticos tribais à mera substituição de pessoas de acordo com um padrão fixo de cargos. Mas pesquisas em países recém-independentes e sobretudo na recém-descoberta Nova Guiné se concentraram no que é chamado de rede de vínculos que um homem possui com um círculo que irradia a partir de si. Em uma sociedade complexa, redes são o nível mínimo a partir do qual relações sociais podem ser investigadas. Elas são a linha de base de sustentação dos vínculos sociais a partir das quais surgem instituições corporativas. Mas se a organização corporativa for tão fraca que cada homem deva obter apoio *ad hoc* a cada empreendimento, um sistema de redes e grupos de ação temporários pode descrever a maneira como toda a sociedade funciona. Philip Gulliver resumiu habilmente os problemas de descrição e análise que os antropólogos enfrentam em tais sociedades (1971). Gostaria de me concentrar em uma das duas variações possíveis da rede. No caso que o próprio Philip Gulliver descreve, o dos ndendeule, da Tanzânia, ninguém se encontra em uma posição de superioridade em relação aos outros, não há chefes, e não existem fronteiras efetivas para o crescimento da rede aberta em todas as direções. Para cada homem, os sentidos da sociedade estão centrados nele mesmo, mas os sentidos são os mesmos tanto para ele como para os outros. Em contrapartida, em outras variantes, líderes podem se tornar eficazes e consolidar seu poder, ao menos enquanto estão vivos. Esse líder reunirá sua própria rede de alianças vigorosamente ao redor de si e criará um centro de força para o resto da sociedade. O sistema do Homem Grande, como é chamado na Nova Guiné, pode ser encontrado em todo o mundo: na Indonésia, entre os indígenas do norte da Califórnia, nas Filipinas. Eu o considero meu quarto tipo social, para contrastar com os outros padrões. A sua relevância está na ampla difusão no diagrama da grade e do grupo em um nível inferior de classificação. O sucesso se reproduz. Existem poucos interesses comunitários prevalecentes que contenham o ímpeto do líder. Quanto maior sua influência, mais apoio ele atrai. Uma retroalimentação positiva o impulsiona ainda mais para a esquerda; ela aumenta a sujeição de seus seguidores, e, assim, eles se movem para a direita. Se o seu sucesso na riqueza e na guerra o encoraja, ele pode terminar por erodir o sistema existente de obrigações de seus seguidores e se tornar a própria lei. Então, a tendência inevitável seria uma diminuição do nível de classificação para todos em sua órbita. Ele tornou as linhagens e altares ancestrais menos significativos para seus seguidores do que seus próprios favores. Entretanto, as grandes categorias (a solvência, o valor, a equidade) continuam sendo recipientes nos quais se despeja uma síntese variável de sentido ano após ano. Mas o líder precisa lidar com rivais cuja importância vai crescendo furtivamente. O mundo de seus pares é uma cena esparsa e flutuante de coalizões. Cada um está empenhado em ter êxito. Se forem realistas, seus seguidores reconhecerão que o direito caminha com o poder e alinhar-se-ão a partir disso. Esse tipo de sistema social já foi bem e frequentemente descrito em suas diversas fases. Há muitos outros exemplos da Nova Guiné. A diferença interessante entre eles é a gama dentro da qual a competição entre os Homens Grandes deve utilizar instituições corporativas existentes ou pode se sobrepor a elas e, ao fazê-lo, conecta grande parte do sistema público de classificação aos caprichos dos próprios Homens Grandes.

Distinguimos, até aqui, três tipos de ambiente social: alta classificação, pequeno grupo e grade forte, que inclui a sociedade heroica de Homens Grandes em competição e aquela de seus seguidores. Esta última se encontra abaixo da linha vertical de classificação, porque a coerência é alcançada apenas em um nível muito geral de abstração, o que é compatível com a rivalidade sincretizadora de gigantes distantes. Mas a difusão no diagrama expressa o forte controle vivido por essas pessoas. Recrutados e utilizados para uma competição que parece prometer prêmios reluzentes, eles se veem tentando operar um sistema de regras complexo. Em nome das regras, os Homens Grandes justificam suas demandas. Seja em termos de regras monetárias, débito e crédito ou regras de etiqueta e hospitalidade, o sistema forma uma grade opressiva. Os londrinos também sabem o que isso significa. Como um sistema de controle, a sociedade industrial é impessoal. Alguns, mais do que outros, sentem suas vidas controladas não por pessoas, mas por coisas. Eles perambulam em uma floresta de regras, forças imponderáveis são representadas por meio de formulários que devem ser preenchidos em três vias, parquímetros, leis inexoráveis. Seu cosmos é dominado por objetos dos quais eles e outros seres humanos são vítimas. A diferença básica entre um cosmos dominado por pessoas e um dominado por objetos é a impossibilidade de utilizar pressões morais para se relacionar com os controladores: não há comunicação interpessoal com eles. Daí o paradoxo de que algumas das pessoas cuja metafísica é mais confusa e que respondem apenas a símbolos muito difusos — em suma, que em sua cosmologia são mais como os pigmeus e os peiotistas do Arizona — são aquelas que estão muito envolvidas em certos setores da sociedade industrial. Retornarei a esse paradoxo.

Para os líderes que espiralaram para a esquerda, as mesma regras impessoais de troca são como degraus na escada da promoção no trabalho. Os Homens Grandes vivem em um mundo de pactos nobres, acordos difíceis, traições vis e vinganças. Além dos exemplos exóticos dados, há outros mais próximos de nós. Nossos antigos direito sucessório e vingança anglo-saxões definiram um grupo de parentes responsáveis que irradia a partir de cada indivíduo. As lendas norueguesas exprimem uma visão de mundo semelhante.

Diferenciados esses quatro tipos sociais, será possível demonstrar que eles deram origem a cosmologias distintas. O sistema de controle é validado por um viés típico no sistema de crenças. Essas tendências são o tema deste livro, pois criam suas próprias demandas típicas nos meios de expressão, produ-

Símbolos naturais

zindo, dessa forma, sistemas naturais de comportamento simbólico. Um breve resumo dos tipos de crença seria o seguinte. Com a alta classificação, devoção e instituições sacralizadas, limites bem demarcados entre pureza e impureza; esse é o protótipo, o sistema original durkheimiano no qual Deus é a Sociedade e a Sociedade é Deus, no qual todas as falhas morais são simultaneamente um pecado contra a religião e contra a comunidade. Com o pequeno grupo, há menos confiança no poder de Deus para proteger os fiéis, uma cosmologia dualista considera o poder de demônios e seus aliados; não se acredita que a justiça prevaleça. A grade forte tende a uma visão de mundo pragmática, o pecado não é tão compreendido quanto a vergonha pela perda de honra pessoal, de prestígio ou de solvência. No primeiro tipo, um cálculo de perdas e ganhos se aplica à economia espiritual de toda a comunidade; a grade forte foca na honra do indivíduo, no número de apoiadores que ele consegue reunir, no controle que ele tem sobre as mulheres. A grade forte divide entre a sociedade heroica dos Homens Grandes e as recorrentes tendências milenaristas de seus seguidores. Por fim, deve-se notar em especial as posições próximas e em torno do zero. Quando a classificação e as pressões públicas são retiradas ou postas de lado, o indivíduo, deixado sozinho, desenvolve uma cosmologia distinta, benigna e não ritualista.

Como sugeriu Durkheim, essa experiência é o começo da consciência, com todas as forças emocionais que isso implica. O sentimento de estar fugindo dos outros e de autodescoberta é possível com qualquer deslocamento em direção à esquerda do diagrama. Lá, sobretudo abaixo da linha vertical, onde o indivíduo está articulando seu próprio sistema classificatório, o pensador não vê os outros seres humanos como os principais determinantes da vida social. Humanos não deixam sua marca no mundo como modelos de uma influência dominante. Por conseguinte, o cosmos não é antropomórfico. Há menos apelo por formas articuladas de interação social e não há necessidade de um conjunto de símbolos para enviar ou receber comunicados específicos. Portanto, já identificamos uma área do diagrama onde se dará menos atenção ao ritual. Além do mais, isso aponta para outra dimensão que não está no diagrama, uma que reside entre a densidade e a dispersão. Quando populações são escassas e as relações sociais são infrequentes, interrompidas e irregulares, uma pessoa não tem a impressão de habitar um mundo dominado pelo homem. As preocupações que ela pode ter com relação ao seu destino se referem à seca, ao pasto, ao gado, aos movimentos da caça, às pestes ou ao crescimento das plantações. Ela é controlada por objetos, não por pessoas. Os objetos não respondem a formas de abordagem pessoais. Os humanos são companheiros de sofrimento.

É tentador tentar assimilar culturas inteiras à perspectiva geral de indivíduos que estão despencando a quase zero. Mas a dispersão oculta muitas variáveis; é melhor nos atermos àquelas do diagrama. Há bastante material ali para explicar a semelhança entre a visão de mundo dos pigmeus na floresta Ituri e a de certos londrinos profundamente enredados na sociedade industrial. Primeiro, devemos nos voltar para os meios das relações sociais. Se o padrão das relações sociais deixa sua marca nas formas discursivas, como demonstra o trabalho de Bernstein, elas certamente também imprimem um padrão nas formas não verbais de comunicação. Se as próprias formas discursivas assim produzidas controlam o tipo de resposta social possível em determinado ambiente social, devemos esperar que o uso do corpo para a comunicação imponha limites similares.

5
Os dois corpos

O corpo social limita o modo como o corpo físico é percebido. A experiência física do corpo, sempre modificada pelas categorias sociais por meio das quais ele é conhecido, sustenta uma visão específica de sociedade. Há uma troca contínua de significados entre os dois tipos de experiência corporal, de modo que cada uma reforça as categorias da outra. Como resultado dessa interação, o próprio corpo é um meio de expressão altamente restrito. As formas que ele assume em movimento e repouso exprimem pressões sociais de diversas maneiras. O cuidado dispensado a ele – aparência, alimentação, terapia –, as teorias sobre o que ele precisa em termos de sono e exercício, sobre os estágios pelos quais deve passar, as dores que consegue aguentar, seu tempo de vida, todas as categorias culturais por meio das quais ele é percebido devem se correlacionar intimamente com as categorias a partir das quais a sociedade é vista, uma vez que estas também se baseiam nas mesmas ideias culturalmente processadas sobre o corpo.

Marcel Mauss, em seu ensaio sobre as técnicas do corpo (1936), afirmou audaciosamente que não existe comportamento natural. Todo tipo de ação carrega consigo a marca da aprendizagem, da alimentação ao banho, do repouso ao movimento e, acima de tudo, o sexo. Nada é mais essencialmente transmitido por um processo social de aprendizado do que o comportamento social, e isso, é claro, está intimamente relacionado à moralidade (ibidem, p.383). Mauss viu que estudos sobre técnicas corporais teriam que ocorrer dentro de um estudo dos sistemas simbólicos. Ele esperava que os sociólogos coordenassem suas abordagens com as da teoria da percepção, que estavam sendo desenvolvidas por psicólogos em Cambridge (ibidem, p.372). Mas isso foi o mais perto que ele chegou, nesse precioso ensaio, de sugerir um programa para organizar o estudo do *"l'homme total"*.

Enquanto Mauss estava preocupado em ressaltar o controle culturalmente aprendido do corpo, outros acadêmicos, antes e depois, observaram correspondências inconscientes entre estados corporais e emocionais. A psicanálise leva bastante em consideração o que Freud chamou de "conversão" do emocional em distúrbio físico. Essa percepção teve imensa importância terapêutica e teórica, mas seus respectivos ensinamentos ainda não foram aprendidos pela sociologia. Muitos acadêmicos teceram astutas observações sobre a performance corporal inconsciente. Cito, como um exemplo isolado, a ideia de "magia natural" de Rudolf Otto:

> Modos de comportamento que exibem alguma analogia simples e são realizados de forma bastante irrefletida e sem nenhuma base na teoria. [...] Pode-se observar em qualquer pista de boliche ou cancha de bocha. Um jogador mira e lança a sua bola, esperando que ela siga seu curso e acerte o alvo. Ele assiste ansiosamente

enquanto ela rola, balançando a cabeça, o corpo curvado lateralmente se equilibrando em uma perna, e então se sacode violentamente para o outro lado quando o ponto crítico é atingido, age como se estivesse empurrando a bola com a mão ou o pé, dá um último empurrão – e chega-se ao fim. Passados os riscos, a bola rola com segurança até sua posição. (OTTO, 1957, p.117-8)

Tais observações não chegam nem remotamente perto de uma teoria sociológica geral como a que Mauss estava buscando. Nem, na minha opinião, a pesquisa contemporânea de Edward Hall sobre o simbolismo corporal equivale a uma teoria. *A linguagem silenciosa* (1959) lida com diferenças de convenção bem observadas no uso do espaço, do tempo e do gesto. Mas para por aí. Não há nenhuma tentativa de criar uma hipótese por meio da qual variações culturais possam ser explicadas. A análise monumental de Lévi-Strauss sobre a estrutura do simbolismo não chega muito mais perto do projeto ordenado por Mauss, pois, ainda que ele prometa incorporar à análise das estruturas simbólicas atitudes culturalmente especializadas com relação à mobilidade e à imobilidade, ao comer e ao jejuar, ao cozinhar e não cozinhar e por aí vai, ele é afastado desse plano por seu interesse em uma estrutura universal de pensamento comum a toda a humanidade. Ele parece oferecer uma perspectiva na qual controles sociais sobre o corpo humano podem ser incluídos em uma análise psicossociológica ampla dos esquemas de controle (LÉVI-STRAUSS, 1964, 1966, 1968), mas não consegue propor nada interessante sobre as variações culturais (que são locais e limitadas), uma vez que ele está de olho no que é universal e ilimitado em determinado lugar ou tempo. Sua análise do simbolismo carece de um ingrediente essencial. Ela não possui nenhuma hipótese. Suas previsões são incontestável e completamente irrefutáveis. Dados os materiais para análise (qualquer campo cultural limitado), dadas as técnicas de análise (seleção de pares de elementos contrastantes), não há possibilidade de um analista sair para exibir as estruturas subjacentes ao comportamento simbólico e retornar para casa discordando. Ele terá êxito, porque leva consigo uma ferramenta concebida para revelar estruturas e porque a hipótese geral só requer que ele as revele. Não lhe é pedido que correlacione tipos particulares de estruturas simbólicas com variáveis sociais previstas. Ele inevitavelmente extrairá de sua pesquisa uma série de oposições estruturadas, todas as quais são, no final, compostas pelo contraste entre cultura e natureza. Lévi-Strauss nos deu uma técnica. Cabe a nós refiná-la para nossos próprios problemas. Para ser útil, a análise estrutural dos símbolos deve, de alguma forma, estar relacionada a uma hipótese sobre a estrutura de papéis. A partir daqui, o argumento se dará em dois estágios. Primeiro, o impulso para alcançar consonância em todos os níveis da experiência gera conformidade entre os meios de expressão, de forma que o uso do corpo é coordenado com outros meios. Segundo, o controle exercido pelo sistema social coloca limites ao uso do corpo como meio.

O primeiro ponto é um princípio familiar da estética. O estilo apropriado de qualquer mensagem coordenará todos os canais pelos quais ela é transmitida. A forma verbal, sintática e lexicalmente, corresponderá ao tipo de situação que deve ser expressa; firmeza, negligência, lentidão e rapidez darão informações adicionais do tipo não verbal; as metáforas selecionadas agregarão ao sentido, em vez de o diminuir.

Louvemos o Senhor, irmãos e irmãs, com nossas vidas e nosso discurso, com nossos corações e nossas vozes, com nossas palavras e nossos costumes. Pois o Senhor quer que cantemos Aleluia para Ele de forma que não exista discórdia naquele que louva. Primeiro, portanto, que nosso discurso esteja de acordo com nossas vidas, nossa voz com nossa consciência. Que nossas palavras, eu vos digo, estejam de acordo com nossos costumes, para que palavras justas não testemunhem contra costumes falsos.

Assim pregou Agostinho em Cartago no ano 418. O sermão foi reproduzido de forma mais completa por Auerbach e analisado como exemplo de um tipo particular de retórica (AUERBACH, 1965, p.27-36). O problema de Agostinho era de que maneira apresentar o paradoxo extremamente difícil do cristianismo como se fosse algo óbvio e aceitável. Ele tentou resolvê-lo combinando a grande abrangência da retórica ciceroniana com uma simplicidade robusta. Cícero havia ensinado que existem três níveis distintos de estilo: o sublime, o intermediário e o humilde; cada nível devia pertencer à sua própria classe temática, de modo que algumas situações e coisas eram nobres em si mesmas e deveriam ser discutidas de forma sublime e outras eram demasiado modestas para qualquer estilo que não fosse o humilde. As premissas não questionadas com base nas quais tais valores poderiam ser atribuídos implicam um código restrito. Mas Agostinho afirmou que o cristianismo mudou todos os valores: os objetos mais humildes se tornaram sublimes. Ele, então, descolou os estilos de retórica das classes de coisas e atos e os relacionou com firmeza às relações sociais existentes entre falante e ouvinte. O estilo sublime servia para despertar emoções, o intermediário, para elogiar ou culpar e o humilde, para ensinar. É benéfico aos antropólogos com dificuldade para interpretar o ritual se lembrar dessa longa tradição de investigação sobre a relação do estilo com o tema e as relações sociais. O livro de Auerbach se dedica ao estudo sobre quais mudanças na forma discursiva tradicional ocorreram sob a influência de ideias cristãs. Observe também que o estilo humilde era chamado de *lingua humilis*, relacionado a *humus*, solo, e significava literalmente baixo, localizado em um ponto baixo e de baixa estatura. O ensinamento cristão atacou o padrão estabelecido de valores ao misturar o estilo humilde com o sublime. Desse modo, a própria forma como a mensagem era transmitida acrescentava mais do mesmo significado. Da mesma maneira, Barthes (1967) escreve sobre um editor francês de uma publicação revolucionária iniciando o seu editorial com uma pitada de obscenidades. Elas só eram relevantes para a questão sendo discutida na medida em que seu estilo tinha o mesmo impacto revolucionário. Em qualquer tipo de comunicação, se mais de uma banda estiver sendo utilizada, teremos ambiguidade caso não haja uma coordenação harmoniosa de significados. Portanto, sempre esperaríamos alguma concordância entre as expressões sociais e corporais de controle, em primeiro lugar porque cada modo simbólico expande o significado no outro modo, favorecendo, consequentemente, os objetivos da comunicação, e, em segundo lugar, como dissemos anteriormente, porque as categorias nas quais cada tipo de experiência é recebido são produzidas de forma recíproca e mutuamente reforçadas. Deve ser impossível para elas se separar e uma dar falso testemunho contra a outra, exceto em caso de esforço deliberado e consciente.

A recusa de Mauss de que existe algo como o comportamento natural é desconcertante. Ela representa falsamente a relação entre natureza e cultura. Procuro identificar aqui uma tendência natural para expressar situações de certo tipo em um estilo corporal apropriado. Uma vez que ela é inconsciente e é obedecida universalmente em todas as culturas, a tendência é natural. Ela é criada em resposta a uma situação social observada, mas esta última deve sempre estar revestida de sua história e cultura locais. Dessa forma, a expressão natural é culturalmente determinada. Estou meramente relacionando aquilo que há muito se sabe sobre o estilo literário ao estilo corporal total. Roland Barthes oferece uma descrição contemporânea do estilo como um canal de significado não verbal.

> Imagem, delicadeza, vocabulário brotam do corpo e do passado do escritor e gradualmente se tornam os próprios reflexos de sua arte. Portanto, sob a designação de estilo, uma linguagem autossuficiente é desenvolvida, a qual tem suas raízes apenas nas profundezas da mitologia secreta e pessoal do autor, aquela subnatureza da expressão onde o primeiro coito entre palavras e coisas ocorre, onde, de uma vez por todas, os grandes temas verbais de sua existência se instalam independentemente de sua sofisticação. O estilo sempre tem algo de cru: é uma forma sem destino claro, o produto de um impulso, não de uma intenção, e, por assim dizer, uma dimensão vertical e solitária do pensamento. [...] É a parcela privada do ritual; ela irrompe das profundezas repletas de mitos do escritor e se desdobra para além de sua área de controle. (BARTHES, 1967, p.16-7)

Tais estilos corporais como os que apresentamos aqui surgem espontaneamente, mas eles também são interpretados da mesma forma espontânea. Leia a descrição escrita por John

Nelson Darby, um líder do movimento dos Irmãos na década de 1820:

> Uma bochecha caída, um olho avermelhado, membros aleijados repousando em muletas, uma barba raramente feita, uma muda de roupas desgastadas e uma pessoa negligenciada a princípio causaram piedade, com curiosidade ao ver tal figura em uma sala de estar. [...] Com poderes lógicos aguçados, ele tinha uma compaixão calorosa, um sólido juízo de caráter, uma ternura atenciosa e um autoabandono absoluto. Ele não demorou muito para receber Ordens Divinas e se tornou um cura incansável nas montanhas de Wicklow. Todas as noites ele saía para ensinar nas cabanas e, perambulando distante e longamente pelas montanhas e em meio a pântanos, raramente chegava em casa antes da meia-noite. [...] Ele não jejuava de propósito, mas suas longas caminhadas pelo território selvagem e as pessoas necessitadas lhe impunham sérias privações. [...] Tal fenômeno excitava intensamente os pobres romanistas, que viam nele um verdadeiro "santo" de proveniência ancestral. A marca do paraíso parecia óbvia para eles em uma moldura tão desgastada pela austeridade, tão superior à pompa terrena e tão participativa em sua indigência. [...] De início, eu me ofendi com a aparente afetação de aspecto descuidado dele. Mas logo entendi que de nenhuma outra maneira ele poderia obter semelhante acesso às ordens inferiores e que ele não era movido por ascetismo nem ostentação, mas por um autoabandono com consequências proveitosas. (apud Francis William Newman, em Coad, 1968, p.25-6)

Observe como a palavra "autoabandono" aparece duas vezes nessa passagem. Durante toda sua vida, Nelson Darby escreveu contra a organização como se organizar-se em uma Igreja fosse a maior traição e o maior pecado contra os Irmãos (ibidem, p.127).

Agora vamos ao segundo estágio do argumento. O alcance do corpo enquanto um meio de expressão é limitado por controles exercidos pelo sistema social. Assim como a experiência de dissonância cognitiva é perturbadora, a experiência de consonância, camada após camada de experiência e contexto após contexto, é satisfatória. Afirmei anteriormente que existem pressões para criar consonância entre as percepções de níveis de experiência sociais e fisiológicos (DOUGLAS, 1966, p.114-28). Alguns dos meus amigos ainda acham que isso é pouco convincente. Espero persuadi-los indo muito além, seguindo Mauss ao defender que o corpo humano é sempre tratado como uma imagem da sociedade e que não pode haver um modo natural de considerar o corpo que não envolva, ao mesmo tempo, uma dimensão social. O interesse em suas aberturas depende da preocupação com entradas e saídas sociais, rotas de fuga e invasões. Se não há preocupação em preservar limites sociais, eu não esperaria encontrar preocupações com limites corporais. As relações entre a cabeça e o pé, o cérebro e os órgãos sexuais, a boca e o ânus são geralmente tratadas de forma a expressar os padrões relevantes de hierarquia. Por essa razão, avento agora a hipótese de que o controle corporal é uma expressão do controle social – o abandono do controle corporal no ritual responde às exigências da experiência social que está sendo expressa. Além disso, é pouco provável que controles corporais sejam impostos com sucesso sem as formas sociais correspondentes. E, por fim, o mesmo impulso que busca harmoniosamente relacionar a experiência do físico e do social deve afetar a ideologia. Por isso, uma vez traçada a correspondência entre os controles corporais e sociais, será estabelecida uma base para considerar as atitudes covariáveis no pensamento político e na teologia.

Essa abordagem leva a dimensão vertical da experiência mais a sério do que a tendência atual na análise estrutural do simbolismo que requer que significados sejam encontrados horizontalmente, por assim dizer, pela relação entre elementos em determinado padrão. É o que Rodney Needham, seguindo os fenomenólogos e Bachelard, chamou de análise em profundidade (1967, p.612). Em linguística, pode muito bem ter sido um beco sem saída tentar interpretar uma seleção de sons em função de suas associações físicas. A análise estrutural da linguagem desistiu de ponderar se sibilantes possuem associações onomatopeicas com água corrente, cobras e afins. A análise estrutural talvez não devesse se interessar pela relevância psicológica ou social de um símbolo específico. Mas quando os antropólogos aplicam essa técnica à análise do ritual e do mito, as referências verticais à experiência física e social geralmente se infiltram, sem desculpas, como extensões da estrutura total. Sem dúvida, a maneira como consideramos as dimensões verticais da análise deve ser explicitada, a fim de que se entenda a base dos símbolos naturais. Um estudo sobre o antirritualismo deve focar nas expressões de formalidade e informalidade. Não seria ousado demais propor que, onde a estrutura de papéis é fortemente definida, o comportamento formal será valorizado. Se passássemos a analisar uma gama de simbolismo sob a oposição geral formal/informal, podemos esperar que o lado formal de cada par contrastante seja valorizado onde a estrutura de papéis for mais densa e mais claramente articulada. Formalidade significa distância social, papéis bem definidos, públicos e isolados. A informalidade é conveniente para a confusão de papéis, familiaridade e intimidade. O controle corporal será apropriado onde a formalidade for valorizada, e ainda mais apropriado onde a valorização da cultura em relação à natureza for mais acentuada. Tudo isso é muito óbvio. É evidente que todo indivíduo circula por áreas da vida social onde a formalidade é exigida e outras nas quais ela é inapropriada. Grandes discrepâncias podem ser toleradas em setores de comportamento diferentemente definidos. E a definição pode ser em termos de tempo, lugar ou *dramatis personæ*, como demonstrou Goffman ao analisar quais critérios as mulheres utilizam para decidir quando é ou não é admissível andar na rua de pantufa e touca no cabelo (1971, p.127). Alguns indivíduos cuidam de toda a sua aparência seguindo o mesmo tom de formalidade, enquanto outros são cuidadosos aqui e descuidados ali. James Thurber observou uma vez que, se alguns escritores se vestissem de forma tão descuidada quanto escreviam, seriam processados por atentado ao pudor. Essa gama de experiências pessoais pode criar uma demanda por símbolos de distância e poder cada vez mais formais, com um crescendo sendo considerado apropriado — e vice-versa, um diminuendo dos símbolos de formalidade em outras ocasiões. A necessidade e a habilidade de passar de um conjunto de símbolos para o seu contrário são geralmente discutidas em termos de reversões. Mas aqui não estou preocupada com reversões, e sim com a possibilidade de uma dissipação do controle, uma *détente* geral e a sua expressão simbólica.

Até agora apresentamos duas regras: uma segundo a qual o estilo apropriado a uma mensagem coordenará todos os canais;

outra segundo a qual o alcance do corpo atuando como um meio é limitado pelas demandas do sistema social a ser expresso. Como esta última implica, a terceira regra postula que um forte controle social demanda um forte controle corporal. A quarta regra afirma que, ao longo da dimensão da pressão fraca à forte, o sistema social procura progressivamente desencarnar ou tornar etéreas as formas de expressão; pode-se chamar isso de regra da pureza. As duas últimas atuam juntas, por isso lidarei brevemente com a pureza primeiro, antes de ilustrar como elas ditam os meios corporais de expressão.

A interação social exige que processos orgânicos involuntários ou irrelevantes sejam filtrados. Por isso, ela se mune de critérios de relevância, e estes constituem a regra de pureza universal. Quanto mais complexo o sistema de classificação e quanto mais forte a pressão para mantê-lo, mais a interação social finge ocorrer entre espíritos desencarnados. A socialização ensina a criança a controlar processos orgânicos. Dentre eles, o mais irrelevante e indesejado é a eliminação de resíduos. Portanto, todos esses eventos físicos (defecar, urinar, vomitar e seus produtos) carregam igualmente um signo pejorativo para o discurso formal. Desse modo, o signo está disponível universalmente para interromper tal discurso se desejado, como já sabia o editor da publicação revolucionária mencionada acima. Outros processos fisiológicos devem ser controlados caso não façam parte do discurso: espirros, fungadas ou tosses. Se não forem controlados, procedimentos formais de enquadramento permitem que o significado natural deles seja aparado e que o discurso siga ininterrupto. Por fim, e decorrente da regra da pureza, há duas dimensões físicas para expressar a distância social; uma delas é a dimensão frente-trás e a outra é a espacial. A frente é mais digna e merecedora de respeito do que a parte de trás. Mais espaço significa mais formalidade; proximidade significa intimidade. De acordo com essas regras, encontra-se um padrão ordenado na variação aparentemente caótica entre diversas culturas. O corpo físico é um microcosmo da sociedade, enfrentando o centro de poder, contraindo e expandindo suas reivindicações em conformidade direta com o aumento e com o relaxamento das pressões sociais. Seus membros, ora absortos, ora largados à própria sorte, representam os membros da sociedade e suas obrigações com o todo. Ao mesmo tempo, o corpo físico, de acordo com a regra da pureza, se encontra conceitualmente polarizado contra o corpo social. Seus requisitos não são simplesmente subordinados; eles são contrastados com os requisitos sociais. A distância entre os dois corpos é a extensão da pressão e da classificação na sociedade. Um sistema social complexo elabora para si mesmo modos de comportamento que sugerem que a interação humana é desencarnada em comparação à da criação animal. Ele utiliza diferentes graus de desencarnação para expressar a hierarquia social. Quanto mais refinamento, menos estalo dos lábios enquanto se come, menos mastigação, menos sons ao respirar e ao caminhar, mais cuidadosamente modulada a risada, mais controlados os sinais de raiva, mais claramente se forma a imagem aristocrática sacerdotal. Uma vez que a comida ocupa diferentes lugares em diferentes culturas, é mais difícil ver essa regra geral na prática nos modos à mesa do que nos hábitos de vestuário e asseio.

O contraste entre ajeitado e desgrenhado é parte do conjunto geral de contrastes simbólicos que expressam o formal/informal. O cabelo desgrenhado, como uma forma de protesto contra formas indesejadas de controle social, é um símbolo em vigor atualmente. Não falta sociologia *pop* que aponte para uma moral totalmente compatível com minha tese geral. Pegue o corretor da bolsa de valores ou o acadêmico típico; estratifique a amostra profissional por idade; tenha o cuidado ao distinguir entre comprimento do cabelo e cabelo despenteado; relacione a incidência de cabelo desgrenhado à indisciplina na indumentária. Faça uma avaliação seguindo a divisão ajeitado/desgrenhado para outras escolhas, bebidas preferidas, lugares de encontro preferidos e por aí vai. A previsão é que, onde as escolhas pelo desgrenhado se agrupam, há menos comprometimento com as normas da profissão. Ou compare as profissões e ofícios entre si. Aqueles que visam ao centro superior (relações públicas ou cabeleireiro) e aqueles que há muito se comprometem com a moralidade central (contadores certificados e a lei) são previsivelmente contra a opção pelo desgrenhado e a favor da bebida, do estilo de cabelo ou do restaurante ajeitados. A arte e a academia são, potencialmente, profissões de comentário sobre a sociedade e de crítica a ela: elas exibem um desalinho cuidadosamente modulado de acordo com as responsabilidades que possuem. Mas quão desgrenhadas elas podem ser? Quais são os limites do desalinho e o do abandono corporal?

Parece que a liberdade de estar completamento relaxado deve ser controlada culturalmente. Como entender, então, o fato de que a maior parte dos movimentos revivalistas passam, em sua fase inicial, pelo que Durkheim chamou de "efervescência"? As emoções estão à flor da pele, todos os tipos de formalismo são denunciados, os padrões favorecidos de culto religioso incluem o transe, a glossolalia, tremores, sacudidas e outras expressões de incoerência e dissociação. Lamenta-se a diferenciação doutrinária. O movimento é visto como universal em termos de adesões potenciais. Geralmente, o estágio de efervescência dá lugar a várias formas de sectarismo ou ao crescimento de uma denominação religiosa. Mas não é verdade que a efervescência deve ou se rotinizar ou se extinguir. É possível que ela seja mantida indefinidamente como a forma normal de culto. A única exigência é que o nível de organização social seja suficientemente baixo e que o padrão de papéis sociais seja suficientemente desestruturado. Não temos que procurar pressão, mudança, privação ou tensão para explicar formas religiosas efervescentes. Elas podem ser encontradas em religiões estáveis. A definição de Talcott Parsons do contraste entre estruturado e desestruturado ajuda a identificar aquelas tribos que celebram a solidariedade social por meio do abandono máximo do controle consciente.

> Em uma situação altamente estruturada, há um mínimo de respostas possíveis além das exigidas pelas normas da situação, a adaptação é definida de forma cuidadosa, e geralmente a situação não é muito confusa psicologicamente. (PARSONS; SMELSER, 1956, p.236)

Quanto menos altamente estruturada, maior o valor da informalidade, maior a tendência a abandonar a razão e seguir pânicos ou desvairamentos e mais amplo o escopo permitido de expressões corporais de abandono. Podemos resumir as exigências sociais gerais pelo ritualismo de um lado e pela efervescência do outro:

DIMENSÃO SOCIAL	ORDEM SIMBÓLICA
A Condições para o ritualismo	
(i) alta classificação, controle forte	sistema simbólico condensado; diferenciação ritual de papéis e situações; eficácia mágica atribuída a atos simbólicos (por exemplo, pecado e sacramentos)
(ii) premissa de que relações interpessoais devem estar subordinadas ao padrão de papéis sociais	distinções simbólicas entre dentro e fora
(iii) sociedade diferenciada e exaltada acima do eu	símbolos expressam valores altos atribuídos ao controle de consciência
B Condições para a efervescência	
(i) controle fraco por parte da grade e do grupo	símbolos difusos; preferência pela expressão espontânea, nenhum interesse em diferenciação ritual; nenhuma magia
(ii) pouca distinção reconhecida entre os padrões relacionais públicos e interpessoais	nenhum interesse em expressões simbólicas de dentro/fora
(iii) sociedade não diferenciada do eu	controle da consciência não exaltado

O segundo caso oferece as condições sociais para a religião do êxtase em oposição a uma religião de controle. Leituras etnográficas sugerem que a atitude diante da consciência não é meramente neutra, como descrevi aqui, mas que há uma afirmação positiva do alto valor da consciência sempre que a estrutura social correspondente demandar controle sobre o comportamento individual. Dessa forma, tendemos a temer estados semelhantes ao transe onde a dimensão social é fortemente controlada. De acordo com minha hipótese geral, a desarticulação da organização social em si ganha expressão simbólica na dissociação corporal. O culto religioso do transe é um material particularmente adequado para a presente tese. Quando ele ocorre, o relato tende a usar uma linguagem muito vívida, e o etnógrafo tenta transmitir certo êxtase ou medo. A atmosfera e o clima geral são registrados. É geralmente muito evidente, quando transes ocorrem, aquilo que os observadores pensam sobre ele. Entre os samburu, o transe ocorre regularmente, mas não faz parte da religião, e nenhuma crença está ligada a ele (SPENCER, 1965, p.263). Entre os nueres, ele é considerado perigoso; entre os dinca, benéfico. O transe é um bom lugar para testar minha hipótese. A previsão é que, visto se tratar de uma forma de dissociação, ele será mais aceito e acolhido quanto mais fraca for a estruturação da sociedade.

Raymond Firth diferenciou entre três tipos de estados de transe. À sua classificação acrescentarei uma quarta classe. A série dele vai do controle mínimo ao controle máximo do grupo humano sobre um espírito invasor. Primeiro, existe a possessão espiritual na qual o humano passivamente perde o controle para o espírito. Este último está no poder. Os amigos da pessoa possuída tentam acalmá-lo e mandá-lo embora. Segundo, há a mediunidade espiritual, na qual o espírito invasor fala por meio da pessoa possuída e o grupo tenta obter dele tanto informações ocultas quanto poder. Terceiro, existe o xamanismo. Nele, o espírito é em grande medida domesticado e levado a agir de acordo com os desejos do hospedeiro humano (FIRTH, 1967, p.296). Talvez de modo significativo, uma categoria de transe completamente distinta foi omitida. É possível que a pessoa humana perca a consciência, mas que esse estado não seja considerado indesejável ou perigoso; os observadores podem não tentar controlar a influência invasora, usá-la, mudar seu estado, pacificá-la ou mandá-la embora. Eles supõem que ela é um canal de poder benigno para todos. Esse é o culto positivo do transe enquanto tal. Eu esperaria que ele ocorresse apenas no culto da moralidade central, onde a vida social se aproxima do zero. Permitam-me dar dois exemplos vividamente descritos que merecem ser citados.

Os dinca ocidentais cultuam a divindade Carne, que se manifesta em uma luz vermelha. Um hino começa: a Carne se acende como fogo. Contudo, a Carne concede juízo e verdade, ela se manifesta em um coração tranquilo, na serenidade, na harmonia e na ordem. Godfrey Lienhardt descreve um sacrifícios desta forma:

> Conforme as invocações prosseguiram, as pernas de alguns dos mestres do arpão de pesca começaram a tremer, um tremor que vinha do estremecer da parte superior da perna e da coxa. Foi dito que essa era a divindade Carne, que começava a despertar (*pac*) em seus corpos.
>
> A divindade Carne se manifestava particularmente nesse estremecimento das pernas e das coxas, que às vezes se espalhava por todo o corpo. Os mestres do arpão de pesca continuaram a invocar com a força da Carne cada vez maior neles. Eles não se tornavam "histericamente" possuídos, como aqueles que são possuídos por divindades livres. Dois jovens, membros desses clãs dos mestres do arpão, apesar de não serem eles próprios mestres do arpão de pesca, começaram então a mostrar sinais do "despertar" da Carne neles. Eles tinham muito menos controle e seus braços e pernas logo começaram a tremer violentamente. Um deles estava sentado, o outro em pé, e ambos olhavam para a frente sem

Símbolos naturais

expressão, com os olhos abertos virados ligeiramente para cima. Era possível ir até eles e olhar fixamente para seus rostos sem que nenhum deles registrasse que estava vendo alguma coisa.

Nesse momento, ninguém prestava muito atenção neles; dizia-se que, quando possuídos pela Carne assim, dentro do terreno, eles estavam seguros e que, se a condição persistisse por muito tempo, as mulheres poriam fim à situação venerando a divindade Carne em seus corpos, dando aos possuídos seus braceletes e beijando suas mãos. Posteriormente, as mulheres de fato beijaram as mãos dos homens possuídos, mas não foram oferecidos braceletes.

À medida que as invocações aumentavam em termos de velocidade e intensidade, um ancião foi tomado pela divindade Carne e cambaleou entre os mestres do arpão de pesca que faziam as invocações, estapeando e se apoiando no bezerro e empurrando as pessoas. Seu comportamento era o de um homem que está muito tonto. Nessa altura, os mestres do arpão de pesca que foram convidados derramavam libações de leite com uma cabaça decorada com anéis sobre a estaca à qual o bezerro estava amarrado. Cada um deles fez sua libação, beijando as próprias mãos antes e depois de manusear a cabaça da Carne, a cabaça reservada para libações para essa divindade. Quando um mestre do arpão de pesca retornou desse ato de veneração, ele me disse que sua própria Carne estava "despertando", ainda que tenha se comportado com autocontrole durante o resto da cerimônia.

A ascensão ou despertar da divindade Carne no corpo parece ser uma sensação bem conhecida entre todos os homens adultos membros do clã dos mestres do arpão. As mulheres não a têm. Um dinca cristão do clã Pakwin me disse que ele não ousava se aproximar quando um animal estava sendo sacrificado para a divindade do seu clã, uma vez que o despertar da Carne nele causava uma sensação de fraqueza que poderia resultar em desmaio. (LIENHARDT, 1961, p.136-8).

A veneração da divindade Carne nos corpos daqueles em que ela se manifesta, ao menos do ponto de vista do etnógrafo, é o ato religioso mais solene dessas pessoas.

Eis aqui um relato sobre um culto de possessão no qual o espírito invasor não é temido, pacificado ou expulso, nem é utilizado como oráculo ou para a cura de uma doença específica. A visita do espírito é venerada com respeito, busca-se a presença por si mesma, por uma forma não mediada de comunhão entre um deus e seus devotos.

Mas o que posso dizer sobre a estrutura social dos dincas ocidentais que relacionaria esse culto de transe ao meu argumento? Somente uma análise atenta da grade e do grupo e de como se aplicam a esses dincas, a outros dincas e a outros nilotas na região será relevante. Deveria ficar constatado que esses dincas são menos intimamente controlados por restrições sociais do que outros povos que compartilham os mesmos postulados culturais, mas que divergem em suas atitudes com relação ao transe. Isso será abordado no próximo capítulo.

Depois disso, fica fácil reconhecer atitudes mais ambivalentes diante do transe. De acordo com Lorna Marshall, os boxímanes !Kung, da região Nyae Nyae do deserto Kalahari, consideram perigosa a inconsciência total, mas estados intermediários de transe semiconscientes são considerados meios apropriados para obter saúde e bênção. Sua dança cerimonial de cura é o ato religioso que possui forma e no qual as pessoas se unem. Seu propósito é geral: curar doenças e afastar o mal. Os homens usam chocalhos; as mulheres batem palmas de forma ruidosa e intensa.

As palmas e batidas de pé têm tal precisão que dão o efeito de um grupo de instrumentos de percussão tocados com maestria, produzindo uma sólida estrutura de ritmos intrincados. Acima dos sons de percussão, as vozes dos homens e mulheres se entrelaçam, cantando as "músicas curandeiras". [...] Depois de inúmeras danças, os curandeiros começam a curar. Quase todos os homens !Kung são curandeiros. Nem todos, por uma razão ou outra, são praticantes, mas há sempre muitos na ativa em um grupo. Os curandeiros não recebem nenhuma recompensa além da satisfação interior e da libertação emocional. Sei que alguns deles sentem uma responsabilidade profunda pelo bem-estar de seu povo, imensa angústia e preocupação se o tratamento falha e satisfação equivalente caso ele funcione. Outros parecem menos preocupados com as pessoas que tentam curar e mais voltados para dentro. Quando os curandeiros estão curando, todos eles experimentam diferentes graus de transe autoinduzido, incluindo uma fase de frenesi e uma fase de semiconsciência ou inconsciência profunda. Eles podem se enrijecer, espumar pela boca ou permanecer imóveis como se estivessem em coma. Alguns deles normalmente permanecem em transe apenas por um curto período, outros, por horas. Um homem costumava permanecer em um semitranse durante a maior parte do dia depois de uma dança. [...] Depois que a cura está acontecendo há algum tempo, os curandeiros começam a atingir o estado de frenesi. Eles param de ir até as pessoas, os espasmos de grunhidos e gritos se tornam mais frequentes e violentos, seus estômagos oscilam, eles cambaleiam e balançam. Eles correm em direção ao fogo, o pisoteiam, pegam as brasas, colocam fogo no cabelo. O fogo ativa o remédio neles. As pessoas os seguram para impedir que caiam e apaguem as chamas [...] eles podem entrar em estado de inconsciência profunda ou cair semiconscientes, olhos fechados, incapazes de andar.

Os curandeiros que não atingiram o transe completo ou que passaram por ele cuidam dos que estão nele. Os !Kung acreditam que, naquele momento, o espírito do curandeiro deixa seu corpo e vai embora. [...] Eles chamam isso de "meia morte". É um momento perigoso, e o corpo do homem deve ser zelado e mantido aquecido. Os curandeiros se debruçam sobre aquele que está em transe. Eles gritam e gorgolejam. Eles sopram em suas orelhas para abri-las. Eles pegam o suor de suas axilas e esfregam nele. Alguns, também em transe, caem sobre ele e passam a ser esfregados e cuidados pelos outros. As mulheres devem cantar e bater palmas fervorosamente enquanto o homem está em transe profundo. Ele precisa do bom remédio da música para protegê-lo.

A dança curadora une as pessoas de um bando boxímane em uma ação coordenada como nada mais o faz. Eles batem os pés, batem palmas e cantam com tanta precisão que se tornam como um ser orgânico. Nessa estreita configuração, juntos, eles encaram os deuses. Eles não imploram, como o fazem em suas súplicas individuais, pelo favor dos seres divinos e todo-poderosos e não os louvam por sua bondade. Em vez disso, os curandeiros, em nome do povo, se libertando do comportamento habitual por meio do transe e superando o medo e a inatividade, se lançam ao combate com os deuses e tentam forçá-los atirando varas e palavras para afastar os males que eles possam estar trazendo. (MARSHALL, 1962, p.248-51)

Nesse caso, apesar de o transe ser cortejado e considerado benigno em seus efeitos, ele não é tido como completamente seguro. Numerosos novos estudos aprofundados sobre outros bandos boxímanes estão em andamento. Eles podem oferecer uma oportunidade para comparações em determinado ambiente social que, eu espero, testará minha tese. Eu pediria a estudos sobre o culto positivo do transe em diferentes grupos boxímanes que desenvolvessem variações detalhadas nos termos do controle social segundo o modelo da grade e do grupo. Quanto ao culto do transe em si, eu indagaria sobre o modo como os papéis são distribuídos: se isso é praticado por todos, por todos os homens ou por todas as mulheres e homens, por especialistas escolhidos no nascimento ou por especialistas treinados e iniciados. No que diz respeito ao estado de transe, eu estaria interessada nas atitudes perante os vários níveis de controle e abandono corporal e seu risco para a pessoa em transe ou para os outros. Quanto aos poderes benéficos atribuídos ao transe, eu perguntaria o quão gerais ou específicos eles são considerados. Eu esperaria papéis de transe mais altamente especializados, mais senso de perigo no transe e benefícios atribuídos ao transe mais específicos e estritamente definidos onde o controle social pela grade e pelo grupo é mais intenso. Voltando ao diagrama do último capítulo, mudanças em direção ao zero deveriam permitir ao corpo uma gama mais ampla de expressões para uma gama menor de intenções. Seu abandono completo se torna disponível nessa direção.

Onde o transe não é visto como perigoso, mas sim como uma fonte benigna de poder e orientação para a comunidade como um todo, eu esperaria encontrar uma comunidade muito pouco estruturada, fronteiras entre grupos tendo pouca importância, categorias sociais indefinidas ou controle distante porém regras impessoais fortes. Considere, por exemplo, o relato de Calley (1965) sobre as seitas de indianos ocidentais em Londres. A regra de limitar a comparação a pessoas que interagem no mesmo campo social sem dúvida permitiria que eu comparasse suas técnicas corporais de expressão com pentecostais em Trinidade ou na Jamaica, onde eles compartilham uma tradição cultural. Mas eu também poderia ser capaz de compará-las com os trabalhadores do setor de transportes e outros com quem eles interagem, seja no trabalho, em bares ou durante trocas laborais em Londres. Calley conclui que a teoria da compensação para a pobreza e o sofrimento não explica o comportamento religioso dos indianos ocidentais, que eram materialmente mais ricos em Londres do que em seu país natal. No entanto, seu relato sobre essas igrejas pentecostais londrinas oferece uma imagem nítida das unidades sociais fluidas e em constante mudança às quais os indivíduos estavam tão frouxamente ligados. Um pastor fundador de uma nova Igreja teve a dura tarefa de manter uma congregação estável. Rivalidades facilmente levavam à divisão em dois ou mais grupos. A estabilidade temporária de seus locais de encontro (ibidem, p.107) correspondia aos laços temporários dos indivíduos com seus trabalhos (ibidem, p.140). Calley implicitamente tece uma comparação com as tendências à fissão e à fusão em sociedades primitivas. Mas simplesmente compararei seu estado de fluxo social com as alianças estáveis dos londrinos entre os quais eles viviam. Para os pentecostais, como o nome sugere, a maior dádiva do Espírito Santo é o dom das línguas, que proporciona vislumbre, clarividência e cura. Mas, paradoxalmente, o dom das línguas é reconhecido por meio de um tagarelar de aleluias completamente inarticulado. Quanto mais inarticulado o falante, maior a prova de que ele está inconsciente e sem controle sobre o que lhe está sendo transmitido. A falta de articulação é considerada uma evidência da inspiração divina. O mesmo pode ser dito sobre o "dançar no Espírito", o girar, o empinar, o tremor e o estremecimento involuntários, considerados um sinal de benção (ibidem, p.80-1).

Imagino que os ingleses nesse mesmo ambiente passem suas manhãs de domingo polindo o carro, aparando o jardim e a floreira com esmero ou repetindo corretamente o pai-nosso em uníssono. Comparados com esses ingleses, esses indianos ocidentais são fracamente estruturados em diversos sentidos. Seus grupos são mal definidos; eles não têm procedência comum de um único país de origem, nenhuma organização em comum; suas categorias sociais são fracamente formadas entre eles, sua lealdade a agrupamentos locais é indeterminada; em relação aos outros habitantes de seu ambiente londrino, eles possuem poucos contatos próximos ou permanentes com os representantes do poder e da autoridade. Há poucos professores escolares, policiais e assistentes sociais que são indianos ocidentais. Em contrapartida, os não indianos ocidentais com quem eles entram em contato de forma um pouco mais que casual são mais claramente categorizados e possuem vínculos mais permanentes com seus trabalhos e casas, além geralmente ter uma relação mais segura com as fontes de controle. Em minha tese, espera-se que os indianos ocidentais de Londres favoreçam mais as formas simbólicas de falta de articulação e dissociação corporal do que os londrinos com quem eles interagem. A religião deles não é uma compensação, mas uma representação adequada da realidade social que eles vivenciam. Para que essa correlação geral entre as formas sociais e corporais de controle seja uma ideia útil, deve ficar claro que ela não prediz nada sobre a ocorrência de estados de transe fisiologicamente definidos. Trata-se de uma previsão sobre atitudes referentes à dissociação corporal, e, ainda que as atitudes possam ser analisadas pelo etnógrafo, o grau de dissociação corporal deve ser considerado, em primeira instância, como um construto da cultura local. Seria inconsistente com todo o argumento sobre a experiência corporal culturalmente condicionada se parecesse que estamos afirmando algo absoluto sobre o lugar do transe na religião. O que estou dizendo é que as possibilidades plenas de se abandonar o controle consciente só estão disponíveis à medida que o sistema social relaxa seu controle sobre o indivíduo. Isso tem várias implicações para a abordagem da privação com relação ao comportamento religioso, pois os movimentos religiosos que assumem essa forma estão expressando solidariedade social sem diferenciação: a questão de saber se esse estado ocorre ou não em decorrência da privação deve ser considerada separadamente em cada caso.

Podemos acrescentar esse caso a outras faixas de comportamento simbólico em que a tendência a replicar a situação social é observada. Van Gennep (1960) foi o primeiro a discernir a forma comum de todas as cerimônias de transição. Onde a transferência de um *status* social ao outro precisar ser expressa, ele observou como símbolos materiais de transição eram inevitavelmente utilizados e como o próprio rito assume a forma de separação preliminar e reintegração na comunidade. Como isso se aplica transversalmente às fronteiras culturais, trata-se de uma forma simbólica natural. Em um âmbito mais profundo, a experiência social da desordem se expressa por meio de símbolos de impureza e perigo poderosamente eficazes. Recen-

Símbolos naturais

temente afirmei que a piada é outro desses símbolos naturais (DOUGLAS, 1968c). Sempre que em uma situação social o domínio estiver sujeito a subversão, a piada é a expressão natural e necessária, uma vez que a estrutura da piada se assemelha à estrutura da situação. No mesmo sentido, afirmo aqui que uma estrutura social que requer um alto grau de controle consciente encontrará seu estilo em um alto nível de formalidade, aplicação rígida da regra da pureza, crítica ao processo orgânico e cautela com relação a experiências em que se perde o controle da consciência.

Um amigo, criticando a primeira versão desse argumento, me repreendeu por tentar colocar Freud de ponta-cabeça. De fato, estou insistindo que a imagem social que o corpo carrega deve ser reconhecida. Isso não reverte ou subtrai nada da teoria psicanalítica, e sim expande a perspectiva social na qual ela se situa. A psicanálise leva em conta um campo social muito restrito. Ela faz dos parentes e irmãos o enquadramento no qual todas as relações subsequentes são alocadas. A restrição lhe dá grande elegância e poder teóricos. Mas é difícil estender suas categorias, de modo controlado, à experiência mais ampla da sociedade. Aqueles que tentaram uma macroaplicação da teoria psicanalítica às nações e culturas podem interpretar de forma tão imaginativa quanto desejarem; qualquer outra pessoa é livre para propor um diagnóstico contrário dos mesmos acontecimentos. A grade e o grupo estão disponíveis como ferramentas para descrever, de forma mais controlada, o modo como pressões sociais chegam a um indivíduo e estruturam sua consciência. A distância vertical entre zero e o conjunto de classificações mais coerente oferecido por sua cultura é a gama de sublimação possível dentro dele. A extensão da esquerda à direita no diagrama corresponde às possibilidades de frustração para aqueles com o menor número de opções. Uma sociedade aglomerada no quadrante direito, com forte pressão cara a cara e baixa classificação, continuará alimentando os ciúmes de infância entre irmãos. O grupo forte e a grade forte trabalhando juntos preservarão a força da autoridade paterna. Seria interessante colocar as psicoses clássicas no diagrama. Mas isso é digressão.

O maior fardo deste capítulo é tratar do tópico que dá título ao livro. Símbolos naturais não serão encontrados em itens lexicais individuais. O corpo físico só pode ter significado universal enquanto um sistema que responde ao sistema social, exprimindo-o como sistema. Aquilo que ele simboliza naturalmente é a relação entre as partes de um organismo e o todo. Símbolos naturais podem exprimir a relação entre um indivíduo e sua sociedade no nível sistêmico geral. Os dois corpos são o eu e a sociedade: algumas vezes eles estão tão próximos que quase se fundem; algumas vezes estão distantes. A tensão entre eles permite a elaboração de sentidos.

6
Casos de teste

Durante uma fase de sua vida, quando tinha se desobrigado dos laços sociais, Simone Weil (1951) reprovou os antigos israelitas por seu respeito a regras, pelo legalismo dos sacerdotes e pela rejeição dos cultos ao mistério dionisíaco. Mas, para ela, era muito fácil criticar. Seria impossível para os líderes de uma nação ocupada, mas que ainda resistisse, adotar uma forma efervescente de religião. Esperar que eles parassem de pregar uma moralidade sexual rígida, um controle vigilante das fronteiras corporais e o correspondente culto religioso seria pedir que desistissem da luta política. Desde que estivessem decididos a isso, a opção de adorar a Deus com vinho, música e dança estava tão aberta para eles quanto a opção de fazer um rígido compromisso religioso estava aberta para a própria Simone Weil quando ela afrouxou seu compromisso com a sociedade.

O princípio da replicação simbólica de um estado social nos leva a uma visão diferente dos movimentos revivalistas entre os pobres e oprimidos. A teoria da compensação os explica de forma muito simplista, fazendo referência ao sofrimento físico e à privação de direitos civis e econômicos. Ela então desco-

Mary Douglas

bre que essa explicação não cobre a multidão de mulheres bem de vida que muitas vezes predominam nesses movimentos. E aí ela se volta para a frustração sexual. Na passagem seguinte, Norman Cohn adota uma abordagem freudiana simples para explicar o elemento feminino em movimentos milenaristas:

[...] frustração emocional em mulheres abastadas, mas sem função social ou prestígio. Ao longo da história do cristianismo, essa situação contribuiu para a ascensão de movimentos revivalistas e o faz ainda hoje. O ideal que tal movimento estabelece para si parece depender principalmente de fatores pessoais – em primeiro lugar, da personalidade do profeta, que interessará apenas a certos tipos de mulheres. O milenarismo antinomiano e erótico dos Irmãos do Livre Espírito, entretanto, aponta para uma possibilidade recorrente. [...] Movimentos semelhantes ocorrem em sociedades nas quais a vida sexual é menos guiada pela culpa do que geralmente é o caso na cristandade? (COHN, 1962, p.41)

A resposta é sim: a tendência a celebrar a promiscuidade sexual não é uma resposta à opressão; é mais provável encontrá-la onde a repressão é menos evidente. Cohn também menciona, como causas alternativas, a opressão política e catástrofes repentinas (ver Capítulo 9 a seguir).

Minha explicação para o revivalismo religioso efervescente é mais metódica, uma vez que ela utiliza apenas uma hipótese para prever sua ocorrência tanto entre os pobres e destituídos quanto entre as mulheres das classes ricas e privilegiadas, bem como seu provável desenvolvimento após catástrofes. Em todos os casos, é a falta de uma articulação social forte, o relaxamento da grade e do grupo, que leva as pessoas a procurar, no relaxamento do controle corporal, formas de expressão apropriadas. É assim que as bordas da sociedade exprimem sua marginalidade. Basta dizer que a experiência de certo tipo de estruturação da sociedade é expressa de determinada maneira, sem invocar o princípio da privação, que gera distrações emocionais. Quanto à autoridade estabelecida, sua área da estrutura social é o território selvagem do qual surgem profetas e novos cultos. A coletânea de ensaios *Spirit Mediumship and Society in Africa* [Mediunidade espiritual e sociedade na África] (BEATTIE; MIDDLETON, 1969) é uma mina farta de exemplos. Robin Horton defende exatamente essa ideia em sua contribuição sobre as principais variedades de possessão espiritual na religião kalabari. Ele contrasta a possessão por espíritos maiores e aquela por espíritos menores.

A possessão pelos espíritos maiores está sujeita ao escrutínio e controle públicos, que desencorajam qualquer afastamento de um conteúdo tradicionalmente prescrito. Sua principal relevância é lembrar as pessoas, às vezes em intervalos recorrentes, às vezes em tempos de crises coletivas, da presença e dos atributos dos espíritos, assim como dos valores que eles apoiam. Sua configuração geral deixa pouco espaço para a inovação individual por parte do médium. A possessão por espíritos da água menores, por outro lado, praticamente não sofre escrutínio e controle públicos. Ainda que também sirva para lembrar as pessoas da presença e dos atributos dos espíritos, ela possui um leque mais amplo de significados. Dessa forma, ela oferece meios de ajuste pessoal para aqueles cuja posição atribuída na sociedade lhes é excessivamente cansativa. Ela também é uma oportunidade para as artes narrativa e dramática. Por fim, ela oferece um meio para a propagação de novas ideias sobre o mundo. Em todos esses contextos, a marca da inovação individual é muito evidente.

Essas diferenças, creio eu, podem ser explicadas de forma razoavelmente rápida. Antes de mais nada, doutrinas relacionadas aos heróis fundadores e aos espíritos da água maiores locais ocupam um lugar central na visão de mundo da comunidade. Elas simultaneamente interpretam, validam e indicam meios para a perpetuação da ordem social e ecológica estabelecida. Qualquer mudança em tais doutrinas é uma grave ameaça em potencial à ordem estabelecida das coisas. Portanto, há um escrutínio público contínuo para assegurar que nenhuma mudança do tipo aconteça. Visto que a possessão por espíritos maiores fornece lembretes e exemplos dramáticos dessas doutrinas, ela deve ser incluída no escrutínio.

Doutrinas relacionadas aos espíritos da água menores são, em contrapartida, relativamente marginais para a visão de mundo da comunidade. Coletivamente, é verdade, esses espíritos menores desempenham um papel importante na explicação das peculiaridades dos percursos de vida individuais. Mas cada espírito só está envolvido com alguns indivíduos. De novo, esses espíritos menores são, por definição, os proprietários de riachos distantes com os quais a comunidade, na prática, não se preocupa. Portanto, espíritos específicos de uma classe não são importantes nem para a comunidade como um todo nem para nenhuma parcela significativa dela. Desse modo, doutrinas referentes a eles estão livres do escrutínio e controle enfrentados pelas doutrinas referentes aos espíritos maiores. E essa liberdade se estende à possessão por eles.

Uma das consequências é que a possessão por espíritos da água menores fica prontamente sob influência de uma miríade

Símbolos naturais

de desejos e necessidades para além daqueles referentes à explicação, previsão e controle do mundo. Dessa forma, ela fica presa à batalha para encontrar um modo de contornar atribuições incompatíveis de *status* e, de novo, ao esforço para elaborar formas de arte narrativa e dramática. Outra consequência é que o "portador" individual está livre para fazer sua contribuição pessoal ao conteúdo da possessão: uma liberdade que tem sido amplamente explorada em ambos os contextos.

Essa liberdade também faz da possessão por espíritos da água menores um canal promissor de inovações da crença e da doutrina, que pode eventualmente ganhar importância na comunidade como um todo. Uma vez que as declarações desses espíritos na cabeça de seus portadores estão praticamente livres do controle e escrutínio públicos, elas podem servir como veículo para novas ideias, as quais seriam refutadas ao nascer se viessem de um dos espíritos maiores. Recordem-se como, durante as primeiras conversões ao cristianismo, foi um espírito da água menor que saiu pedindo às pessoas que se afiliassem às igrejas porque o tempo do *oru* havia chegado ao fim.

Por meio da mesma liberdade, é possível, inclusive, que esses espíritos marginais ofereçam o material para a renovação e a readaptação do próprio núcleo da visão de mundo da comunidade. Não temos muitas evidências disso, mas um caso aponta nessa direção. Trata-se do caso do espírito transportado por um dos dois homens em nossa amostra de pessoas possuídas pelo "*oru* das mulheres". Esse espírito foi inicialmente anunciado como o proprietário de um riacho distante, longe da esfera de interesse e de operação da comunidade. Depois, ele se anunciou como comandante das águas locais, que agia em conjunto com o espírito da água estabelecido, Duminea. Durante uma visita da equipe de prospecção da Shell, ele assumiu a responsabilidade pelos recursos petrolíferos dos riachos vizinhos; quando foi encontrado petróleo, a comunidade deu a ele o crédito pela descoberta. Já há algum tempo, a comunidade está à beira de tratá-lo como um objeto de culto público. Tendo esse caso em mente, podemos nos voltar mais uma vez para alguns dos mitos que contam como os heróis das aldeias originalmente vieram do mundo das pessoas da água para viver com os homens. Já forneci uma interpretação intelectualista para tais mitos, mas parece possível complementá-la com uma interpretação mais histórica (ainda que altamente especulativa): a de que os heróis, e outros espíritos maiores, foram originalmente introduzidos à comunidade como espíritos da água menores na cabeça das pessoas *oru kuro*; e a de que eles ficavam incubando nos bastidores até que, em algum momento de agitação social e mudança que exigia novos conceitos interpretativos, surgiram para fazer reivindicações grandiosas para si. Em outra ocasião, descrevi como, no passado, os kalabari se livraram de espíritos que pareciam não ter mais utilidade para a comunidade. Aqui podemos encontrar uma pista de como eles arranjaram novos espíritos para si com o intuito de enfrentar novos desafios ao seu modo de vida. (HORTON, 1969, p.45-7)

Durante sua Malinowski Lecture sobre *Spirit Possession* [Possessão espiritual] (1966), Ioan Lewis aplica a útil distinção entre o culto principal da moralidade e os cultos periféricos: ele considera que as pessoas que são periféricas ao foco de poder e autoridade centrais tendem a ser possuídas por espíritos que são periféricos ao panteão principal e cuja moralidade é dúbia. Assim, a alocação de poderes espirituais reflete a localização das pessoas ao longo da dimensão do centro até as margens. Mulheres se sujeitam aos maridos, servos aos mestres, de fato, qualquer um em estado de sujeição constitui sua categoria do periférico. Por falta de uma hipótese para o motivo pelo qual essas pessoas deveriam tender a cultos de dissociação corporal, o argumento desliza de forma insidiosa para a privação como explicação e forma de reconhecer os cultos periféricos de possessão. Mas e quanto ao irlandês do pântano de Londres? O argumento é incapaz de lidar com os muitos casos de pessoas que são óbvia e conscientemente desprovidas e ainda assim não reagem da forma prevista.

Não é por acaso que as mulheres com frequência formam a maior parte dos afiliados a grupos de possessão. A divisão social do trabalho envolve as mulheres de forma menos profunda do que os homens nas instituições centrais – políticas, legais, administrativas etc. – de sua sociedade. Elas estão, na verdade, sujeitas ao controle. Mas a gama de controles que elas vivenciam é mais simples, menos variada. Mediadas por menos contatos humanos, suas responsabilidades sociais são mais confinadas à dimensão doméstica. As decisões que elas tomam não têm repercussões em uma vasta gama de instituições. A rede de suas relações sociais, ainda que as amarre de forma suficientemente eficaz, possui uma tessitura mais solta. Suas relações sociais certamente contêm pressões menos pesadas do que aquelas que também são institucionais em termos de alcance. Essa é a condição social que elas compartilham com escravos e servos. Seu lugar na estrutura pública de papéis sociais é claramente definido em relação a um ou dois pontos de referência, digamos, em relação ao marido e ao pai. Quanto ao restante de sua vida social, ela ocorre em um nível relativamente desestruturado e interpessoal, com outras mulheres (no caso das mulheres) ou com outros escravos e servos (no caso de escravos e servos). É claro que eu estaria errada se dissesse que a rede de relações que uma mulher possui com as outras é desestruturada. Um padrão delicado certamente prevalece. Mas sua relevância para a sociedade no geral é menor do que a relevância das relações entre os homens no sistema de papéis sociais. Uma desavença entre mulheres não tem, de forma alguma, as mesmas repercussões que uma desavença entre seus maridos. Se elas quiserem dar às suas relações sociais entre si uma estruturação mais central, elas só podem fazê-lo envolvendo homens. Seus vínculos umas com as outras só são tão fortes quantos os vínculos entre os homens aos quais elas estão ligadas. Mulheres, servos e escravos (especialmente escravos libertos) estão inevitavelmente fixados à estrutura central da sociedade apenas de maneira fraca. Um pequeno revés pode causar danos mais irrevogáveis a eles do que àqueles cujos vínculos mais complexos oferecem uma melhor oportunidade de recuperação. São poucas as suas opções. Eles vivenciam uma grade forte. Por conseguinte, estão suscetíveis a movimentos religiosos que celebram essa experiência. Diferentemente daqueles que internalizaram as classificações da sociedade e que aceitam suas pressões como auxílios para concretizar os significados que elas proporcionam, essas classes são periféricas. Elas exprimem sua independência espiritual na forma prevista, por meio de uma aparência mais desgrenhada e bizarra e de um abandono de controle mais rápido.

    Não desejo me enveredar na diferença entre a indumentária feminina e masculina para exprimir essa diferença, porque funções sexuais são um complicador. Em vez disso, considere

Símbolos naturais

a aparência característica dos profetas. Eles tendem a surgir em áreas periféricas da sociedade e a ser indivíduos desgrenhados, desleixados. Eles exprimem em seu corpo a independência diante das normas sociais, inspirados por suas origens periféricas. Não é por acaso que São João Batista vivia no deserto e vestia pele ou que os profetas nueres tinham barba e cabelo longo de uma maneira que os nueres geralmente achavam desagradável. Em toda parte, ser socialmente periférico tem as mesmas formas físicas de expressão, bizarras e não aparadas.

É necessário nos lembrarmos o tempo todo de que estamos lidando com tempos distantes e lugares remotos apenas para entendermos a nós mesmos. A regra *ceteris paribus* me permite usar um exemplo mais local. Observar que Lloyd George usava o cabelo longo e solto só é relevante à medida que seu cabelo era mais longo e estava mais solto do que o dos outros membros de seu gabinete, e não que ele era mais longo do que o dos Cabeças Redondas ou mais curto do que o dos monarquistas dois séculos antes. É extremamente interessante que a opinião de dois contemporâneos sobre esse primeiro-ministro de cabelo longo claramente o coloca lado a lado com outros profetas periféricos. Alega-se que ele nunca teria chegado ao poder se não fosse o caos nacional do entreguerras em 1916 e que apenas crises recorrentes de grande magnitude o mantiveram no poder até 1922. Mesmo na cena política, ele devia sua promoção a uma "revolta dos grumetes" (TAYLOR, 1970, p.189), uma frase que sugere uma abdicação desesperada da razão e do controle para alguém oriundo das margens. Ele foi o único político que aposentou muito mais rico do que quando começou. A irregularidade de sua vida pessoal não é nenhum segredo. O culto central da moralidade também não era segredo para ele. Quando fazia discursos, ele tremia e pingava suor como se a inspiração divina estivesse sobre ele. Keynes, que o viu na Conferência de Paz de Paris em 1919, escreveu:

> Como posso transmitir para o leitor que não o conhece uma imagem justa dessa extraordinária figura dos nossos tempos, essa sirena, esse bardo com pés de bode, esse visitante meio humano de nossa época vindo da floresta encantada e cheia de magia da antiguidade celta? Sente-se em sua presença aquele sabor de ausência de propósito final, de responsabilidade interna, de existência fora ou distante do nosso bem e mal saxões, misturados com astúcia, ausência de remorso e amor ao poder, proporcionando fascinação, encanto e terror aos belos mágicos do folclore do norte da Europa. (KEYNES, 1933, p.36-7)

Essa é uma descrição comovente de um líder-profeta periférico que coincide de forma muito próxima aos exemplos etnográficos em termos de aparência, moralidade e origem social. Tendo-a ilustrado, tentarei testar agora minha hipótese de forma mais rigorosa. Ela requer que povos que compartilham uma cultura comum e que diferem radicalmente em termos da organização social ao longo das dimensões especificadas apresentem as variações previstas no comportamento religioso. Se eu me concentrar nas variações nos termos do diagrama original, tentarei contrastar diferentes padrões possíveis no quadrante superior direito. Procurarei contrastar controles mais fracos e mais fortes em termos de grade e grupo. A título de ilustração, compararei os nueres e os dincas, duas tribos nilóticas vizinhas radicalmente diferentes em aspectos cruciais do comportamento religioso. Entre os dincas ocidentais, o estado de transe é tratado positivamente como um culto central, a fonte de bênçãos e força. Entre os nueres, o transe é perigoso. Procurarei variáveis sociais objetivamente definíveis que expliquem a diferença.

Essas tribos vizinhas de pastores que invadem umas às outras, capturam-se e se escravizam mutuamente e falam línguas nilóticas afins são organizadas com base em linhagens agnadas. Os nueres foram observados em uma série de visitas curtas por Evans-Pritchard, e relatos publicados sobre eles são bastante completos atualmente. Antes de escrever um extenso volume sobre a religião nuer, Evans-Pritchard produziu monografias descrevendo sua ecologia, instituições políticas, parentesco e casamento; enquanto essas obras estavam sendo produzidas, ele também publicou inúmeros artigos mais curtos sobre diversos aspectos da vida desse povo. Pode-se imaginar que o problema que seu pupilo enfrentou como etnógrafo dos dincas era delicado e complexo. Em primeiro lugar, poderia ser entediante narrar detalhadamente uma crônica paralela sobre os dincas, observando onde suas práticas coincidiam com as dos nueres e onde divergiam. Em segundo lugar, tal projeto não abriria espaço para a perspectiva particular de um jovem rapaz, vendo a cultura a partir do ombro, por assim dizer, do seu professor. Essa perspectiva pode lançar luzes sobre diferentes aspectos, pode ser mais profunda e, ainda assim, ser perfeitamente compatível com o trabalho feito anteriormente sobre os nueres. Por outro lado, descobertas sobre como as instituições dincas funcionavam podem gerar uma situação embaraçosa na qual um amigo, o outro ou ambos descobrem que seu trabalho contradiz as descobertas do outro. A tal complexidade de sensibilidades podemos atribuir as várias ênfases e omissões nos estudos de Godfrey Lienhardt sobre os dincas.

No que diz respeito às pressões ecológicas e às instituições políticas, ele adotou a alternativa de resumir de forma bastante abrangente as diferenças entre os dois povos (1958). No que tange a estrutura familiar, incesto, exogamia e casamento, ele adotou a solução da omissão. No que concerne à religião, ele adotou sua própria perspectiva original, levando a interpretação do comportamento simbólico a níveis profundos e inéditos. Meu enigma sobre a experiência social dos nueres e dos dincas ser ou não diferente de um modo que explicaria a diferença entre suas ordens simbólicas se complica, portanto, pela falta de informações detalhadas sobre regulamentações matrimoniais. Levando em consideração o padrão do restante de seu comportamento simbólico e social, arriscarei o palpite de que os dincas obedecem a regras sobre incesto e exogamia menos estritas e abrangentes e são menos consistentes no uso do padrão de transferência de gado para definir as categorias de relações sexuais permitidas e proibidas.

Mas, primeiramente, deixe-me introduzir o contraste no nível simbólico, no que diz respeito às atitudes deles com relação à possessão espiritual. Os nueres a veem como algo perigoso. Evans-Pritchard afirma: "A captura de um homem por um espírito pode ser temporária ou permanente. Quando ela é permanente, a pessoa possuída se torna um profeta [...]" (1940a). Doenças geralmente são atribuídas à possessão individual temporária: sacrifícios são feitos para o espírito a fim de apaziguá-lo, e a vítima, uma vez curada, deve continuar a fazer sacrifícios "para fazer com que ele saiba que ela não o esqueceu. Caso contrário, ele pode causar problemas de novo". O processo de cura, além do sacrifício, inclui uma sessão com canto, batuque, chocalhos e palmas até que alguém próximo à vítima seja possuído. No caso descrito a seguir, é o pai do homem doente que se torna um meio pelo qual se manifestam as demandas do espírito. Eu cito:

> Enquanto o canto, os chocalhos e as palmas continuavam, Rainen começou a se contrair e a tremer dos pés à cabeça e, então, subitamente saltou no ar e caiu no chão da cabana, onde permaneceu rijo como se em um paroxismo. Depois de ficar tenso e prostrado durante algum tempo, ele se sentou, mas, logo depois, caiu de novo. Em seguida, durante cerca de quinze minutos, ele se jogou freneticamente pela cabana, contorcendo-se em espasmos, como se estivesse agonizando. Ele me lembrou uma galinha que teve a garganta cortada ao modo muçulmano e que é jogada no chão para morrer. Se as pessoas ao redor não tivessem amortecido a maior parte de suas quedas, ele teria se machucado. De fato, ele se queixou comigo no dia seguinte de dor nos braços e nas pernas. De vez em quando ele latia como um cachorro. Ao descrever esses espasmos, os nueres dizem que o espírito luta com o homem que ele possui. (EVANS-PRITCHARD, 1956, p.36)

Observe que a circunstância de um espírito possuir um homem é inicialmente reconhecida pela doença deste último: no próximo estágio, ele possui outra pessoa com quem luta violentamente, antes de revelar seu nome e demandar oferendas. Então, após árdua negociação, o espírito é persuadido a ir embora. A sessão está sob responsabilidade de um profeta cujo estado de possessão é permanente. E observe a estranha imagem de um profeta nuer (ibidem, ao lado da p.306) que mostra o cabelo e a barba descuidados, "ambos repreensíveis para os nueres comuns". Seus profetas se localizam fora da estrutura da sociedade nuer normal. Um profeta que é inspirado por um espírito deve nomeá-lo,

> o que o caracteriza como seu espírito particular, distinguindo-o dos espíritos de outros profetas de sua vizinha, que são seus rivais por reconhecimento e influência; pois o vínculo aqui é com indivíduos que o fortalecem por meio de seguidores pessoais, e não, ao menos não principalmente, com grupos sociais. (ibidem, p.117)

Nessa medida, eles reforçam minha tese de que o controle corporal tende a ser afrouxado onde o controle social é fraco. Os profetas nueres têm uma aparência estranha e desleixada; eles operam fora da estrutura social normal, competindo entre si por influência em uma dimensão social própria e distinta da oposição equilibrada dos segmentos das linhagens. De acordo com os valores nueres normais, os profetas possuem padrões morais diferentes. Eles são gananciosos, ávidos e excêntricos. Eles curam doenças causadas por espíritos e cobram o preço em gado a ser dedicado aos espíritos. O gado dedicado aos espíritos representa transferências que restringem o fluxo de riqueza por meio dos canais seculares do dote e das compensações. Na verdade, apesar de profetas individuais se saírem razoavelmente bem no que é sua vocação, os espíritos são nitidamente um incômodo para os nueres no geral, que gostariam da ajuda deles, mas também que eles se mantivessem longe.

Para resumir, usando os termos de Ioan Lewis, a possessão espiritual não faz parte do culto principal da moralidade dos nueres, e sim de um culto periférico, ao passo que, entre os dincas, uma forma benigna de possessão espiritual se encontra no centro de sua religião e não possui nenhum desses atributos.

Os clãs dincas dos mestres do arpão e os dos guerreiros estão ligados por meio da descendência e da política, sendo os primeiros especializados em rituais e os últimos em liderança política, produzindo uma dualidade de poder equilibrada (LIENHARDT, 1958, p.118-9).

> A liderança, em qualquer segmento político dinca, necessariamente envolve a presença de duas classes ou categorias diferentes de clã, os guerreiros e os mestres do arpão, que possuem *status* iguais e complementares. [...] Os mestres dincas do arpão de pesca não são meramente agentes rituais que apaziguam brigas quando ambas as partes assim o desejam; eles não se encontram, como é geralmente o caso dos chefes nueres da pele de leopardo, do lado de fora da estrutura de grupos agnados com os quais os grupos políticos se identificam em suas relações mútuas [...].
> (ibidem, p.130-1)

É desnecessário dizer que não há possibilidade de os mestres do arpão serem desgrenhados, imorais, gananciosos, estranhos ou ávidos. Eles não operam fora da estrutura social, e sim como uma parte normal dela.

Quanto à sua ideia de espírito, os dincas, em seus rituais, estão mais dispostos a esperar que algo bom resulte do abandono completo de si neles. Cada clã possui suas próprias divindades, mas os clãs dos mestres do arpão reconhecem coletivamente a divindade Carne, palavra que vem dos espasmos da carne depois que um animal morto em sacrifício tem sua pele removida, o que faz que ela pareça ter vida própria (LIENHARDT, 1961, p.136-7). A divindade Carne está particularmente presente no tremor das pernas e das coxas no início da possessão. Ela se assegura que o homem que fala em virtude da possessão diga a mais absoluta verdade. Carne significa retidão e justiça. Para minha comparação geral, é importante notar que os dincas que são possuídos por outras divindades menores o fazem de forma "histérica" e se encontram em perigo (ibidem, p.57 et seq., 137), enquanto o tremor dos mestres do arpão em ritos sacrificiais são sempre mais controlados e seguros. Dessa forma, os dincas possuem dois níveis de descontrole corporal, associados de modo apropriado ao centro e à periferia da sua religião, ao centro e à periferia de suas categorias sociais.

A atitude nuer perante a possessão é a de que ela é perigosa durante a primeira fase e produz um papel especializado e anormal durante a segunda fase, um papel cuja tarefa especializada é neutralizar os perigos da primeira fase da possessão. (A diferença entre essas fases foi desenvolvida por Ioan Lewis em um artigo sobre bruxaria e possessão espiritual.) A postura dinca é a de que o transe é a principal manifestação do poder benigno não especializado. Ele não está restrito a um papel especializado no sentido de precisar de uma iniciação especial, por meio de doença, ascetismo ou treinamento; ele está aberto a todos os adultos do sexo masculino do clã e é, em geral, vivenciado por todos eles.

Acredito ter resumido corretamente um viés religioso diferente nas duas culturas tribais. Ao contrastar os profetas nueres e os mestres dincas do arpão, posso enfatizar o valor diferente dado à dissociação corporal. Os profetas nueres têm uma função especial na guerra: a de compor hinos e estimular os guerreiros. Seu papel não é análogo àquele dos mestres do arpão entre os dincas, cujos clãs são especializados em religião em justaposição aos clãs guerreiros. O verdadeiro análogo do mestre do arpão dinca entre os nueres é o sacerdote da pele de leopardo. Em certas linhagens nueres, uma "virtude sacerdotal" é transmitida aos seus membros (EVANS-PRITCHARD, 1956, p.292-3), a qual consiste em um poder que possui eficácia para amaldiçoar, abençoar e realizar sacrifícios em determinadas ocasiões. A mesma palavra é utilizada em ambas as línguas para descrever a fonte desse poder, *ring*, que quer dizer carne. Parece que, em algum momento de seu desenvolvimento, as linhagens sacerdotais nueres também estavam simetricamente justapostas às linhagens seculares, em um padrão similar ao dos dincas (ibidem, p.293). Entre os dincas, a Carne é a principal divindade, cujo culto descrevemos. É um culto de dissociação física, e os atributos da carne são eterizados em qualidades intelectuais e morais. Os sacerdotes nueres invocam "o espírito da nossa carne [...] que se refere à fonte espiritual do poder sacerdotal" (ibidem, p.109). Ainda que o conceito de carne dos nueres fosse muito próximo ao dos dincas – e isso apesar das muitas conotações de *ring*, carne, com o que é físico em comparação a outros aspectos da vida (ibidem, p.55, 154, 159) –, a proeminência e a centralidade muito maiores da possessão sacerdotal como canal do poder divino entre os dincas ainda distinguiriam sua religião da dos nueres. Independentemente de quão grandes forem as dificuldades de análise, permanece a questão de dois povos vizinhos, com duas línguas relacionadas, histórias relacionadas e instituições políticas distintas, frequentemente em guerra entre si, terem dado ênfases diferentes ao uso do modo corporal.

O cosmos nuer parece mais racional e regulador. A ligação que eles estabelecem entre a doença e o pecado é tão próxima que, embora não acreditem em mau-olhado e no trabalho de fetiches e fantasmas, eles "geralmente parecem acreditar que o sofrimento se deve a alguma falha por parte deles" (ibidem, p.21, 22, 176). Falhas morais, inerentes à natureza do homem, tendem a se acumular e a predispor ao desastre (ibidem, p.193). Apesar de eles acreditarem na sorte, ela não intervém como uma explicação para o infortúnio (ibidem, p.195). O elemento capricho possui pouca importância em suas ideias cosmológicas. Não há choques ou surpresas inexplicáveis no universo deles. Em caso de morte, seu luto é silencioso, não ostensivo, já que isto poderia dar a impressão de que Deus não tinha o direito de fazer o que desejasse com eles. Sua visão geral da humanidade e do seu destino é pessimista. Apesar de escrever sobre sacrifícios para evitar desastres naturais, Evans-Pritchard diz que os nueres não são muito interessados nem nutrem esperanças com relação à eficácia dos ritos para mudar sua sorte quanto à caça, à agricultura ou às estações. "Os nueres preferem voltar os olhos para dentro, para o pequeno mundo social fechado no qual vivem, eles e seu gado. Seus sacrifícios dizem respeito a crises morais e espirituais, não naturais" (ibidem, p.200). Os nueres se preocupam muito mais que os dincas com a poluição automática. Eles reconhecem classes de transgressões que acarretam infortúnio automático. O incesto é uma dessas classes; o adultério, o desrespeito à família do cônjuge e o homicídio são outras. Para cada classe de transgressão é imputada uma classe particular de doenças. O incesto produz doenças de pele; o adultério aflige o marido traído com dores na região lombar, e por aí vai. Uma maior variedade de infortúnios pode recair sobre o homem que mostra seus genitais na presença da família da esposa ou que bebe água depois de derramar sangue humano antes da purificação. A maior parte dos sacrifícios nueres é feita como reparação a uma dessas transgressões, consideradas causas de doenças. Essa é uma área de propensão ao tabu na religião nuer, a qual diverge de sua aversão geral a fetiches, amuletos e feitiços. Mas nessas duas áreas de sua vida – regras matrimoniais e lealdade local em combates –, as restrições sociais são fortemente sentidas. O adultério, o casamento e o homicídio são as principais ocasiões para a transferência de gado, e os nueres possuem menos gado do que os dincas. Essas transgressões tidas como automaticamente perigosas exprimem relações sociais nas quais os nueres sentem mais fortemente as restrições da vida em sociedade.

Em contrapartida, os dincas parecem muito menos propensos à poluição ou a tabus. No livro de Lienhardt, há menos ênfase sobre a religião dinca no que concerne ao elemento expiatório em sacrifícios. Isso poderia se dar por uma diferença de foco do observador. Mas não acho que seja o caso. Sem dúvida os dincas parecem ter uma visão de mundo mais otimista. Eles não esperam que o universo seja racional: "Os dincas estão em um universo que está em grande parte além de seu controle e no qual eventos podem contrariar a mais sensata das expectativas humanas" (LIENHARDT, 1961, p.54). Eles parecem muito menos cientes do pecado. Um elemento de capricho está claramente ligado ao infortúnio no seu conceito da intrigante divindade, Macardit. Ele representa

> a explicação final para os sofrimentos e infortúnios que não podem ser atribuídos a outras causas mais consoantes com as noções dincas da Divindade como justa. [...] Macardit dirige o fim das coisas boas, a inevitável e por vezes brutal redução da vida e da fertilidade humanas [...] uma divindade maligna especialmente associada às mulheres. (ibidem, p.81-3)

Portanto, o infortúnio não é frequentemente atribuído a falhas humanas. Seria a noção deles de morte menos filosófica e passiva do que a dos nueres? O que significa o fato de que eles não suportam falar sobre ela e enterram seus mortos sem olhar para a cova enquanto a cobrem de terra, virados de costas? (idem, 1962). E que qualidade distinta em suas crenças os leva a enterrar vivo seu mestre do arpão mais famoso a fim de encenar um tipo de triunfo social da vida sobre a morte (idem, 1961, p.318)? Diz-se que a promiscuidade sexual acompanha tal cerimônia. Não teriam os nueres, mais rígidos, tais momentos de orgia autorizada, em que os laços matrimoniais e as regras de incesto são desprezadas? Ou será que seu etnógrafo simplesmente não os registrou?

Deus, para os nueres, é perigoso (EVANS-PRITCHARD, 1956, p.177, 195-6, 198). Eles se sentem divididos entre um desejo de mantê-lo à distância e de tê-lo perto para ajudá-los. O deus dinca, como vimos, desce diretamente para possuir intimamente o corpo de seus adoradores. Ele evidentemente não está distante. Ele é perigoso? Continuo afirmando que não estamos lidando aqui com os vieses diferentes de dois etnógrafos que viram coisas parecidas de forma diferente. Pelo contrário, sua estreita associação lhes deu o mesmo viés, tão próximo quanto pode ser alcançado por uma observação escrupulosa. As diferenças são precisamente aquelas que anteciparíamos com base em pequenas diferenças na ecologia e na estrutura social resumidas por Lienhardt em *Tribes without Rulers* [Tribos sem governantes] (1958).

Primeiro, os dincas são aproximadamente quatro vezes mais numerosos que os nueres; eles vivem em locais mais densamente povoados. No mais, a maior parte dos assentamentos dincas se espalha pela savana em um arranjo contínuo; o senso deles de unidade local demarcada deveria ser mais fraco do que o dos nueres, que vivem em aldeias separadas durante a estação chuvosa e se concentram em grandes campos de gado durante a estação seca. O padrão de transumância dinca possui duas fases de congregação, uma durante a estação seca (seus assentamentos permanentes) e outra no auge da estação chuvosa. Quando

> as cheias reduzem a área disponível para o pasto, esses pequenos grupos (de campos de gado) se reúnem e convergem nos bons, mas escassos, pontos da vizinhança. Com o fim da estação chuvosa, os pastores de cada tribo se concentram em diversos campos subtribais. (LIENHARDT, 1958, p.100)

De forma mais relevante, os dincas falam sobre suas comunidades políticas em termos de campos de gado, e estes

> são mais fluidos em sua composição e menos fixos em suas relações espaciais entre si do que os assentamentos permanentes. [...] O território dinca estabelece limites menos rígidos para o movimento durante a estação chuvosa e para a expansão dos assentamentos do que boa parte das terras nueres o faz com seu povo. Essas diferentes condições ecológicas estão em consonância com algumas diferenças entre a segmentação política dos nueres e dos dincas. (ibidem, p.101)

Lienhardt segue descrevendo a teoria política dinca, a qual se baseia na premissa de que grupos se expandem, se segmentam e se separam uns dos outros. "Fissão e fusão não ocorrem dentro de um enquadramento genealógico único" (ibidem, p.104). A teoria política deles é uma teoria de expansão. Apesar da densidade populacional muito maior, trata-se de um sistema social móvel de um jeito que o dos nueres não é. "Eles veem a própria história como uma disseminação e separação de povos no terreno [...] uma noção que inclui a ideia de certa medida de liderança pessoal" (ibidem, p.118). O enquadramento político é mais confuso e mais fluido e as genealogias são mais confusas (ibidem, p.106) do que a dos nueres; as linhagens têm menos ordens de segmentação formal. Disso eu concluo que seria surpreendente se suas categorias para o incesto e o dote fossem tão rígidas quanto as do nueres. Os dincas reconhecem que são menos capazes de cooperação em larga escala contra inimigos comuns do que os nueres (ibidem, p.108). Esses fatos sugerem que é cabível situar os dincas mais longe do que os nueres ao longo das linhas decrescentes de grade e de grupo em direção ao zero. Seria surpreendente se a ideia de pecado formal dos dincas fosse supostamente mais desenvolvida do que entre os nueres, uma vez que esse povo se relaciona por meio de categorias menos inclusivas e que podem ser evadidas com mais facilidade. Eu não esperaria que técnicas de reconciliação e técnicas religiosas de coerção fossem tão bem desenvolvidas. Eu esperaria que os nueres fossem mais mágicos e voltados para tabus do que os dincas. As diferenças em suas estruturas sociais à luz da minha hipótese sobre o comportamento simbólico parecem justificar amplamente as diferenças nos relatos sobre suas religiões. Se fosse o contrário – e os relatos afirmassem que os dincas estão mais cientes do pecado, têm mais interesse em purificação e temem mais os perigos da possessão espiritual –, os padrões regulares aparentes em outros locais teriam sugerido um viés subjetivo. Mas o uso de dissociação

Símbolos naturais

corporal mais positivo e mais central na religião dinca se mostrou correlacionado às variáveis sociais previstas.

Para completar a demonstração, eu gostaria de incluir outra tribo nilótica, os mandari. De acordo com minha leitura da etnografia, eles apareceriam em um diagrama que mostra a força da grade e do grupo, como no Diagrama 5.

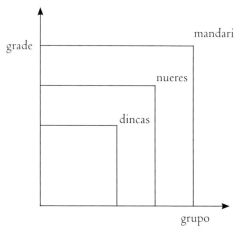

Para os mandari, grade e grupo são mais fortes; para os nueres, eles são mais fracos; para os dincas, grade e grupo são mais fracos do que para os nueres.
Diagrama 5 Três nilotas

O grupo, é claro, se refere a vários níveis possíveis de lealdade. Os mandari estão extremamente cientes do mais amplo:

> É de suma importância ter em mente [...] que a pequena população mandari em seu país minúsculo está cercada por inúmeros e poderosos vizinhos em vastos territórios, e também que a população mandari é ela mesma constituída por níveis de imigrantes dispersos em núcleos separados de proprietários de terra originais, novamente de vários tipos. (BUXTON, 1963b, p.49)

"O país mandari era composto por inúmeras pequenas chefaturas entre as quais as relações eram amigáveis, competitivas ou abertamente hostis" (idem, 1958, p.71). Portanto, no nível das pequenas chefaturas locais, a lealdade ao grupo era importante para os mandari. Dentro de cada chefatura, as relações eram estratificadas em uma hierarquia que atribuía laços rituais com a terra a grupos de imigrantes antigos e validava suas reivindicações enquanto proprietários de terra. Os direitos a prioridade política viraram objeto de competições muito tensas, como se observa na forma de tratar clientes como bruxos em potencial (idem, 1963b). Restrições da grade e do grupo parecem ser experiências com uma alta carga emocional. É gratificante descobrir que suas atitudes com relação ao pecado e à purificação são bem formalistas. Para os mandari, pecados, ou poluições, são atos específicos; eles não se tornam melhores ou piores de acordo com as intenções do pecador. Jean Buxton morreu subitamente em 1971. Eu havia conversado anteriormente com ela sobre esse assunto, e ela, de modo geral, confirmou minha impressão de um maior teor mágico no viés da cultura mandari. Eu me recordo de um relato vívido que ela deu em um seminário no University College London sobre as complexas categorias cromáticas e térmicas em que os mandari classificam tipos de pecado e tipos de doença. Eles prescrevem animais sacrificiais com sexo e marcações apropriados para a purificação de cada tipo de transgressão. Mas o nível de detalhes de suas regras os leva a mudanças rituais desesperadas para transformar animais erroneamente "quentes", vermelhos ou machos, nas formas "frio", branco, preto ou fêmea prescritas. Sua abordagem altamente formal e mágica do pecado está em consonância com sua atitude com relação à possessão espiritual, que parece corresponder de perto ao que descrevi para os nueres. A possessão é perigosa, causa doenças na primeira fase e produz, na segunda fase, especialistas que estão aptos a combater os perigos aos quais eles mesmos sobreviveram (idem, 1968, p.40). Ela descreve um "elaborado tratamento especializado" para uma pessoa cuja doença foi causada por um *nyok*, o espírito vingador de um cachorro morto.

> O *nyok* grita "Ahrrr! Ahrrrr!" e o doutor luta com ele pelo buraco. Ele balança de um lado para o outro pendurado no arpão, enquanto os espectadores o seguram; a boca dele espuma ou sangue verte de suas narinas. Dizem que o *nyok* eventualmente enfraquece e então deixa de lutar. [...] O tratamento está de acordo com outros exorcismos e com a terapia convulsiva, na qual a possessão é induzida por sacudidas rítmicas do chocalho. (ibidem, p.60)

Portanto, comparei três povos nilotas com base na grade e no grupo. O material é bem sugestivo. Sinto-me tentada a afirmar que o comportamento religioso deles confirma a hipótese. Quanto mais fracas as restrições sociais, mais a dissociação corporal tem aprovação e é tratada como um ritual auxiliar central para canalizar o poder benigno para a comunidade. Quanto mais fortes as pressões sociais, mais mágico é o ritual e a definição de pecado.

É importante notar dois aspectos da comparação entre nueres e dincas que serão importantes para qualquer discussão mais ampla. Primeiro, o controle da grade e do grupo não é uma função da densidade populacional. Os dincas em questão vivem em uma densidade de até 60 por milha quadrada, os nueres em aproximadamente 7. A grade e o grupo são uma função da ordem e da restrição nas relações sociais, e estas podem estar ausentes em populações densas ou dispersas. Os dincas parecem pensar que podem romper relações sociais e começar de novo com relativa facilidade. Sua percepção de viver em uma economia em expansão possivelmente deriva de sua criação de gado bem-sucedida. Faz uma grande diferença para a qualidade da vida social que as pessoas estejam compartilhando recursos que parecem estar aumentando, diminuindo ou estáveis. Paul Spencer (1965) chamou atenção para essa variável em sua comparação entre pastores rendille e samburu no Quênia. Ele relaciona os controles sociais muito mais estritos em vigor na sociedade rendille ao fato de que os rendille "acreditam que seus rebanhos de camelo, se estiveram realmente crescendo, estão crescendo em um ritmo *mais lento* do que a população humana", enquanto "os samburu acreditam que seu próprio rebanho de gado aumenta em um ritmo mais rápido do que sua população humana" e que o mais pobre dos homens pode acumular um rebanho considerável (p.293). Se os nueres acreditam que estão administrando um rebanho cuja população é estática e os dincas creem administrar um rebanho com uma população em expansão, isso seria outra explicação para o fato de estes últimos levarem o controle social menos a sério. A expansão e a restrição econômicas acabam sendo variáveis muito mais importantes no que diz respeito ao efeito sobre a cosmologia do que a densidade absoluta da população.

Não desejo ignorar as dificuldades de interpretação que assolam esse argumento, rotulando-as como insignificantes. Qualquer tipo de material ilustrativo é profundamente difícil de ser encontrado precisamente pelo mesmo motivo: nenhum relato é

Símbolos naturais

completo, nenhum relato pode evitar vieses, e há um enorme elemento subjetivo de seleção em qualquer observação etnográfica. Meu tipo específico de hipótese depende de uma avaliação muito atenta e objetiva para sua validação. Só uma pesquisa especialmente projetada servirá, não para prová-la, mas para testá-la.

Ao analisar a mudança do rito formal para a aprovação positiva do transe, me referi, em diferentes momentos, às ideias sobre o pecado que variam dentro de um mesmo período. Estas devem agora ser explicitadas. Ao longo da série, desde a formalidade e controle máximos do comportamento simbólico à informalidade e descontrole máximos, há uma série correspondente de atitudes perante a transgressão. No polo da formalidade máxima, a ideia de transgressão não leva em conta o motivo interno ou o estado de espírito do ator. A transgressão é ruim em si mesma, seus perigos se desencadeiam automaticamente, a culpa recai automaticamente, e a má conduta é reconhecida *ex opere operato*. Ela é exatamente paralela à atitude perante o ritual no caso de uma magia extrema. No polo da informalidade máxima, a ideia de transgressão está inteiramente relacionada aos estados de espírito internos. As reais consequências do ato interessam menos do que os desejos e as intenções do ator. A responsabilidade termina com a garantia dos motivos corretos. Tomemos o homicídio como exemplo: em uma extremidade da série, temos a poluição automática do sangue e, na outra, o homicídio culposo, que é diferente do homicídio doloso. Eu esperaria que essas variações coincidissem facilmente com as variações de formalidade e informalidade, ambas de acordo com a influência da grade e do grupo sobre os indivíduos em contextos relevantes. Portanto, eu esperaria encontrar culturas inteiras nas quais ideias de pecado são mais internas e menos influenciadas pelo tabu do que as ideias de seus vizinhos próximos, que vivenciam restrições sociais mais eficazes e abrangentes.

Para mostrar como isso pode ser examinado, deixe-me pausar minhas restrições metodológicas e ousar comparar povos extremamente separados. A comparação entre os pigmeus e os caçadores hadza na Tanzânia é tão esclarecedora com relação a essa questão do pecado que devo discuti-los juntos. Anteriormente, descrevi a fluidez dos acampamentos dos pigmeus mbuti. Seus agrupamentos são tão indefinidos e irrelevantes em suas vidas que nenhuma tribo na África parece enfatizar o pertencimento ao grupo menos do que eles, com exceção dos hadza. Estes se movimentam ainda mais livremente para dentro e para fora do acampamento, formando outros novos e se mudando. A descrição dos agrupamentos nos acampamentos levanta um sério problema de método para os etnógrafos (WOODBURN, 1964). Esperaríamos que eles tivessem internalizado a ideia de pecado ainda mais completamente do que os pigmeus. Mas esse não é o caso. Os pigmeus mbuti não possuem nenhum conceito de poluição: nem de poluição da morte, nem pelo nascimento, nem pela menstruação. Mas os hadza temem a poluição pelo sangue menstrual. Para interpretar esse tabu, preciso deixar as questões do grupo e retornar à grade. Os pigmeus são tão livres de categorias sociais quanto o são de grupos delimitados. Nem o sexo, a idade ou o parentesco ordenam seu comportamento em categorias estritamente agrupadas. Turnbull escreve:

> Seria, é claro, ridículo negar que há um sistema de parentesco, mas é certo que o sistema de parentesco não tem a mesma impor-

Símbolos naturais

tância como um ponto focal de controle social que pode ter em outras sociedades africanas. A meu ver, isso está inegavelmente ligado à natureza *ad hoc* da sociedade, com sua quase completa ausência de preocupação com o passado, assim como com o futuro. [...] A terminologia de parentesco em vigor imediatamente reflete a situação, que só se torna confusa quando há alguma tentativa de relacionar os termos a seus usos na sociedade tribal. Ela distingue gerações em vez de parentes e atravessa indiscriminadamente fronteiras reais de parentesco. [...] (TURNBULL, 1965, p.109-10)

O mesmo ocorre com o sexo: eles dão pouca ênfase a esferas masculinas e femininas separadas. Homens e mulheres compartilham as tarefas de construção de casas e até de caça. As categorias sociais são notoriamente fracas. São os homens jovens que operam o sistema de controle social em nome do acampamento.

Isso é perfeitamente compatível com sua falta de interesse generalizada pelo pecado. Nesse tipo de cultura, as pessoas prontamente acreditariam nos missionários de Mary Kingsley, que ensinavam que "uma conversinha com Jesus faz tudo ficar bem". A informalidade é a princípio governante de sua prática religiosa. Não sei quantas vezes as palavras "intimidade" e "alegria" aparecem no relato de Turnbull, mas elas são muito frequentes.

Com ainda menos líderes e mais livres para se movimentar de acampamento em acampamento e de esposa em esposa, os hadza são divididos por uma categoria social tão dominante e abrangente que Woodburn é levado a descrevê-la como quase grupo. Independentemente de onde estejam ou do que façam, os hadza são sempre controlados pela divisão entre os sexos. Essa divisão ocorre entre duas classes hostis, cada uma das quais é capaz de se organizar para defesa e ataques virulentos contra a outra. Essa consciência extraordinariamente intensa da diferença sexual é o único nível de organização permanente que os hadza alcançam. Ela é o pano de fundo para a competição masculina por esposas ou para o conluio feminino entre mães e filhas visando extrair o máximo de bens comerciais dos maridos por terem relutantemente dado satisfação sexual. O nível muito baixo de divisão do trabalho entre os sexos é, em si mesmo, uma dificuldade adicional na construção de um conjunto de relações conjugais de longo prazo. Não esqueçam a insegurança do domínio de um homem sobre a esposa, e sua crença na poluição menstrual parece ganhar um valor prático. Quando uma mulher hadza menstrua, ela deve evitar certas atividades que seriam poluídas por seu contato. Mas ela não deve apenas descansar. Seu marido naquele momento, não importa quem seja, deve ele próprio se abster de atividades viris para não ameaçar a possibilidade de sucesso do restante do acampamento durante a caça. Portanto, seu *couvade* menstrual é um tipo de reivindicação que ele afirma regularmente ao expressar a conexão fisiológica entre ele e a sua esposa e os perigos frequentes de ignorá-la (WOODBURN, 1964, p.204-78; DOUGLAS, 1968b).

Aqui encontramos, em meio a uma falta generalizada de interesse pela pureza e pelo perigo, uma forte preocupação com certas fronteiras simbólicas específicas. Uma expressão simbólica do laço entre marido e esposa (sancionada pela ameaça de perigo a todo o acampamento) reflete a única relação altamente valorizada. Ela expressa a única categoria social que regula ativamente o comportamento – a distinção entre homens e mulheres – e traça a fronteira entre os sexos de forma a incorporar o marido, no contexto restrito de suas reivindicações conjugais, dentro da mesma linha que engloba sua esposa. Portanto, a regra, que em sua forma geral separa todas as mulheres de todos os homens e as trata como perigosas, em sua incidência particular separa cada mulher das outras mulheres, mas não de seu marido; ele, por sua vez, é, em virtude de ser casado, separado dos outros homens. Por conseguinte, a regra da poluição traça linhas muito precisas de incorporação e exclusão. Nenhum salto de imaginação é necessário para ver esse tabu formal, em um sistema que não tem outros tabus, como expressão da pressão das relações sociais. Assim, considero isso um ponto de partida para demonstrar a hipótese de que, quando as relações sociais não são atribuídas com precisão, quando elas são facilmente desfeitas e contêm pouco em termos de obrigação ou privilégio, o aspecto formal da transgressão é ignorado. Quanto mais fluidas e sem forma as relações sociais, mais internalizada a ideia de transgressão. A demonstração completa requer, como insisti anteriormente, que o comportamento social e simbólico dos hadza seja comparado a partir desse ângulo com seus vizinhos, o mesmo ocorrendo com os pigmeus. Mas até que surja interesse nessa investigação, o trabalho analítico não será realizado.

Esses exemplos lançam luzes importantes sobre as atitudes teológicas de hoje perante o pecado. O que é considerado como uma doutrina avançada e esclarecida aparece meramente como a expressão comum de uma experiência menos diferenciada das relações sociais. Aqui vemos um lampejo da matriz sociológica na qual ideias sobre o pecado e o eu são criadas. Nenhum padrão evolucionário simples emerge. Essa não é uma história da vitória da tolerância liberal contra a intolerância fanática. A relação entre o eu e a sociedade varia com as restrições da grade e do grupo: quanto mais fortes elas são, mais desenvolvida é a ideia de transgressão formal e suas perigosas consequências e menos respeito se sente pelo direito do eu interior de ser expresso livremente. Quanto mais as relações sociais são diferenciadas pela grade e pelo grupo, mais o indivíduo privado é encorajado a despejar suas paixões em canais prescritos ou controlá-las completamente. No sistema social primitivo de pequena escala (quer nos identifiquemos com a alta classificação ou com o grupo pequeno), um processo contínuo de retroalimentação modifica o padrão público de papéis sociais de forma a não surgir nenhuma grande discrepância. Como o indivíduo privado vê seus interesses e como a sociedade no geral espera que ele responda coincidirão mais ou menos. Todas as pressões sobre ele são pressões pessoais. Ele é tão capaz de modificá-las por meio de suas ações quanto elas são capazes de controlá-lo. A grande diferença entre nós, em uma sociedade industrial moderna, e eles, em uma sociedade primitiva de pequena escala, é que a retroalimentação se perdeu. As pressões exercidas sobre o indivíduo não são modificadas por sua reação. Não é possível discutir com ou explicar para o sistema industrial, assim como não é possível discutir com o tempo. Os controles sociais mais fortes não são exercidos no modo pessoal.

Geralmente estamos com as outras sociedades primitivas que identifiquei como possuindo uma grade forte. Elas compartilham conosco o paradoxo de que o senso de pecado é enfraquecido à medida que o controle social se fortalece. No momento em que a sociedade demanda mais e mais urgente-

Símbolos naturais

mente que nossas paixões circulem pelos canais por ela prescritos, nos tornamos mais e mais surdos aos seus estímulos. Por causa da disjunção entre suas classificações e nossos objetivos, escutamos a demanda mais insistente do eu interior, para que lhe seja dada plena expressão.

7
O problema do mal

A dor e a injustiça não apresentam problemas, sociais ou religiosos, para todos. Na verdade, em qualquer parte da sociedade localizada à esquerda da linha vertical, elas geram pouca reflexão (ver Diagrama 4). À direita, onde o controle social é forte, afirmarei, a partir de três tipos de experiência social, que o problema do mal é apresentado de formas caracteristicamente diferentes. Estamos chegando ao ponto crucial da comparação com a análise dos sistemas de controle familiar de Bernstein. Para cada tipo de família, há um modo necessário de validar demandas coercitivas. Do mesmo modo, para cada tipo distinto de meio social, há um modo necessário de justificar a coerção. Por meio das classificações utilizadas, a mobília do universo é transformada em um arsenal de controle. Em cada sistema social, o sofrimento humano é explicado de forma a reforçar os controles. Para vermos como o mal é compreendido, devemos ver a classificação e a pressão pessoal, a grade e o grupo, trabalhando juntas.

Em primeiro lugar, podemos rapidamente descartar a alta classificação, a grade e o grupo fortes. Essas pessoas usam a ocorrência de infortúnios para manter a lei moral. Doenças e acidentes ou são imputados ao fracasso moral ou recobertos de nobreza em um esquema metafísico geral que abraça o sofrimento como parte da ordem do ser. Não faltam etnografias para ilustrar essa forma clássica do problema.

Movendo-nos para baixo, em direção ao zero, chegamos aos pequenos grupos que exercem fortes pressões pessoais, mas com uma classificação fraca. Aqui floresce uma teoria do mal que geralmente corresponde ao medo de bruxaria. Esse é um cosmos dominado pela má vontade e pela inveja. Jane Austen fez Emma observar presunçosamente: "Uma renda muito limitada tem a tendência de contrair a mente e azedar o temperamento. Aqueles que mal podem viver e que vivem forçosamente em sociedades muito pequenas e geralmente muito inferiores podem muito bem ser iliberais e nervosos". Não é a pobreza em si; é a contração e sobretudo a confusão dos laços sociais que acompanham a síndrome da bruxaria. Pequenas comunidades competitivas tendem a acreditar em um universo perigoso, ameaçado por poderes sinistros operados por seres humanos. Em vez da reza, do jejum e do sacrifício para a divindade, a atividade ritual é dedicada à caça aos bruxos, à purificação contra bruxos, ao assassinato de bruxos e à cura dos efeitos da bruxaria.

O modelo antropológico para esse tipo vem da África Central, onde os estudos de Marwick (1952, 1965), Mitchell (1956) e outros depois deles definiram um tipo de situação de bruxaria. Trata-se de um cenário em que acusações de bruxaria são usadas para conspurcar rivais e derrubá-los na competição pela liderança. As acusações não teriam esse efeito se os papéis fossem claramente definidos e as regras de sucessão, inequívocas. Mas é parte da essência desse cenário que homens possam manter visões contraditórias de seus papéis. Supõe-se que o irmão mais velho seja benevolente e confiável, mas sua habilidade para manter o papel de forma convincente é minada pelo conhecimento de que cada um de seus irmãos mais novos é seu rival pela sucessão à chefia da aldeia. A ambiguidade permite a competição dentro de um círculo fechado de parentes e vizinhos. Durante a competição, diz-se que perigosos poderes do universo estão sob o controle do rival, que leva a culpa por todos os infortúnios. Aqui, o fracasso não é atribuído à má sorte nem a falhas morais da vítima, mas sim aos poderes ocultos e hostis do seu vizinho. Por fim, o bruxo, que é julgado pelo rumor na corte da opinião pública, deve permitir que a aldeia se divida ou limpar seu nome por meio de alguma provação. O trabalho dos africanistas centrais nos permite especificar precisamente a estrutura social que leva a esse tipo específico de cosmologia de bruxos. Mas ela não é de modo algum um fenômeno particular da África Central. Na América Central, entre os trio e os xavante, Peter Rivière (1970) pode fazer uma análise similar. As acusações de bruxaria são utilizadas para expulsar um membro não desejado da comunidade ou para dividir a aldeia em duas partes, cada uma delas supondo ter se livrado dos elementos perigosos.

Se essa é a estrutura social na qual a crença em bruxas floresce, deveríamos esperar encontrar algo que se aproxime da bruxaria onde quer que essas condições prevaleçam. Em suma, se temos unidades sociais cujas fronteiras externas são claramente demarcadas, cujas relações internas são confusas e que permanecem de pequena escala, então deveríamos buscar pelo tipo de cosmologia de bruxaria ativa. De algum modo, devemos controlar a associação com gatos e vassouras, obtendo algumas características gerais dessas crenças. Primeiramente, acusar alguém de bruxaria significa acusar essa pessoa de práticas do mal em uma escala cósmica. O bruxo não é um ladrão, adúltero ou traidor comum. Ele é acusado de ter uma natureza depravada ou de ter alianças com os inimigos da humanidade: na Europa, com o diabo, em outros continentes, com predadores carnívoros. Ele está simbolicamente associado com o oposto do modo pelo qual um humano normal vive, com a noite ao invés do dia. Seus poderes são anormais, ele pode voar, estar em dois lugares ao mesmo tempo, mudar sua forma. Acima de tudo, ele é um impostor, alguém cuja aparência exterior não indica automaticamente sua natureza interior. Uma ideia equivalente ao conventículo do bruxo é muito comum ao redor do mundo. Apesar de cada um vir de grupos sociais diferentes, o bruxo arruína suas lealdades locais em favor de obrigações com sua confraria. Por fim, se ele não conseguir satisfazê-las, os membros da fraternidade o devorarão.

Se aceitarmos que essas crenças sobre a natureza dos bruxos dizem algo sobre a natureza da sociedade que os leva a sério, vislumbramos de perto um retrato do sistema social que crê em bruxos, pois nesse caso, como vimos, a política do corpo tende a ter uma fronteira externa clara e um estado interno confuso no qual a inveja e o favoritismo florescem e continuamente confundem as expectativas adequadas dos membros. Portanto, o corpo do bruxo, de visual normal e aparentemente apresentando as limitações humanas usuais, está equipado com poderes malévolos ocultos e extraordinários. A lealdade do bruxo, em vez de estar firmemente comprometida com seu grupo, voa solta. Ele vai sozinho enfrentar personificações estranhas de luxúria e poder. O próprio bruxo não possui uma ancoragem firme na estrutura social. Ele aparenta estar presente, mas apenas de corpo; seu eu interior real fugiu da restrição social.

Um olhar mais atento ao simbolismo da bruxaria mostra a predominância de símbolos do interior e do exterior. O bruxo é alguém cujo interior é corrupto; ele causa dano a suas vítimas ao atacar seus interiores puros e inocentes. Algumas vezes ele suga suas almas e deixa as vítimas com cascas vazias; algumas vezes envenena sua comida e outras joga dardos que perfuram o corpo delas. Algumas vezes ele precisa de acesso aos fluidos corporais delas – fezes, sêmen, saliva – antes de poder machucá-las. Muitas vezes tais excreções corporais são as armas que ele mesmo criou. Se fôssemos fazer uma análise dos símbolos de ataque, imagino que acharíamos uma estreita correspondência entre a experiência do sistema social e o tipo de ataque mais temido. Esperaríamos que a prática de sugar a alma e de envenenamento fosse praticada pelo bruxo dentro da comunidade local e que o lançamento de armas fosse praticado por bruxos mais distantes.

Chega da escala cósmica na qual o bruxo é tipicamente concebido. Para imaginar um bruxo, é necessário refletir sobre a natureza humana, examinar suas limitações no tempo e no espaço e acreditar em sua propensão natural à justiça e ao bem; o bruxo é o contrário de um humano normal. Passemos aos usos sociais da crença. Nessas estruturas sociais pequenas e simples, com pouquíssima diferenciação de papéis, as técnicas de distanciamento, regulamentação e reconciliação são pouco desenvolvidas. A doutrina do bruxo é usada como o idioma de controle, uma vez que ela joga a culpa pelo infortúnio em criadores de caso e dissidentes. A acusação é uma demanda justa por conformidade. Em uma comunidade na qual o conflito aberto não pode ser contido, o medo de bruxaria é utilizado para justificar expulsão e fissão. Essas são comunidades nas quais a autoridade possui recursos muito fracos. Para além de determinado tamanho, elas não podem persistir sem introduzir definições mais nítidas na estrutura e papéis. Apenas alguns alvos específicos podem ser alcançados por seu baixo nível de organização. A expulsão de dissidentes é um método de controle, a fissão do grupo, outro método mais drástico. Em qualquer um dos casos, o grupo permanece pequeno e desorganizado. A doutrina de um cosmos habitado por humanos normais e por bruxos disfarçados de humanos é bem adaptada à dinâmica de renovação e continuidade nesses sistemas sociais.

Há, portanto, quatro características gerais da cosmologia da bruxaria: a ideia do exterior mau e do interior bom, o interior sob ataque e precisando de proteção, a maldade humana em uma escala cósmica e o uso dessas ideias para manipulação política. Os símbolos dos gatos pretos e das vassouras são expressões locais desse complexo de crenças que, uma vez identificado em termos gerais, pode ser encontrado mais extensamente — eu até ousaria sugerir que ele pode ser encontrado em qualquer lugar onde existam as precondições sociais.

Deixe-me tomar como exemplo um movimento sectário inglês, da história dos Irmãos Unidos Exclusivos.

Nenhuma justificativa é necessária para passar da bruxaria africana às seitas inglesas. O próprio Bryan Wilson (1967) abriu o caminho em seu valioso conjunto de estudos sobre o sectarismo. Ele conclui a discussão sobre os Irmãos Unidos Exclusivos com a seguinte comparação:

> Com relação aos Irmãos, pode-se dizer que há um elaborado argumento durkheimiano a ser feito, o de que – em um sentido não muito distante daquele em que a ideia foi desenvolvida para um povo tribal – sua adoração a Deus é uma adoração da comunidade. A adoração é mais elaborada; as relações são mais conscientemente reconhecidas; entretanto, a comunidade aparece como uma forma da Divindade. [...] A comunidade, a congregação possui um senso de santidade especial da qual deriva a santidade individual e doméstica; ela emprega medidas rigorosas de "higiene social" para sua manutenção. (ibidem, p.336)

Essas medidas são equivalentes à caça e expulsão de bruxos. Os Irmãos Exclusivos, que Wilson classifica como uma "Seita Introversionista", permanecem fiéis a seus princípios de rejeição à organização humana. Assim, eles desviam da tendência comum das seitas de evoluir para denominações no decorrer de duas gerações. Eles não cresceram e se diversificaram, eles permaneceram indiferentes à sociedade secular durante mais de cem anos. O preço que pagaram para se manter como um grupo puro foi a construção de um muro alto entre eles e o resto do mundo e a dissidência contínua. Da mesma forma que em sistemas dominados pela bruxaria, a doutrina é utilizada como uma arma de expulsão e separação. Assim como no caso da crença em bruxos, a doutrina celebra a pureza e o bem de uma parte da humanidade e a vileza do restante.

A ideia dos santos já habitando locais celestes, a dissociação entre os santos e Israel e suas perspectivas diferentes daquelas do mundo são concepções reforçadas em suas consequências separatistas por ensinamentos acerca da vontade de Cristo e da vontade dos homens. A expressão de Cristo "Não seja feita a minha vontade, mas a tua" é vista como uma forma de afirmação de que nunca houve qualquer divergência entre a vontade do Pai e a do Filho. Nem deveria haver nenhuma vontade divergente no homem, uma vez que todo livre-arbítrio é visto como "autoarbítrio". A única vontade do homem é a vontade de pecar. Em contrapartida, os santos devem agir sob a orientação do Espírito Santo, e isso reafirma a autoridade da irmandade sobre o indivíduo e encoraja o quietismo perante o mundo externo. (ibidem, p.285)

Os Irmãos afirmam que amam todos os santos, mas que isso só pode ser de fato mostrado para aqueles que participam da Irmandade. No entanto, embora teoricamente os Irmãos reconheçam a possibilidade de santos existirem fora da Irmandade, eles algumas vezes já se comportaram como se essa fosse uma circunstância completamente teórica. O aumento da ênfase na retidão eclesiológica, a frequência da excomunhão e o desenvolvimento de uma ética mais exigente se deram com base na premissa latente de que a irmandade era a única manifestação da Igreja. Assim, durante a década de 1860, desenvolveu-se um sistema no qual a assembleia da Rua Park, que era a assembleia de Darby, colocava à prova do julgamento londrino na prática heresias que ocorriam em outros lugares. Durante esse período, Londres expulsou um sr. Stewart. A assembleia de Walworth perguntou sobre o motivo da expulsão e, sob consulta, não se mostraram totalmente satisfeitos. Na sequência, eles mudaram seus encontros para Peckham. Londres respondeu excluindo Peckham de sua comunhão, o que significava a verdadeira excomunhão de toda a assembleia. Pouco tempo depois, um sr. Goodall de Peckham visitou Sheffield e foi recebido pelos santos dali à mesa. Quando isso foi descoberto,

Sheffield também foi excomungado por Londres, em deferência ao princípio havia muito estabelecido de eliminar qualquer mácula. Ao ser questionado, Darby se referiu à Igreja de Deus na Terra e disse: "estar fora [...] do que isso representa em Londres [...] é estar completamente fora disso". (ibidem, p.294)

É muito tentador percorrer esse livro admirável e analisar a relação das várias seitas com a sociedade exterior nos termos desta discussão, a saber, da influência da grade e do grupo em suas doutrinas. A maioria delas começou no que Wilson chama de estágio pré-sectário, evitando todas as formas de organização social. Aquelas que conseguiram manter durante qualquer intervalo de tempo essa rejeição total da autoridade e da formalidade geralmente pagaram por isso o preço da nulidade doutrinária. Elas permaneceram unidas e acolheram todos os recém-chegados, mas não tinham valor. Aqueles que, após uma experiência desse tipo, sentiram necessidade de ter algum conteúdo doutrinário tendiam a formar seus escalões, fechar as fronteiras e ir em direção ao sectarismo e ao rompimento. Aqueles que seguiram um meio-termo, que tentaram converter o mundo às suas doutrinas e desenvolveram uma organização com esse propósito, perderam gradualmente a singularidade de sua mensagem, pois esta só parecia vital se expressasse uma espécie de baixo nível de relações sociais indiferenciadas. Dessa maneira, os Irmãos de Plymouth começaram, em 1829, tentando unir todos que verdadeiramente acreditassem em uma irmandade bíblica, reagindo contra o institucionalismo e a eclesiologia:

> A comunhão era o laço da vida comum que uniu aqueles que nem sempre concordavam sobre questões doutrinárias ou proce-

dimentos de culto, mas que aceitaram uma assembleia laica não hierárquica informal daqueles que se posicionaram sobre as Escrituras. Seu princípio era irmandade no Espírito, participação em uma vida comum, ainda que com liberdade para frequentar outras assembleias religiosas e até participar de cultos com grupos de persuasões doutrinárias um tanto diferentes. (ibidem, p.244)

Aqui foi descrita com precisão a estrutura social especificada para a cosmologia da bruxaria. A seita se funda com base em uma ideia particular sobre a natureza humana, enfatizando a irmandade e a boa vontade e desprezando princípios organizacionais. Expulsões são utilizadas como o método de controle que permite ao grupo continuar a acreditar na possibilidade de viver unidos no espírito, mas sem hierarquia e formalidade. Quando olhamos a cosmologia mais de perto, encontramos os princípios previstos. O interior é tão bom que, dentro da Irmandade, eles são todos santos; o exterior é mau. Não há apenas a suposta corrupção daqueles que por acaso não fazem parte da Irmandade, mas também a maldade geral do comportamento institucionalizado, de buscar relacionar as Igrejas ao poder civil, de se apoderar do trabalho do espírito pelo estabelecimento de formas externas. O contraste entre espírito e carne, entre espontaneidade/liberdade e formas instituídas, entre coisa significada e signo é equiparado, nas controvérsias doutrinárias, ao contraste entre Deus e o homem. Portanto, a importância do interior-exterior assume proporções cósmicas e o herege é o santo que quer fazer acordos com o exterior.

Esses aspectos do sectarismo emergem claramente na vida de John Nelson Darby, cuja aparência foi descrita no Capítulo 5. Sua vida era uma batalha sem fim contra dissidentes no que diz respeito a esse assunto. Eles sentiam que, para assegurar continuidade, suas sugestões de costume eram inadequadas. No panfleto intitulado *Reflections on the Ruined Condition of the Church and on the Efforts Making* (sic) *by Churchmen and Dissenters to Restore It to its Primitive Order* [Reflexões sobre a Condição Arruinada da Igreja e sobre os Esforços Feitos pelos Clérigos e Dissidentes para Restaurá-la à Sua Ordem Primitiva] (1841), ele escreveu:

> O projeto de criar Igrejas é realmente o obstáculo no caminho da realização do que todos desejam, a saber, a união dos santos em um corpo – primeiro, porque aqueles que o tentaram, tendo ido para além do poder dado a eles pelo Espírito, tiveram sua carne estimulada. (apud COAD, 1968, p.125)

O biógrafo continua:

> Darby concluiu seu panfleto com suas sugestões de costume, tão inadequadas para congregações duradouras. A dispensação atual havia perdido sua grandeza e qualquer um que tentasse remediar esse estado não havia compreendido a Vontade Divina. A promessa da presença de Cristo quando dois ou três estavam presentes em seu nome ainda era válida. Os cristãos deveriam se aproveitar dessa promessa e, dessa forma, se encontrar para esperar por Deus, mas nada além disso. Havia promessa e poder nesses encontros, mas nada disso para os que buscavam estabelecer igrejas. Escolher presidentes ou pastores é organizar uma igreja, e até nomeação de anciãos é agora impossível. O único governo da igreja era o reconhecimento do Espírito de Deus. (ibidem, p.127)

Não apenas o erro era incorreto, mas, para Darby, "o erro era algo mau, envolvendo diretamente a honra do Ente Supremo" (ibidem, p.87). Dessa forma, em sua controvérsia com um antigo amigo e discípulo, associando a heresia ao mal e ao diabo, ele escreveu:

> Minha mente de fato passou pelo mesmo processo de angústia como aquele do qual você fala; no que diz respeito à angústia, uma apreensão me ocorreu, de que o que estava na raiz disso era, talvez mais do que eu pudesse julgar, o trabalho de um inimigo.
> (ibidem, p.143)

As implicações cósmicas de Deus e do diabo; o interior e o exterior; a pureza interna, a corrupção externa; este é o complexo de ideias que está associado a pequenos grupos com adesão claramente demarcada e confusão de papéis internos. O fato de que recorri às atitudes do próprio Darby levanta uma questão sobre sua personalidade. Seria uma distração para esta discussão sugerir que o sentimento de perseguição e uma capacidade de identificar as próprias visões com aquelas do Todo-Poderoso – e assim ampliar conflitos pessoais a uma escala cósmica – são manifestações psicopáticas. Pode ser verdade, e Darby pode muito bem ter tido essas tendências em um grau anormal. O mesmo possivelmente pode ser dito de muitos de seus seguidores. Mas não podemos considerar satisfatórias por si só as explicações psicológicas sem ignorar a correlação entre estrutura social e cosmologia. Qualquer um que tenha vivenciado um contexto social livre e aberto e tenha mudado para um contexto subitamente restrito, no qual relações atribuídas não foram desenvolvidas, deve reconhecer a mudança de atitude de todas as pessoas afetadas pela contração e confusão dos laços sociais. Os líderes podem muito bem ter traços psicológicos que lhes permitem expressar claramente esses medos e ressentimentos, mas apenas uma análise sociológica pode explicar por que eles acham seus adeptos em nichos previsíveis, cuja estrutura social visivelmente corresponde ao padrão dominante de símbolos.

Nós apontamos para uma semelhança de perspectiva filosófica comum a pequenas comunidades delimitadas. Ela pode ser descrita como um tipo de dualismo metafísico, uma vez que a doutrina de dois tipos de humanidade dessas comunidades — uma boa, a outra má — e a associação do mal de alguns humanos com poderes cósmicos do mal são basicamente semelhantes a algumas das chamadas religiões dualistas discutidas por historiadores. Se de fato podemos relacionar o dualismo filosófico a certos tipos de estrutura social, então certa reapreciação da história das ideias se faz necessária. Não deveria mais ser admissível que historiadores escrevessem como se filosofias se movessem autonomamente em um vácuo social, uma ideia atingindo a outra, dividindo-a, crescendo, entrando em declínio e sendo dominada. Por que Zaratustra se rebelou contra o politeísmo? Por que ele pensou que um Deus bom não poderia ser responsável pelo mal? Ou, para colocar de forma mais convincente, por que existia um séquito para um homem que não tolerava a ideia de um Deus que pune, mas que divide o universo entre duas divindades beligerantes igualmente equilibradas, uma boa e outra má? É preciso certo tipo de experiência social para começar a se preocupar com o problema do mal. Nem todo mundo consegue enxergá-lo como um problema. A questão da responsabilidade de Deus não se coloca nos termos que os historiadores habitualmente empregam:

É apenas quando se reconhece um criador onipotente e onisciente, que criou o mundo e tudo o que existe nele, que a questão de por que nem tudo ocorre de acordo com o desejo do criador e soberano se coloca [...] em outras palavras, surge a questão de como o mal apareceu no mundo. Um tentativa de responder a essa questão: esse é o dualismo em suas diferentes formas. [...] Toda a história da Filosofia Ocidental aparece, sob essa luz, como uma alternância entre dualismo e monismo, uma vez que Aristóteles já estava combatendo o dualismo de Platão e que seu próprio monismo, ao lado daquele dos Estoicos, foi sucedido por um período de neoplatonismo pagão e cristão, até o reavivamento aristotélico no século XII. O próprio Platão não inventou o dualismo *ex stirpe*, pois ele foi prenunciado por Empédocles, Anaxágoras, os Órficos e os Pitagóricos. (DUCHESNE-GUILLEMIN, 1958, v.1, p.71-2)

A mente do antropólogo se espanta com a erudição necessária para aplicar compreensões sociológicas ao problema do mal segundo tal perspectiva, pois certamente o dualismo ao longo dos séculos adquiriu diferentes formas, algumas enfatizando mais o contraste entre espírito e matéria, outras enfatizando mais os agentes humanos do mal, outras enfatizando demônios. Com cada uma, podemos esperar condições sociais devidamente diferentes.

A igreja pentecostal dos indianos ocidentais em Londres, que já mencionei, "excluía" um membro que desafiasse, sem êxito, o líder. O homem expulso geralmente saía e formava uma nova igreja em torno de sua própria liderança. As acusações feitas contra ele, geralmente de irregularidade sexual, podem ter tido implicações permeadas de uma forma de vilania mais sinistra e indelével aos olhos da Assembleia do que aos nossos. Mas isso não transparece no relato de Calley. Eu dificilmente esperaria encontrar a cosmologia da bruxaria estabelecida em uma comunidade cujas fronteiras são tão flutuantes e a adesão tão fluida. Uma análise minuciosa dos movimentos sectários sob os critérios da grade e do grupo revelará tais padrões consistentemente variáveis de cosmologia e estrutura social.

O único modo pelo qual uma cosmologia dominada por bruxos pode ser transformada é por uma mudança no nível da organização social. John Middleton descreveu um movimento cíclico entre padrões sociais atribuídos e competitivos com a mudança prevista de ênfase cosmológica (MIDDLETON, 1960). Nos estágios iniciais do crescimento de uma nova linhagem lugbara, a liderança é atribuída por senioridade na linhagem masculina. Nesse estágio, apesar de a crença em bruxos ser latente, ela parece permanecer inativa. Todo tipo de sorte, boa e ruim, é enviada por antepassados punidores que regulam o comportamento por meio da mediação com o ancião da linhagem. Mas, à medida que a linhagem cresce em tamanho e que o ancião envelhece e enfraquece, problemas de sucessão dividem o grupo em facções rivais. A competição substitui a atribuição. Os antepassados passam para o segundo plano enquanto acusações de bruxaria são espalhadas indiscriminadamente por rivais buscando a liderança. Uma vez que o problema da sucessão é resolvido (pela morte ou desonra do ancião em declínio), a atribuição e os antepassados voltam ao controle.

Pessoas que frequentemente acusam umas às outras de bruxaria rapidamente adotam movimentos de limpeza contra bruxos. Na África Central, esses movimentos se espalham como fogo de tribo em tribo onde pequenas aldeias autocontidas são dominadas por crenças em bruxos. Esses movimentos oferecem promessas fantásticas de uma nova era de ouro que será alcançada na Terra com o fim da bruxaria. Mas é importante observar que os movimentos de limpeza contra bruxos não são iguais aos movimentos milenaristas propriamente ditos. Os movimentos de limpeza contra bruxos, apesar de se espalharem de uma comunidade à outra, espalham-se como soluções oferecidas a determinada comunidade e a seus membros para problemas que são especificamente seus. Eles não são fórmulas para salvar o mundo em geral, nem toda a tribo. Seus expoentes circulam de aldeia em aldeia como um esquadrão de descontaminação vendendo técnicas para neutralizar material humano potencialmente explosivo. Ao terminarem sua ronda, a comunidade se vê restaurada (ainda que temporariamente) a um estado de harmonia tranquila, pois, enquanto o feitiço funcionar, os suspeitos de bruxaria se tornam inofensivos e a bruxaria está sob controle; o gado engordará, as plantações florescerão, as crianças crescerão fortes e ninguém morrerá antes de ter atingido uma idade avançada. O simbolismo do grupo social delimitado é bem claro no movimento de limpeza contra bruxas (DOUGLAS, 1963; RICHARDS, 1935; MARWICK, 1950). Promete-se a perfeição do corpo e o cumprimento da expectativa de vida por meio do controle da bruxaria, a qual é a única ameaça perceptível à unidade do grupo. O movimento de limpeza contra bruxos evita rompimentos e reforça a fraca organização interna do grupo. Mas, mais cedo ou mais tarde, uma criança adoece, colheitas fracassam e conflitos irrompem. Diz-se que o culto perdeu sua força.

Ainda que o movimento de caça aos bruxos carregue uma possibilidade milenarista em sua promessa de acabar com o mal e com o sofrimento, ele difere radicalmente do verdadeiro movimento milenarista. Ele foca nos problemas de pequenos grupos locais, enquanto o milenarismo tem uma mensagem para o mundo. Mas, assim como o movimento milenarista, o movimento de limpeza contra bruxos aparece e desaparece e deixa a comunidade como era antes, ainda propensa à crença em bruxos, continuando a esperar um movimento novo e mais eficaz que aniquilará e imobilizará os bruxos para sempre. Nenhum deles pode ser bem-sucedido na separação permanente da estrutura social de sua cosmologia oportuna.

A cosmologia de temor aos bruxos acompanha uma unidade estreitamente delimitada. Quando a associação é livre e a fuga de laços indesejados é fácil, a questão do mal não toma essa forma particular. Cosmologias dominadas por bruxos são raras entre caçadores e pastores nômades.

Pastores vizinhos aos nueres, os dincas acreditam na bruxaria como uma possibilidade. Eles são capazes de indicar as anormalidade físicas que entregam um bruxo, mas raramente fazem acusações de bruxaria (LIENHARDT, 1951). Os pastores de ovelhas navajos no Arizona, sobre os quais escrevemos no Capítulo 1, acreditam em bruxaria. "Em um grupo navajo de quinhentos membros, dezenove indivíduos vivos foram acusados (por meio de fofoca, não publicamente) de bruxaria. Outros dez indivíduos que estavam mortos havia um período de dez a trinta anos também foram acusados. Nos últimos trinta anos, ocorreram seis acusações públicas – 'julgamentos' – e dois 'bruxos' foram mortos" (KLUCKHOHN, 1944, p.58). Foram necessários anos de trabalho para que Kluckhohn conseguisse mais do que referências anedóticas aos bruxos "para além das montanhas" ou "do outro lado da reserva", mas era uma preocupação importante desses navajos, que passam a maior parte do ano em pequenos grupos familiares, confinados juntos porém isolados dos outros. Por outro lado, esses navajos observados posteriormente por Aberle, que haviam sofrido pelo desabastecimento e pela economia monetária e se consolaram no culto do peiote, haviam perdido interesse pela bruxaria (ABERLE, 1966, p.203-4). De modo geral, crenças em bruxaria tendem a florescer em pequenos grupos fechados, nos quais a entrada e saída são restritas, a interação é inevitavelmente estreita, e os papéis são indefinidos ou tão definidos a ponto de ser impossível desempenhá-los. Strindberg astutamente descreve uma sociedade desse tipo em sua cidade-natal. A sociedade urbana da Suécia na década de 1850 era dividida em classes ou, mais precisamente, em divisões naturais de acordo com a ocupação e a profissão, que controlavam uma a outra:

> As primeiras impressões da criança, como ele lembrou posteriormente, eram de medo e fome. Ele tinha medo do escuro, de espancamentos, de aborrecer todo mundo. Medo de cair, de se machucar, de estar no caminho. Ele tinha medo de apanhar dos irmãos, ser esbofeteado pelas empregadas, repreendido pela avó, apanhar do pai com uma vara, ser punido fisicamente por sua mãe. [...] Sobre a criança pairava uma hierarquia de autoridades exercendo diversos direitos e poderes, desde o privilégio de senioridade de seus irmãos ao supremo tribunal de seu pai. Mesmo assim, acima de seu pai estava o "zelador", que sempre o ameaçava com o proprietário. [...] Mas mesmo acima dele estava o general. [...] A criança não sabia com que se parecia um rei, mas ela sabia que o general respondia ao Rei. [...] Quando sua mãe rezava a Deus à noite, a criança não conseguia formar nenhuma ideia dis-

Símbolos naturais

tinta sobre Ele, exceto que ele deve certamente ser superior ao Rei. (STRINDBERG, 1967, p.18-9)

Essa é a descrição perfeita de um Deus distante com o qual a criança se relaciona automaticamente por meio das camadas da hierarquia social claramente sentidas. Ele, então, descreve a confusão e os problemas que atingiam a família – e o senso de aglomeração.

Três quartos eram ocupados pelo pai e pela mãe com seus sete filhos e duas criadas. A mobília, em sua maior parte, consistia em mesas e camas. Crianças em tábuas de passar e cadeiras, crianças em berços e camas. O pai não tinha nenhum quarto para si, embora estivesse em casa a maior parte do tempo. [...] A família era e ainda é uma instituição muito imperfeita. Ninguém tinha tempo para educar as crianças. A escola continuava de onde as empregadas paravam. A família era, na verdade, uma instituição para comer, lavar e passar, e não era muito econômica nesse sentido. Nada além de cozinhar, fazer compras, ir atrás de verduras e de leite. Lavar, passar, engomar e polir. Muitas coisas para um número tão pequeno de pessoas fazer ao mesmo tempo. [...] A criança apenas escutava que tinha deveres, não que tinha direitos. Os desejos de todos os outros eram escutados; os dele eram ignorados. Ele não podia fazer nada que não fosse errado, ir a lugar algum sem estar no caminho de alguém, proferir uma palavra sem perturbar alguém. Por fim, ele não ousava sequer se mover. O dever supremo e a maior virtude era sentar em uma cadeira e ficar quieto. (ibidem, p.30-2)

Isso nos dá um relato imbatível de papéis sendo definidos de modo tão impossível a ponto de produzir frustração e, no longo prazo, ambiguidade e confusão. Strindberg, como uma criança sensível,

> se sentia em perpétua ansiedade temendo fazer algo errado. Mas ele estava sempre alerta para a injustiça e, ao estabelecer um alto padrão para si, cuidadosamente assistia aos fracassos de seus irmãos. Quando eles não eram punidos, ele se sentia profundamente injustiçado; quando eles eram injustamente recompensados, seu senso de justiça sofria. Como resultado, ele era considerado invejoso. (ibidem, p.32-3)

Um de seus irmãos mais velhos era o preferido do pai, o outro, da mãe. Ele não era o preferido de ninguém. Ele passa, então, a descrever as frequentes injustiças que sofria e que, à medida que se acumulavam, o estigmatizaram na família como sigiloso, invejoso e frio. Toda a sua descrição do ambiente social e da resposta dos membros do grupo se assemelha, com estranha exatidão, a situações que dão origem a crenças em bruxaria. E é claro que é August Strindberg, a criança que não é a favorita de ninguém, que é acusado de ter uma personalidade anormal e defeituosa.

Viver nesse tipo de sociedade é viver amontoado com outros humanos em competição desordenada. Seus membros têm boas razões para não confiar que a justiça prevalecerá. "A justiça de Deus tarda, mas não falha" não é o seu lema. Na vida de pastores, como os dincas e os nueres, os grande imponderáveis são riscos relacionados ao clima e ao pasto; os outros humanos são razoavelmente confiáveis. Nesse outro tipo de sociedade, os riscos e frustrações são produzidos pelos humanos.

Esse contraste fica patente no trabalho de Godfrey Lienhardt (1962), quando ele compara os nueres e os dincas com outro povo nilota, os anuak. Como ele colocou:

> Os anuak são basicamente agricultores e sedentários, vivendo em diversas aldeias distintas, em grande parte autossuficientes e geralmente lotadas, onde eles estão em contato individual constante e intenso. Os dincas-nueres são, antes de tudo, povos pastorais necessariamente transumantes, com dispersão e reagrupamento regulares de membros das comunidades locais. De acordo com a natureza de sua ocupação, os dincas-nueres vivem individualmente vidas mais solitárias do que os anuak.
>
> A dispersão frequente dos dincas-nueres, quando comparada com a concentração dos anuak, pode ser associada ao interesse muito maior por indivíduos e personalidades mostrado pelos anuak. Eles possuem um extenso vocabulário psicológico e a política de suas aldeias [...] é conduzida por meio de uma interação entre caráter e facção. Os anuak estão interessados em pessoas, ao passo que os dincas-nueres estão mais interessados no gado. Para os anuak, seu vívido interesse é uma necessidade prática na condução dos assuntos da aldeia, com suas conspirações frequentes para a promoção de interesses individuais e seccionais na chefia. O sistema competitivo de posições e influência permite a qualquer indivíduo ambicioso um escopo mais amplo para a atividade política [...] um anuak que se sente menosprezado por um líder em particular acabará encontrando aqueles com quem se juntar para tentar substituí-lo, ou pode pedir favores na corte de um nobre. Os anuak possuem instituições que se baseiam em favoritismo e competição por favores, os quais não poderiam se desenvolver entre os nueres-dincas, que não possuem nenhum in-

divíduo com posições dentro de uma hierarquia com quem seria proveitoso cultivar relações. (LIENHARDT, 1962, p.74-85)

Dificilmente precisamos adicionar algo à cosmologia dos anuak. Enquanto os dincas-nueres acreditam que o infortúnio e a morte são enviados por poderes espirituais que correspondem à ordem social, os anuak atribuem as mortes aos bruxos ou à vingança dos espíritos de pessoas mortas que, de uma forma ou outra, foram ofendidos pelas vítimas durante a vida. Enquanto os nueres-dincas respondem à doença com sacrifícios e orações, "o único especialista em religião entre os anuak é o ajuan, uma pessoa, geralmente uma mulher, cujas tarefas tradicionais principais eram encontrar bruxos, lidar com a bruxaria e tentar remover maldições fantasmagóricas de suas vítimas" (ibidem, p.85).

As escolhas feitas pelas pessoas de como lidar umas com as outras são o verdadeiro material do estudante de religião comparada. Essa é a dimensão ausente que deve ser adicionada à psicanálise para que suas descobertas sejam esclarecedoras. Os comentários de Jung sobre a Reforma, por exemplo, tratam o empobrecimento dos símbolos na cultura europeia como resultado de uma dialética da mente:

> A iconoclastia da Reforma, entretanto, de forma bastante literal, abriu uma brecha nos baluartes das figuras sagradas e, desde então, uma após a outra, elas se desintegraram. Elas se tornaram duvidosas, pois colidiam com o despertar da razão. [...] A história do desenvolvimento do protestantismo é uma história de iconoclastia crônica. Uma muralha após a outra foi caindo. E o trabalho de destruição também não foi muito difícil após a

autoridade da igreja ter sido estilhaçada. Todos sabemos como colapsaram coisas grandes e pequenas, no geral e em particular, parte após parte, e como o preocupante empobrecimento do simbolismo, que é atualmente a condição de nossas vidas, surgiu. (JUNG, 1940, p.60-1)

Sabemos como isso aconteceu? Em geral, tendemos a aceitar implicitamente, como Jung, que o movimento é tão inevitável quanto o desenvolvimento da tecnologia, e até que ele pode ter alguma relação com o aumento do conhecimento em geral, o "despertar da razão", um tipo triste de maturidade e transição à vida adulta. Como ele diz:

> Que os deuses morram de tempos em tempos se deve à descoberta do homem de que eles não significam nada, de que eles são imprestáveis, feitos por mãos humanas, moldados a partir de madeira e pedra. Na realidade, o homem descobriu, dessa forma, apenas isto: que até então ele não havia alcançado um pensamento referente a essas imagens. (ibidem)

Ele passa, então, a defender a rejeição dos símbolos como uma conquista em si e a apresentá-la em termos do bom interior, o espírito, sendo preferível em relação ao exterior inútil, do conteúdo acima da forma vazia.

> Estou convencido de que o homem protestante não foi despojado do seu desenvolvimento e forçado a continuar nu em vão. Esse desenvolvimento tem uma interconsistência. Aquilo que não lhe apresentava nenhum conteúdo de pensamento lhe foi arrancado. [...] Assim como o voto cristão de pobreza material afastou

os sentidos das coisas boas do mundo, a pobreza espiritual busca renunciar às falsas riquezas do espírito. (ibidem, p.63-4)

Jung seria o primeiro a concordar que o indivíduo não sofre nenhum empobrecimento absoluto de sua vida simbólica privada. A teoria dos arquétipos e a análise dos sonhos dependem disso. Portanto, a pobreza à qual ele se refere é a perda de coerência das estruturas simbólicas publicamente reconhecidas. E isso deriva da coerência das estruturas sociais e declina com a desvalorização daquela dimensão. Portanto, o radiante elogio à pobreza espiritual como uma fonte de força e autoconhecimento para o indivíduo se torna bastante dúbio. Primeiro, porque o escopo do autoconhecimento é reduzido pela vivência restrita de outros egos. Segundo, o autoconhecimento mais completo levará em consideração as condições sociais que afetam o desenvolvimento do eu. Terceiro, não se pode presumir que o ponto próximo ao zero, onde as pressões da grade e do grupo estão em seu mínimo, apresentam as condições ideais para o desenvolvimento da personalidade individual.

8
Regras impessoais

Crenças em bruxos exprimem uma divisão dentro da humanidade: existem homens bons e puros e homens completamente vis que não pertencem de forma alguma à humanidade. Afirmamos que esse dualismo é fomentado pela experiência de viver em comunidades pequenas e fechadas. Agora nos voltaremos para sociedades desprovidas dessa experiência. Onde se espera que um homem construa sua carreira negociando com todos de forma tão ampla quanto possível e da melhor forma possível, há uma visão muito diferente da natureza humana. Nessas condições competitivas, homens não são colocados de um dos lados da linha que divide a humanidade da não humanidade. Eles são vistos como dotados de talentos de forma desigual, mas a desigualdade é aleatória, imprevisível e desconectada do julgamento moral.

Duas tribos da Nova Guiné apresentam variações discretas desse tema. Primeiro, os garia do distrito de Madang, na costa norte da Nova Guiné. Aproximadamente 2.500 deles habitavam 35 milhas quadradas da área Bagasin. Eles viviam em pequenas aldeias compostas de residências agrupadas em torno de uma casa de culto. Note como os laços de residência comum não são congruentes com aqueles das alianças pessoais. Lawrence diz:

> A estrutura deve ser vista do ponto de vista do indivíduo e da rede de relações interpessoais que o rodeiam. Um homem dividia os habitantes de sua localidade entre aqueles que pertenciam ao seu círculo de segurança – aqueles com os quais ele possuía relações seguras – e aqueles que não pertenciam. Seu círculo de segurança incluía todos os parentes bilaterais até a quarta geração ascendente, assim como outras pessoas com quem ele normalmente não possuía nenhum laço sanguíneo, mas sim relações contratuais específicas: parceiros comerciais, pessoas com quem ele trocava porcos e afins para quem deu ou de quem recebeu parcelas periódicas de dote. [...] Os membros do círculo de segurança de um homem podiam estar espalhados em qualquer parte de sua localidade por causa do sistema de posse de terra [...] suas hortas geralmente estavam em outras áreas. Para utilizar todas elas, eles tinham que se mover regularmente entre um assentamento e outro. Os membros de uma patrilinhagem dificilmente estavam concentrados, e as aldeias eram compostas de aglomerados irregulares de pessoas, algumas das quais relacionadas entre si e outras não. [...] A autoridade de um líder era sempre mal definida: ele não podia representar um grupo específico, apenas os habitantes geralmente transitórios de sua própria aldeia e possivelmente das aldeias vizinhas. A dispersão de propriedades de terra e a consequente migração permitiam aos seguidores dividir sua lealdade entre ele e seus rivais ou retirá-la imediatamente caso sua proeza fosse eclipsada. (LAWRENCE, 1964, p.24-5)

As possibilidade de mudar de aliança e a confusão das categorias sociais são belamente descritas. Os garia faziam negócios com outras tribos que possuíam formas diferentes do mesmo tipo geral de organização social. Como Lawrence afirma:

> Ninguém em nenhuma das sociedades descritas entendia claramente sua estrutura total. Pelo contrário, os indivíduos conduziam seus negócios a partir de um ponto de vista puramente egocêntrico: em termos de constelações de relações interpessoais, algumas denotando filiação a um grupo local ou de descendência e outras, laços de parentesco, de parentesco oriundo do matrimônio, de troca ou comerciais. (ibidem, p.28)

Ele prossegue, descrevendo o universo no qual essas pessoas se encontravam. A visão era otimista. O mundo existia para o homem e ele tinha o direito de desfrutá-lo. Ele podia ser manipulado de acordo com regras objetivas, muito comparáveis em eficácia às regras de reciprocidade por meio das quais homens compeliam uns aos outros a trocar bens e mulheres. A religião era uma tecnologia para superar riscos. Não havia retroalimentação moral no sistema, ele observa com certo tom de surpresa.

> Valores espirituais como pureza e pecado eram inexistentes. Não havia noção de recompensa no outro mundo em troca de boas obras nem destinos separados para o "bom" e o "mau". Os assuntos dos mortos regulavam a si mesmos automaticamente. Nem mesmo os tabus relacionados à iniciação possuíam um significado ético abstrato. (ibidem)

A religião era extremamente pragmática.

> Espacialmente [...] o cosmos foi concebido como um domínio físico unificado praticamente sem atributos sobrenaturais,

no qual seres humanos interagiam não apenas uns com os outros, mas também com divindades, espíritos e totens. (ibidem, p.31)

As características de um homem bem-sucedido eram a preeminência pessoal e o conhecimento secreto sobre rituais.

Os líderes eram homens que "sabiam de verdade" e que podiam direcionar as atividades dos outros – aqueles que não "sabiam de verdade" – de forma mais vantajosa. Era a convicção popular nessa habilidade que permitia ao líder particularmente bem-sucedido, que tinha uma personalidade excepcional e que nunca havia sido derrotado por circunstâncias imprevistas, afastar os seguidores de seus rivais menos sortudos. (ibidem)

Aqui temos um breve vislumbre da religião que esperaríamos que correspondesse a esse tipo de estrutura social. O poder está localizado de forma a estar teoricamente disponível para todos, mas ele precisa de um homem talentoso para sair e conquistá-lo para si de acordo com regras conhecidas. O cosmos é imoral. Atitudes com relação ao ritual são altamente mágicas. É uma religião focada no ego, como é previsível em uma estrutura social focada no ego.

Agora cito outro estudo melanésio. Os 'Are'are, por volta de 5 mil deles, habitam o sul da ilha de Malaita. Daniel de Coppet observa que as regras residenciais e os direitos à terra dos 'Are'are não podem ser descritos nos termos geralmente adotados por antropólogos. Em uma vasta área montanhosa, locais de sepultamento são pontos de referência fixos em torno dos quais indivíduos circulam, pois os direitos ao cultivo são determinados pelos vínculos genealógicos com esses locais. Pode-se escolher entre qualquer um dos antepassados. Portanto, cada pessoa possui uma gama maior de opções. Não existe uma palavra que signifique fronteira territorial; não há dentro e fora de um território local. Apenas posições genealogicamente definidas com relação aos locais de sepultamento são significativas. Os homens não estão cercados por nenhum tipo de território delimitado. Como muitos outros melanésios, os 'Are'are usam uma espécie de moeda feita de conchas ou dentes para manifestar suas relações. Elas são desenvolvidas em um complexo padrão de negociações e trocas rituais.

> Cada indivíduo carrega certo número de elementos que lhe garantem poder sobre o mundo e sobre seus pares. Primeiro, sua identidade sob a forma de diversos nomes, dentre os quais alguns vêm do lado paterno e outros do lado materno. Desde o nascimento, ele tem direitos à terra definidos e, com a morte de cada um dos pais, receberá uma parte de suas propriedades. Ele também poderá usar seu conhecimento técnico e seu conhecimento sobre moral, ritual e regras sociais, bem como poderes sobrenaturais herdados ou comprados. Por fim, ele é responsável por todos os créditos e débitos que cria durante trocas cerimoniais.
> (DE COPPET, 1968)

A partir desse ponto de partida comum, o "Homem Grande" se impõe como líder, sem qualquer título especial, sem o enquadramento de qualquer hierarquia ou instituição, sem nenhum direito especial de cobrar impostos ou demandar trabalho. É uma realização puramente pessoal. Seu poder reside apenas no consentimento de seus seguidores. Mas quanto mais numerosos eles forem, maior será seu prestígio e poder. Essa é basicamente a mesma situação social. Uma relação de reciprocidade e interdependência, uma premissa de igualdade inicial e um padrão real de flagrante desigualdade. Todos dependem do Homem Grande para seu sustento e segurança. Ele cria o enquadramento político e ritual no qual homens comuns podem resolver seus ciclos, padrões de trocas recíprocas em padrões cada vez maiores. A glória dele potencializa o resplendor dos outros. Ele cria alianças locais de grande escala, controla a violência, resolve disputas. Ele faz tudo por meio da generosidade, trabalho duro, manipulação hábil das regras de organização de banquetes e compensação. As regras são extremamente complexas. Para ele, elas são uma escada de realização; para aqueles cuja única esperança de liberdade é desistir da batalha por solvência e estima, elas são uma grade opressiva.

Outro bom exemplo desse tipo de sistema social foi dado por Oliver (1957) com relação aos siuai da Ilha de Bougainville, no arquipélago das Ilhas Salomão. Aqui, de novo, uma sociedade altamente individualista e competitiva é elevada para além de um nível modesto de realizações pelos esforços de Homens Grandes individuais. Os líderes competem por seguidores, forçam outros homens a se esforçar ao máximo para produzir inhame, porcos e todo tipo de luxos-padrão em banquetes, durante os quais eles desafiam e fazem objeções a seus rivais. O líder bem-sucedido desafia o líder do próximo grupo; assim, bem-sucedido em seu próprio distrito, ele desafia o líder de outro distrito. Cada êxito repercute na glória de seu grupo. Se ele não tivesse se afirmado, eles teriam subutilizado apaticamente seu território. Não teria havido excitação e colaboração. Durante seu auge, eles alcançaram um nível mais alto de organização do que teriam sido capazes em outras circunstâncias. Quando ele envelhece, seus seguidores naturalmente diminuem. Em outro lugar, algum outro líder surge e o nível de organização social aumenta ali, enquanto cai aqui. Todos nessa sociedade sabem que apenas qualidades pessoais ajudarão o líder. O seu cosmos exprime isso precisamente ao atribuir a cada homem seu próprio conjunto de tenentes espirituais. O Homem Grande tem os maiores e mais ferozes demônios trabalhando para ele (ibidem, p.444-6). Gradualmente, construímos uma imagem, a partir dessas culturas, de um tipo de sociedade muito preocupada com o sucesso. O homem que trabalha bem para si mesmo beneficia todos os outros. É um sistema baseado na iniciativa pessoal e em habilidades gerenciais altamente cultivadas. O cosmos é moralmente neutro e basicamente otimista. Qualquer um pode erguer uma das espadas mágicas de Excalibur se for grande o suficiente para empunhá-la. Não se desaprovam homens que usam a magia para promover causas próprias. Onde os fins estão autorizados, os meios também o estão. As virtudes admiradas são a ambição, a astúcia e a força. Nem todas as sociedades da Nova Guiné seguem esse padrão. Por exemplo, K. Burridge (1965) descreve os tangu da região norte do distrito de Madang como um povo que também via o universo como amoral (p.225), mágico (p.246), imprevisível e caprichoso (p.239-40), mas ele descreve, nesse caso, uma ênfase muito maior no medo de bruxaria. Meggitt (1965) descreve os mae enga das Terras Altas Ocidentais como sendo dominados pelo medo de espíritos ancestrais. Ambas as sociedades parecem exibir as características que esperaríamos do argumento precedente: grupos menores e mais fechados para os tangu afligidos pela bruxaria e um sistema patrilinear prescrito de papéis com comunidades locais bem definidas para os mae enga, que temem seus antepassados. Mas apenas um exame minucioso do modo como a grade e o grupo são vivenciados em tribos em uma única área cultural lançará luzes sobre essas variações. Eu me volto agora para um exemplo da Europa. Na cosmologia típica do sistema social focado no ego, o poder é uma dádiva individual. O poder supernatural é atribuído de modo a validar o sucesso individual e a explicar o fracasso individual. Assim, entre nossos antepassados teutônicos, a sorte era a ideia cosmológica dominante, da mesma forma que o destino o era entre os gregos antigos.

Lembre-se que os teutões possuíam um sistema de parentesco cognático no qual se avaliava que as obrigações de ajudar irradiavam de cada indivíduo em todas as linhas de descendência. Agora leia o relato de Grönbech em *The Culture of the Teutons* [A cultura dos teutões] (1931):

> Para onde quer que nos voltemos, encontramos o poder da sorte. Ela determina todo o progresso. Onde ela falha, a vida adoece. Ela parece ser o poder mais forte, realmente o princípio vital do mundo. (v.1, p.127)

Ele prossegue, descrevendo a natureza individual e caprichosa desse poder. Cada família pode reivindicar certo tipo de sorte, para navegar, lutar ou pescar. O rei Eric Weatherhat tinha o vento em seu chapéu: ele podia mudar o vento girando o chapéu.

Entre líderes tribais, esse dom da vitória se mostra em todo o seu esplendor. Encontramos homens com genialidade militar, que trazem a vitória consigo não importa aonde vão. Todos os reis noruegueses da raça de Harald Fairhair possuíam esse grande dom da vitória. E quando Carl Haakon foi capaz de, por um tempo, ocupar o lugar de governante da Noruega, foi devido notavelmente à sua sorte para conquistar vitórias, perseguir e matar. Isso manteve as pessoas do seu lado, porque elas acreditavam que ninguém poderia ser como ele no que diz respeito a esse dom particular.

Um tom semelhante é visível na abertura da história de Beowulf, sobre o reino de Hrothgar; foi-lhe dado rapidez na guerra e honra na batalha, de modo que seus parentes o seguissem até que os jovens crescessem e se reunissem ao seu redor sob seu acolhimento. [...] "E quando eles viram seu líder derrotado, eles fugiram um a um" — essa frase aparece repetidas vezes nas sagas, e sua veracidade é confirmada repetidamente pela história. Se a sorte de um grande homem na guerra falhou, como a sorte inferior de um homem inferior poderia ajudar? (ibidem)

Surpreende-me o quão próximos, em muitos aspectos, são os relatos do professor Maurice Freedman sobre a geomancia chinesa e a imagem que tenho construído de uma cosmologia apropriada a um sistema social altamente individualista e competitivo. Em seu discurso presidencial ao Instituto Antropológico Real em 1968 (publicado em 1969), ele descreve o sistema *feng shui*, a geomancia das construções. Um prédio modifica a paisagem, e assim perturba um complexo equilíbrio de forças. A paisagem é parte de um sistema, e qualquer mudança na forma de um elemento pode se dar em detrimento dos outros, de forma que a tarefa do geomante é descobrir a melhor relação para seu cliente, quer seja uma aldeia como um todo, quer seja um único membro dela. A paisagem sugere certos símbolos, como dragões, pincelando.

> A perfuração de um poço ou a construção de uma via provavelmente romperá uma artéria ou tendão de um dragão (para pegar o caso mais comum) e libertará alguma força terrível de infortúnio que resultará em pobreza, doença ou esterilidade. Uma via feita para conduzir diretamente à minha porta é uma flecha contra a qual serei capaz de me defender apenas com muita dificuldade e talvez pagando caro por isso. [...] A ligação entre as propriedades gerais de um local e o destino daqueles que o ocupam reside no horóscopo [...] o geomante encarregado do trabalho de achar e usar locais para clientes específicos está comprometido, em nome de seus clientes, a esculpir o melhor futuro possível para eles e a fazer a melhor reivindicação possível para eles em um mundo de oportunidades restritas, pois a felicidade e a prosperidade não são ilimitadas; elas formam um fundo fixo do qual cada homem deve se esforçar para tirar o máximo para si à custa dos outros.
> (FREEDMAN, 1969)

Eis uma variante extraordinariamente complexa da cosmologia de competição. Enquanto os modelos da Nova Guiné e dos teutões lidam com oportunidades ilimitadas, o chinês é restrito, e a competição é ainda mais intensamente perseguida. Ademais, ele é adaptado a uma sociedade de estudiosos letrados e capazes de fazer cálculos. Mas, à parte essas grandes diferenças, ele também é moralmente neutro, um sistema manipulável tão focado no ego quanto os outros. Eu esperaria que seu uso variasse de acordo com a importância do *status* atribuído em diferentes setores da sociedade. Maurice Freedman apresenta um velho mito de um geomante que tentou derrubar a dinastia

Ming garantindo que seu próprio cemitério colocaria seu filho na posição de se tornar imperador. Mas o filho tinha que seguir algumas instruções precisas e esperar o número prescrito de dias de luto. Sua impaciência o levou a encurtar o período de luto em um dia, e, assim, todos os planos bem definidos, que dependiam de um controle exato do tempo, deram errado. Portanto, um limite social e moral aos poderes da geomancia pode ser importado para uma tecnologia que fora isso é amoral. Eu também esperaria que todo o sentimento sobre a arte mudasse em períodos de restrição e em períodos de expansão, ou entre setores da sociedade que sentem estar em expansão e aqueles que se sentem confinados. No sistema social em expansão, o *feng shui* deveria certamente ser uma arte otimista, mas o geomante deveria se deparar com uma diminuição de sua clientela. No sistema restrito, seu negócio prosperaria a partir dos medos, bem arraigados, de seus clientes. Haveria uma tendência maior a consultar, maior prontidão para a alteração de túmulos e prédios e menos garantias despreocupadas do tipo faça você mesmo com relação aos elementos geralmente propícios na paisagem. Nossos próprios consultores industriais descobrem, dentro de certos limites, que o rigor econômico é bom para seu tipo de negócio.

Não temos nenhuma dificuldade para achar modelos para a cosmologia competitiva no mundo industrial. Se procurarmos homens que veem o mundo como um sistema moralmente neutro e técnico que se encontra ali para eles explorarem com seus próprios dons e nos quais eles depositam muita confiança, os encontramos em qualquer um de nossos grandes magnatas industriais. Escolhi o lorde Thomson of Fleet, cuja biografia é tão envolventemente franca e detalhada em todos os pontos relevantes (BRADDON, 1965). A ampla gama de movimentos geográficos entre sua casa de infância em Toronto e sua sede atual em Londres sugere um paralelo com as possibilidades de livre movimento nas sociedades da Nova Guiné que descrevi. A crescente escala geográfica de suas responsabilidades o posiciona, de acordo com os mesmos padrões, como um Homem bem Grande, para dizer a verdade. Sua obsessão com fazer dinheiro, depois sua obsessão com obter um título de nobreza – tudo é muito claramente reconhecível como a ambição na Nova Guiné de aproveitar o poder, os dependentes e o prestígio. De um posto clerical na Companhia Colonial de Cordage a proprietário de 140 jornais, eis alguém que nunca se submeteu à pressão de fronteiras de grupo, local ou não. Sua responsabilidade é para consigo mesmo e com seus parentes mais próximos. Quando desafiado pelas vítimas de seus empreendimentos quanto à moralidade de suas ações, ao fechar ou promover a fusão de negócios à beira da falência, ele sempre tinha um "Alguém tem que pagar os salários" na ponta da língua. O que era bom para ele também era o melhor para a maioria e para o número crescente de seus dependentes.

Primeiro, eu gostaria de mostrar, por meio de citações, por que ele deveria ser classificado como alguém livre de restrições de grupo. Sua carreira é marcada por parcerias estreitas, mas, daqueles que começaram com ele, bem poucos sobreviveram para compartilhar de seu triunfo final. Exceto pela sua família, suas relações pessoais são amplamente mecanizadas; a maioria de seus contatos são efêmeros e impessoais.

> Entre 1953 e 1957, seus diários revelam uma profusão de anotações nas quais se lê "paletó, falar 20 minutos" – uma profusão igualada apenas pela escassez de compromissos pessoais ou informais. (BRADDON, 1965, p.265)

Em recepções, noite após noite,

> Ele tirava o chapéu e o largo sobretudo preto, falava e sorria em meio à multidão. Ainda assim, ele sempre parecia solitário; com – em vez de parte de – um grupo. (ibidem)

Esse é um homem que todo ano envia cartões de Natal para todos que já conheceu (p.276) e cuja secretária trazia semanalmente uma série de votos de feliz aniversário para serem assinados e depois enviados a uma longa lista de nomes. Ele impulsionou sua ascensão, passando por uma série de *status*, seus olhos descaradamente fixos nas posições superiores, que se apresentavam como desafios.

> Quero descobrir se sou tão bom quanto penso ser. [...] O que eu mais quero no mundo é um título de cavaleiro. (ibidem, p.169)

> A propósito do título de lorde, ele confessou: "Esse título sempre foi uma ambição ainda maior do que a de possuir cem jornais, porque parecia algo tão irracional – uma chance em cem milhões". (ibidem, p.311)

Claramente, quanto mais irracional a ambição, mais atraente ela parece. Com uma expectativa de vida maior, ele poderia ter tentado virar xá da Pérsia. Muito interessado em títulos, desfrutando ser chamado de Roy por todos os seus empregados, mas preocupado com a correção ao observar as regras sociais:

> "Me diz, Roy [...] tem alguém aqui que seja um simples senhor?"

> "Apenas você e eu", Thomson lhe disse alegremente. Ele estava passando por um período em que a mera presença da aristocra-

cia o deixava feliz – e esta noite, neste jantar privado, ele tinha conseguido um duque, cinco condes e uma verdadeira multidão de cavaleiros. (ibidem, p.207)

Dentro desses círculos, ele se protegia com a garantia de estar bem informado. ("Diga-me, como me dirijo a esse sujeito? É Reverendíssimo ou Vossa Excelência Reverendíssima?") (ibidem, p.273)

A existência de um conjunto de relações formais e títulos fornece a ele um enquadramento a partir do qual desenvolver seu campo de atividades centrado no ego. Seu universo social deve ser manipulado pela energia e pelo respeito escrupuloso às regras.

Quando perguntado sobre o que pode acontecer ao homem que não teve um lucro de 10% sobre o dinheiro que tomou emprestado a 5%, a resposta de Thomson foi simples. O banco não tinha direito de emprestar a alguém tão néscio. (ibidem, p.185)

E, desde o início, sempre o vemos debruçado sobre seus balancetes. Como o jogo de cobras e escadas, os balancetes representam regras que o colocam no lugar mais alto do pódio e seus rivais na linha de partida. Seu dinamismo e suas atitudes com relação ao tempo e ao trabalho são característicos:

Durante sua primeira reunião do conselho, ele iniciou os trâmites pontualmente às 10 horas e, às 14h30, ainda estava firme e forte. "Esse sujeito não tem nenhuma noção de tempo?", perguntou um diretor esfomeado e irritado a Chapman. "Não quando há trabalho a ser feito", disse-lhe Chapman. Entre eles, Chapman e Thomson deixaram claro que a contenção de gastos e o racionamento deveriam ser impostos ao consolidado caos das finanças do *Scostsman*. (ibidem, p.171)

Também vemos a abordagem pragmática em relação à moralidade: o fato de que compensa ser honesto é um princípio solene (p.236, 273). Ele não é, confessadamente, um homem religioso. Entrevistado na televisão:

> "Você é um homem religioso?"
> "Não, receio que não."
> "Você apoia uma religião da qual é não praticante?"
> "Sim, sou protestante, por assim dizer. Eu iria a qualquer igreja protestante."
> "Você tem uma crença convencional em Deus?"
> "Isso mesmo."
> "Você acha que é possível para um homem que tirou tantas vantagens do mundo terreno como você dizer que ele vive a vida de um cristão?"
> "Eu acho, sob todos os aspectos", retrucou Thomson intransigentemente. "Sim! Acredito implicitamente na Regra de Ouro. 'Faça aos outros o que gostaria que fizessem com você.'"
> (ibidem, p.275-6)

É gratificante pensar no lorde Thomson disfarçado de herói da Nova Guiné: os banquetes, os balancetes, o dinamismo, tudo tem o mesmo significado, quer os jornais sejam comprados com dinheiro, quer os porcos sejam comprados com conchas. Oliver nos oferece esses vislumbres de um cordial líder siuai:

Um homem inteligente como Soŋi planeja a coleta de porcos com anos de antecedência. Sobre ele, Orim disse: "Outros homens se sentam na casa dos homens e mastigam nozes de areca, falando sobre nada. Não é assim com o Soŋi. O coração dele é cheio de porcos e dinheiro de concha; dando aqui e recebendo acolá; ampliando seu séquito, enfatizando seu *potu* (renome) e dividindo seu *anurara*" (concha-moeda). E depois de um grande banquete, para obter êxito a partir do esforço feito por seus seguidores durante semanas – os quais agora estão caídos no chão, exaustos –, ele não lhes dá descanso. Mesmo assim, na manhã seguinte, os gongos de madeira soaram de novo e pareciam mais altos do que nunca, provavelmente porque o barulho era tão inesperado. Alguns nativos sonolentos caminharam em direção à casa dos homens e escutaram Soŋi sair enfurecido: "Se escondendo em suas casas de novo, copulando dia e noite enquanto há trabalho a ser feito! Porque, se dependesse de vocês, vocês passariam o resto de suas vidas cheirando os porcos de ontem. Mas eu lhes digo, o banquete de ontem não foi nada. O próximo será realmente grande. Sihan, quero que você providencie o maior porco com Konu; e você, Maimoi, vá a Mokakaru e ache um porco para Uremu; e... etc.". (OLIVER, 1949, p.25)

Portanto, o trabalho de organizar o crédito e as parcerias para o próximo banquete de tomada de poder nunca termina. Sempre que um jornal é comprado, há um banquete no diário de Thomson, além de vários banquetes preparatórios menores. Pode-se corretamente considerar todo o restante de suas atividades como preparações para banquetes cada vez mais esplêndidos. A estreita relevância do paralelo com a Nova Guiné é evidente o suficiente.

Entre as cosmologias do sucesso, devemos identificar diferentes tipos de controle exercidos sobre o comportamento individual. A geomancia chinesa, por exemplo, ela própria uma técnica sem considerações morais, é parte de um sistema complexo no qual os controles morais são completamente representados na ideia de Paraíso. A ideia teutônica de sucesso pessoal foi modificada pela relação estreita entre sorte e honra. Mas é possível que o sucesso pessoal seja celebrado sem o reconhecimento de qualquer outra restrição além daquelas já prescritas nas regras do jogo. Na sociedade industrial, uma base moral limitada para transações é fornecida pelo reconhecimento de que probidade e solvência financeiras são necessárias para o sucesso. Na Nova Guiné, a dependência do líder de seu séquito cria um sistema de retroalimentação sensível. Todos que realizam transações endossam o respeito pela reciprocidade e são tão sensíveis à vergonha quanto à glória. Essas restrições morais são criadas na própria competição. Apesar de influenciarem o conceito de homem íntegro, de intermediário honesto, elas não fazem nada além disso para relacionar o indivíduo a qualquer propósito final da comunidade enquanto tal.

Aqui parecemos ter um tipo de sistema social sem uma consciência coletiva. Lowie (1925) fez bem em salientar sua existência, aduzindo o individualismo classificatório da religião crow como um tipo que a abordagem de Durkheim não podia acomodar. Esse é o tipo de sociedade que Durkheim pensava que não podia existir em condições econômicas primitivas: o baixo nível de interdependência econômica combinado com um individualismo altamente competitivo e uma religião de espíritos guardiões privados para cada homem. Nesse sistema, não importa se entre as populações nativas norte-americanas, na Nova Guiné ou entre nós, cada pessoa está comprometida com ela pela atração do sucesso excepcional (ou até do sucesso moderado) para si.

Se procurarmos considerar como um grupo social pode unir os símbolos do eu e da sociedade em um todo coerente, verifica-se que o sistema de grade focado no ego não faz nada comparável com o conceito do eu. Perguntas sobre a identidade e o valor do eu dificilmente podem ser respondidas, exceto por manifestações de sucesso. E o sistema de grade forte é tal que apenas poucos podem alcançar o sucesso. Para esses poucos, é possível perceber que as regras são muitas cordas e escadas para uma emancipação vertiginosa. Para a maioria dos outros, pode nunca ficar claro que o caminho está bloqueado para eles: um dia, sua sorte ou seus demônios podem se tornar mais eficientes. Mas deve sempre haver alguns que descobrem que nasceram para perder durante toda a vida, para servir por uma ninharia, para admirar os prêmios reluzentes que nunca estarão ao seu alcance. Quem são os bruxos maus tão rejeitados pela respeitável sociedade da Nova Guiné, os estranguladores com olhos vermelhos e unhas longas cujos corações, diz-se, são consumidos pela inveja? Os homens bons usam a bruxaria o tempo todo como parte da tecnologia de sucesso autorizada. Isso significa que os bruxos rejeitados devem ser os fracassados, os desistentes, as vítimas do sistema. Sua visão de mundo, o que eles pensam sobre o modo como as regras funcionam e como eles veem o sistema seriam as informações mais valiosas de todas para nossa comparação. Como *eles* conseguiram proteger sua imagem de seus eus interiores da degradação e do nojo? É possível que eles venham a acreditar em sua própria inadequação moral e considerem sua amargura e inveja como

Símbolos naturais

provas da solidez das acusações feitas contra eles. Ou estariam esses homens esperando serem libertos por um novo culto de carga? A etnografia do mundo visto pelos olhos do bruxo acusado ainda não foi registrada.

Curiosamente, os líderes bem-sucedidos, tendo se libertado das restrições pessoais, emergem em uma atmosfera rarefeita que tem algo em comum com a visão de mundo das pessoas mais fortemente sujeitas à pressão controladora na mesma sociedade. Seus contratos sociais efêmeros e sua impermeabilidade às pressões pessoais lhes permitem ver o cosmos como uma ordem racional que não é dominada por pessoas, mas sim por objetos manipuláveis. Esses objetos são as regras impessoais que governam suas transações. O mundo deles não é controlado por fantasmas e bruxos independentes ou por homens maus. Não há pecado: apenas estupidez. A natureza humana é dividida entre os tolos e os sábios, entre "aqueles que sabem" e o outros. Eles não sentem necessidade de nenhuma ação simbólica além dos banquetes triunfais para simbolizar o controle da sociedade pelo eu. Portanto, há certa cegueira a qualquer representação simbólica do eu sendo controlado pela sociedade que misteriosamente a transcenda e lhe dê maior importância. Para eles, trata-se de um mundo racional cujas leis são perfeitamente inteligíveis e sem mistérios. E ele é, no geral, um mundo satisfatório para aqueles líderes bem-sucedidos.

Na Nova Guiné, essa estrutura social, uma grade focada no ego, e essa cosmologia são o pano de fundo permanente e contínuo para cultos de carga periódicos. O termo "carga" representa riqueza, roupas, comida e bens comerciais europeus. A essência desses cultos é que algum herói mítico revelará ao povo rituais secretos para obter cargas. Periodicamente, autorizados por um profeta, eles largam suas enxadas, destroem suas propriedades, realizam rituais e saem em direção ao cais ou pista de aterrisagem para esperar a entrega das cargas. Os cultos de carga causaram muito tumulto e preocupações administrativas na Melanésia; multidões são controladas com violência, líderes são detidos. Entretanto, eles simplesmente são levados à clandestinidade e retornam inúmeras vezes. Existe agora uma literatura considerável sobre esses cultos. Inevitavelmente, uma vez que "carga" é uma palavra e uma ideia derivadas da ocupação europeia, os cultos foram analisados como manifestações coloniais, resultantes do contato com uma cultura estrangeira (LAWRENCE, 1964; WORSLEY, 1957; THRUPP, 1962, p.17). Mas parece bem possível que movimentos similares tenham ocorrido anteriormente, ainda que em intervalos menos regulares.

O culto de carga moderno é muito parecido com outros movimentos milenaristas. Ele descarta rituais existentes e procura um novo rito radical que inaugurará uma era de ouro. Mas ele apresenta uma marca distintiva e crucial. A maior parte dos movimentos milenaristas rejeita os valores materiais da sociedade e busca transformá-la em algo bem diferente. Mas o culto de carga explicitamente aceita os valores materiais atuais, especialmente esses, e busca oferecer a seus seguidores um meio para alcançá-los. A diferença corresponde a duas atitudes distintas em relação à pobreza na religião cristã contemporânea. Por um lado, há o Sermão da Montanha, que abençoa a pobreza e alerta contra a riqueza; por outro lado, há o voto para abolir a pobreza e alcançar a fartura para todos. Sua drástica forma contemporânea pode muito bem ser uma adaptação a uma crise contemporânea particularmente prolongada e aguda de um ritual antigo de regeneração moral. A presente crise é causada por melanésios do litoral que se veem em uma relação com estrangeiros ricos com os quais eles não podem fazer negócios, pois não têm nada para oferecer em troca. Eles são, portanto, incapazes de entrar em relações recíprocas com os europeus. Eles se encontram privados dos direitos humanos básicos de relações social, e privados por pessoas com quem eles gostariam, em especial, de fazer negócios. Esse sentimento de ser excluído, negligenciado, de ser levado a se sentir sem nenhum valor é uma experiência comum no sistema de grade forte, pois continuamente, à medida que um homem ascende à proeminência, ele reduz seus parceiros antigos à insignificância, se recusa a negociar com eles ou a festejar com eles como iguais e passa a fixar sua atenção em outras relações mais lucrativas. Lawrence descreve de forma muito convincente o culto de carga como uma tentativa de adotar técnicas rituais tradicionais para a situação europeia. Nessa magia cotidiana, um homem garia tentou fazer outras pessoas "pensarem" nele. Fazer alguém "pensar" no outro é fazê-lo cooperar. O esquecimento social é o grande risco. Essa linguagem de forçar alguém por meio do ritual a "pensar" no outro é um modo significativo de exprimir a ansiedade de não ser negligenciado e menosprezado em um sistema no qual apenas alguns podem ter êxito e o restante está obrigado a vivenciar o menosprezo e, com ele, perdas materiais e sociais.

O conteúdo dessas relações sociais pode ser descrito como uma troca de bens e serviços equivalentes. Uma relação puramente nominal tinha pouco valor. O que importava era que cada parte de uma relação fosse forçada a "pensar" [...] na outra por meio do cumprimento de obrigações específicas — como em compromissos de parentesco e de troca – que demandavam um retorno automático e igual, sob o risco de perder reputação pessoal e vantagem mútua [...] onde não havia troca de bens e serviços, não poderia existir nenhum senso de relacionamento, obrigação mútua e valor, apenas suspeita, hostilidade e risco de guerra. (LAWRENCE, 1964, p.29-30)

A carga, portanto, não é desejada por si só, mas pelas novas relações que ela permitirá, quando o papuásio puder fazer negócios com o europeu em termos justos e iguais. O culto de carga deve ser visto como um rito especialmente potente que dissolve todos os compromissos e relações existentes em prol do estabelecimento de um conjunto de ligações novas e mais lucrativas. Não é de surpreender, com base no que vimos sobre a tendência a reproduzir uma situação social em simbolismo corporal, que tremores, frenesi e promiscuidade sexual acompanhem muitos rituais do culto de carga. As pessoas querem exterminar o sistema antigo, com suas formas inferiores de riqueza, e recomeçar. Acho difícil acreditar que movimentos muito similares de regeneração moral não tenham sido endêmicos na Melanésia muito antes da invenção da ideia de carga. Os meios pelos quais os cultos se espalham de uma localidade a outra, por meio de pagamentos regularmente instituídos, sugerem um sistema bem conhecido. Kenelm Burridge sugere que os tangu recorreram a cultos de renovação antes do advento dos europeus (1960, p.25). Minha hipótese é que uma sociedade tão fortemente centrada em uma estrutura de grade focada no ego está sujeita a colapsos recorrentes por causa de sua fraqueza moral inerente. Ela não pode sustentar de forma contínua o comprometimento de todos os seus membros com um princípio igualitário que favorece uma minoria. Ela não tem um modo de simbolizar ou ativar a consciência coletiva. Pode-se prenunciar que um sistema de grade focado no ego oscile entre a glorificação de líderes bem-sucedidos e a celebração do direito das massas de desfrutar do sucesso. Portanto, o culto de carga e seus protótipos seriam cultos de revolta contra a forma como a estrutura social parece estar funcionando, mas não de revolução contra a estrutura tradicional em si.

Muitos se impressionam com o paralelo entre a revolta estudantil e o milenarismo violento. A teoria da compensação considera que a causa é a insegurança ou a privação. Mas minha hipótese aponta para uma falta de estruturação adequada na população universitária. É muito possível que acadêmicos, em determinado departamento, se sintam encurralados juntos em uma desordem competitiva e se mostrem propensos a fazer diagnósticos em termos da caça às bruxas. E pode muito bem ser que os próprios estudantes vivenciem uma grade sem grupo. Cada um deles, com um cronograma individual que controla cada hora de seu dia, desloca-se de salas de aula impessoais a alojamentos isolados; os grupos aos quais ele se associa são fragmentados e de curto prazo. A organização à qual ele se sujeita parece impedi-lo de concretizar suas aspirações em vez de garanti-las. Ele vivencia a sociedade como um corpo estranho e sinistro, uma máquina que reprime a vida. Suas categorias de poluição e pureza, de matéria e mente, carne e espírito são elaboradas a partir do padrão antigo. Daí o confronto brutal: seus professores vivem em um universo, eles valorizam fronteiras e sentem o cheiro de conspiração contra formas sagradas; ele vive em outro universo no qual nenhuma forma em particular é sagrada; a forma enquanto tal é distinta do conteúdo e inferior a ele; ele se opõe à classificação como a expressão da forma vazia, o próprio emblema do mal. Enquanto estou escrevendo isso, a Universidade de Illinois está investigando a destruição de seus catálogos da biblioteca e lamentando um ataque aparentemente irracional ao ensino. Mas a destruição de categorias de qualquer tipo é um ato simbólico que replica a vida social hiperestruturada pela grade, a experiência que sempre levou as pessoas a valorizar experiências pessoais desestruturadas e a acreditar em um evento catastrófico que destruirá todas as formas de estrutura existentes.

Para resumir: os quatro tipos sociais que identificamos pela grade e pelo grupo possuem quatro tipos cosmológicos distintos. Primeiro, para a alta classificação, na qual a grade e o grupo são fortes, o universo é justo. A dor e o sofrimento são punições apropriadas para transgressões individuais ou são registradas em uma escrituração transcendental, de forma que os efeitos da virtude de um homem são contabilizados para o bem comum e suas falhas são, da mesma forma, imputadas à comunidade. Trata-se de um cosmos regulador complexo.

Segundo, para o tipo social que chamei de pequeno grupo, o universo está dividido entre forças combatentes do bem e do mal. A liderança é precária em tais grupos, e os papéis sociais são ambíguos e indefinidos. A fronteira do grupo é o principal definidor de direitos: as pessoas são classificadas ou como membros ou como estranhos. O perigo mágico está associado à ideia de fronteira. O mal é um perigo estrangeiro introduzido por agentes estrangeiros disfarçados. Os membros do grupo acusam os dissidentes entre eles de permitir que o mal de fora se infiltre. As acusações levam à fissão do grupo. O cosmos está ameaçado pelo comportamento vil e irracional de agentes humanos do mal.

Ele está preocupado com rituais de limpeza, com a expulsão de espiões ou bruxos e com a redefinição de fronteiras. Muitas pessoas acreditam em bruxaria sem se preocuparem com o medo da agressão de seus vizinhos. Eu não incluiria a sua crença em bruxos, que tende a ser um elemento marginal em sua cosmologia, nessa categoria. Cosmologias dominadas por bruxos variam em uma gama que corresponde à estruturação de papéis internos e à abertura e permeabilidade da fronteira externa.

Há claras interpretações no que eu disse sobre bruxaria para a história dos movimentos religiosos. Também podem existir implicações práticas. Se um novo pânico envolvendo caça às bruxas começasse, como aquele encabeçado por Joe McCarthy nos Estados Unidos na década de 1950, não seria suficiente denunciá-lo e a seus seguidores. Richard Rovere (1959) afirma: "McCarthy atraiu para seu séquito a maior parte dos patetas, e zumbis e incitadores ao ódio compulsivos que haviam seguido demagogos mais antigos e menos importantes". Mas quando as fantasias sobre bruxos ocorrem em escala nacional, elas não são um mero produto de loucos de personalidades fracas e de manipuladores cínicos, como sugeriu Arthur Miller em *As bruxas de Salem*. A caça às bruxas se desenvolve em um nicho social determinável: facções importantes externamente distintas e internamente competitivas. Talvez seja importante ajustar as condições nas quais se busca e exerce o poder político caso se queira controlar movimentos de caça às bruxas.

É improvável que um diplomata que se aproxima do topo de sua profissão esteja ascendendo livremente no ambiente ousado dos Homens Grandes. Nem se pode presumir que as condições do Ministério das Relações Exteriores necessariamente reproduzam o sistema ordenado e previsível da grade e do grupo fortes, no qual a precedência é reforçada pela devoção. É possível que a confusão e a incerteza da pequena aldeia da África Central ou de uma seita como os Irmãos de Plymouth no início permitam um modelo mais próximo. Se esse fosse o caso, a teoria da conspiração da política obscureceria a atmosfera das reuniões de cúpula com suspeitas, e especialistas exortariam seus líderes a excluir malfeitores e a estreitar as fronteiras da sociedade boa.

Agora para o terceiro tipo social, os líderes competitivos que dominam o sistema de grade forte. Acabei de descrever a cosmologia do sucesso dele, com seu sincretismo e escopo de magia privada. Por não o terem reconhecido como um tipo distinto, antropólogos precedentes podem ter interpretado suas descobertas de forma completamente errônea. Os ilhéus de Dobu há muito fornecem o estereótipo de uma cosmologia dominada por bruxos. Entre esses negociantes de longo alcance, muito respeitados e até temidos por parceiros distantes, cada homem possui sua própria coleção de fórmulas para o sucesso e compete apaixonadamente contra seus vizinhos e parentes. Pode valer a pena reavaliar o excelente estudo pioneiro de Fortune (1932) com o intuito de decidir se os dobianos devem continuar sendo classificados como paranoicos nervosos que se voltam para dentro si, obcecados pelo medo de perseguição, ou como audazes magnatas que protegem suas receitas mágicas como segredos industriais que são utilizados contra seus rivais.

Quarto, a outra extremidade da grade forte na qual a massa de pessoas está sujeita a regras impessoais – esse tipo provavelmente passaria por fases sucessivas de acordo com os altos e baixos da sorte dos Homens Grandes e conforme as alianças deles fossem altamente procuradas ou negligenciadas. Em uma fase de sua carreira, um líder em ascensão atrairá dependentes, prometendo-lhes recompensas, lisonjeando seguidores com seu interesse. Para a sociedade constituída ao redor dele, essa fase é como uma tendência ascendente da taxa de emprego. Vagas desocupadas criam otimismo, e os seguidores não pensarão que as regras do sistema não têm significado para suas vidas, uma vez que as recompensas estão ao seu alcance. Durante o auge de sua carreira, o líder pode ter absorvido a maior parte do mercado de seguidores em potencial. O sistema, portanto, se mantém suspenso enquanto sua motivação e habilidade o mantêm coeso. Também poderia existir uma fase como uma oferta excessiva de empregos, na qual os seguidores adquirem tamanho senso de valor que ousam manipular o mercado, procurar um novo líder e mudar de alianças. Ainda assim, sempre haverá aqueles que se encontrarão, em todas as fases, do lado menos favorecido. Ninguém disse que esse é um sistema confortável ou digno para envelhecer. Inevitavelmente, em alguma fase, o próprio líder envelhece e perde o controle. O maquinário emperra. Os melhores seguidores se afastam, seduzidos por líderes mais fortes. Entre impérios rivais, uma massa de pessoas está incerta sobre seu futuro. Outros estão tão profundamente envolvidos com a sorte de um homem e lhe trataram tão bem que não são aceitos em outro grupo. A confusão e a crise seriam como a experiência da Europa com o colapso dos principados renascentistas (TREVOR-ROPER, 1967). E, nessas condições, assim como na Europa, a ideia do milênio, sempre presente na consciência, desde a infância, começa a se apresentar. A própria estrutura da grade forte predispõe os cidadãos comuns a movimentos milenaristas. Essa sociedade, abrangendo o diagrama inteiro, da direita à esquerda, cria, do lado esquerdo, um sistema de crenças extremamente pragmático, não especulativo e materialista e, do direito, uma tendência ao milenarismo alternadamente reprimida e liberada.

Tendo definido esses quatro sistemas sociais e suas crenças particulares, devo atentar para um fator que já confundiu a simplicidade do modelo, o fator que chamei de dispersão. Em última instância, as tendências no lado direito do diagrama são aspectos do controle humano, tanto por classificação quanto por pressões pessoais diretas ou ambas, e elas são acentuadas com o endurecimento do controle. Segue-se que, se há pouquíssimas pessoas no território, elas se encontram de forma esporádica e irregular e as chances de evitar uns aos outros são boas, há uma diminuição do controle. Portanto, a dispersão completa provavelmente terá o mesmo efeito que um movimento em direção ao zero. À direita, o cosmos é mais punitivo, à esquerda, mais benigno. O contato humano decrescente tende a dar o mesmo resultado. Portanto, qualquer forma de retirada que seja um desaparecimento das categorias e pressões de outras pessoas dá um tom mais cor-de-rosa ao mundo. Quanto mais profundo o afastamento, maior a fé na pureza interna e na bondade do coração humano; a necessidade de formas rituais enfraquece, assim como a ideia de pecado.

9
Controle dos símbolos

De acordo com o Gênesis, nosso ancestral caiu de um estado de inocência natural quando comeu a fruta ambígua. Obter o conhecimento do bem e do mal ainda é o objetivo característico e que desafia o Deus dos seres humanos. E sempre nos vemos incapazes de suportar o conhecimento, sempre erguendo filtros para proteger a ideia de nossa própria inocência interior. Um desses filtros é a forte resistência de muitos acadêmicos à própria noção de determinantes sociais da crença. Eles prefeririam pensar sobre as crenças como algo flutuando livremente em um vácuo autônomo, se desenvolvendo de acordo com sua própria lógica interna, esbarrando em outras ideias graças ao acaso do contato histórico e sendo modificadas por novas ideias. Esse é um materialismo invertido. Em nome da primazia da mente sobre a matéria, seus partidários se esquivam de sua própria responsabilidade na escolha das circunstâncias de sua liberdade intelectual. Para assegurar a autonomia da mente, deveríamos, primeiro, reconhecer as restrições impostas pela existência material. Isso nos traz de volta ao nosso projeto original.

Identificamos padrões sociais característicos e a teoria da justificação que os acompanha e sustenta. Duas tarefas permanecem. Uma é a de distinguir o que é dito do que não é dito em cada visão de mundo. Cada teoria possui implicações veladas. Essas são suas premissas tácitas sobre a natureza da realidade definitiva. Elas são tácitas porque são aceitas como verdadeiras. Não há necessidade de torná-las explícitas porque essa é a base comum da experiência. Tais premissas compartilhadas são a base de qualquer discurso, até do código discursivo elaborado que foi desenvolvido para inspecioná-las. Elas são os alicerces nos quais a realidade social se constitui, como os fenomenólogos indicam. Ainda assim, até agora, embora se concorde que a realidade é um construto social (BERGER; LUCKMANN, 1971), nenhuma ordem convincente foi discernida em toda a diversidade de tipos de realidade que podem ser construídas. Para encontrar o que está implícito em cada cosmologia, seguiremos a mesma linha que desvelou o resto do argumento, a relação do eu com a sociedade. Seguindo essa linha, descobriremos como os grandes blocos de construção do cosmos se equilibram e, assim, entenderemos as lacunas entre eles. As premissas tácitas revelam como o laço social é constituído no recôndito da consciência dos indivíduos. Com essa exposição, o cenário está montado para a última tarefa, a relação entre os meios e a sociedade, da qual eles são a substância visível.

Cada forma social e seu estilo de pensamento correspondente restringem o autoconhecimento do indivíduo de uma forma ou de outra. Com uma grade e um grupo fortes, existe a tendência de considerar as categorias intelectuais, exigidas pelas categorias sociais fixas, como se elas fossem verdades eternas dadas por Deus. A mente está com as mãos e os pés atados, por assim dizer, limitada pelas categorias socialmente criadas de cultura. Nenhuma visão alternativa da realidade parece possível. Uma pequena mudança nas definições é um anátema e digna de ser protegida com derramamento de sangue. Anomalias são abomináveis. Nesse sistema, o código de pureza criou uma forte distinção entre o privado e o público, e suas implicações mais amplas são irresistíveis. Nesse caso, a erupção do orgânico no campo social é muito perigosa e deve ser purificada com rituais. O indivíduo em transição de um *status* social a outro é como matéria fora do lugar, impura e que deve ser reintegrada ritualmente. Rituais têm a função de celebrar a transcendência do todo sobre a parte.

Em contrapartida, ainda no quadrante direito, qualquer posição próxima ao zero é menos marcada pela regra da pureza e seus significados. Mas, embora sua visão de mundo seja encantadora e seu conceito de natureza humana seja cor-de-rosa, trata-se de um lugar de descanso temporário que se torna árido para os residentes de longo prazo. Todas as oportunidades de desenvolvimento pessoal são limitadas pela falta de organização. A gama e a qualidade das interações pessoais são restritas. As possibilidades de conhecer o eu são reduzidas pelo contato limitado com outros eus. Intelectualmente, isso é tão nulo quanto ineficaz em termos de organização.

Segundo, a comunidade fechada com sua intolerância a imperfeições: seu foco em um bem impossível é limitante de outra maneira. O fracasso em confrontar a ideia ameaçadora do mal é tão completo aqui quanto no primeiro caso. No ponto zero, o mal é implicitamente ignorado, aqui, ele é explicitamente evitado e rejeitado. Portanto, ambos os sistemas permitem que o indivíduo aprecie uma visão inadequada do eu e de suas capacidades e perigos.

Terceiro, a grade forte: essa sociedade permite que todas as possibilidades de organização de grande escala sejam consideradas, mas à custa das relações pessoais. De novo, na forma extrema, há uma exaltação estéril do eu isolado de outros eus. Outras pessoas são tratadas como coisas, instrumentos, peões em um jogo. Assim, o indivíduo entranhado nesse sistema é incapaz de refletir sobre a natureza do eu ou de simbolizá-lo como um agente complexo. Aqui, temos o mesmo empobrecimento da vida simbólica e amortecimento da curiosidade metafísica.

Se nos voltarmos para o quadrante das estruturas sociais (Diagrama 4), podemos agora extrair algumas características gerais, alguns tipos elementares de cosmologia. Considere, primeiro, os efeitos da limitação do grupo. À esquerda do zero, no eixo horizontal do controle, o cosmos é visto como se fosse dominado por poderes e princípios impessoais. O antropomorfismo nessas religiões é fraco. Se demônios e deuses sequer forem considerados influentes, eles são apenas fracamente baseados na imagem humana. Eles tendem a ser bizarros, deslocados ou difusos em termos de sua presença. Lembrem da ideia da floresta como uma força cósmica na religião dos pigmeus da floresta Ituri, as diversas refrações confusas por meio das quais o Deus nuer se manifesta, os espíritos animais dos indígenas das planícies, para perceber até que ponto o antropomorfismo pode ser reduzido. Ao mesmo tempo, essas religiões não são reguladores morais. Elas não oferecem nenhum sistema de recompensa e punição, nem neste mundo nem no próximo. Na parte superior esquerda, os princípios que governam o universo agem como multiplicadores dos sucessos ou fracassos humanos. É um sistema de retroalimentação positiva que oferece uma progressão total daqueles que são fortes o suficiente para jogar de acordo com as regras e degradação total para aqueles que fracassam. Técnicas de reintegração e reconciliação não são fornecidas, uma vez que não há concepção de transgressão contra a comunidade, apenas de fracasso. Não há doutrinas abrangentes sobre o pecado e a reparação. Nessas sociedades, a ideia do eu está livre de restrições sociais. O eu é valorizado unicamente em si mesmo, e não por nenhuma contribuição que possa fazer ao todo.

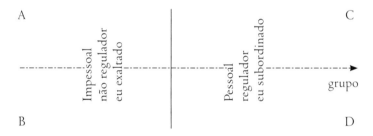

Diagrama 6 Do impessoal ao pessoal

Do outro lado da linha vertical, onde o grupo é forte, vemos que o oposto se aplica. Os poderes que controlam o universo são inspirados em figuras humanas. Eles são os espíritos de pais e avôs mortos, heróis culturais como irmãos mais velhos ou um deus criador, a figura mais ancestral de todas. Ou eles são seres humanos verdadeiros, reais, homens livres com poderes para abençoar e amaldiçoar, ou bruxos e feiticeiros com um arsenal próprio para causar o mal. Desse lado, onde o grupo é forte, o controle social está integrado ao cosmos. Esses poderes humanos e semelhantes aos dos humanos são ativados por situações morais. Ancestrais punem e recompensam; maldições vingam falhas morais; até mesmo bruxos só atacam quando provocados pela negligência ou grosseria. A ideia do eu está cercada por contextos morais espinhosos dentro dos quais ele tem que operar.

Agora vamos ao eixo vertical. Aqui, temos um conjunto diferente de discriminações. A grade decrescente oferece um padrão para o comportamento cada vez mais ascético. Onde a grade for forte, as manifestações externas da vida são positivamente valorizadas. Riqueza e pompa são justificadas como expressões simbólicas ou como boas em si mesmas. Não há sentimento de culpa com o gasto; as expressões exteriores da sociedade e do eu não são desprezadas ou temidas – o mundo, a sociedade, a Igreja, a organização enquanto tal e todos os seus signos são afirmados. À medida que nos aproximamos do zero, há dois tipos de ascetismo. Com o grupo forte, atitudes ascéticas exprimem a rejeição do que é externo, da casca, da concha vazia, a contaminação dos sentidos. Controles estritos são impostos ao prazer corporal e aos portões da experiência sensual. Movendo-se em direção ao zero da linha horizontal, outra forma de ascetismo resulta da valorização do companheirismo humano em detrimento das coisas materiais. Aqueles que pertencem a esse setor estão geralmente cientes de outros modos de vida, tanto mais árduos quanto mais bem recompensados em termos de riqueza material. A cultura deles geralmente é vista como uma escolha, uma preferência pela vida simples. Assim, os pigmeus mbuti, depois de um período vivendo de forma exuberante na aldeia banto, apressam-se para regressar alegremente para a floresta como crianças indo ao acampamento de férias para desfrutar da luz de velas e das salsichas. Por conseguinte, a reação contra a classe média norte-americana conscientemente se orgulha de abraçar a pobreza.

> Em seu estilo de vida pessoal, seu senso estético, muitos no Movimento rejeitam a afluência e símbolos associados a ela. A ambição de escapar da pobreza não é um estímulo à ação em suas vidas, [...] o desejo de seus pais de possuir, de acumular, de alcançar o *status* e o prestígio que acompanham a riqueza material são objetivos sem sentido para eles [...]. (JACOBS; LANDAU, 1967, p.15-6)

Novamente, escapando ainda mais completamente da vida social e chegando ainda mais próximo ao zero, escutamos Thoreau pregando sobre a beleza da natureza a partir de seu eremitério no Lago Walden. Se a sociedade ativa escutar o eremita, as regras de nosso diagrama deslocá-lo-ão do zero para o lado inferior esquerdo, com as outras vozes na natureza selvagem que clamam e são ouvidas. Nesse caso, o intervalo entre a sociedade e a renúncia se torna mais do que uma escala passiva de medição. Um diálogo envolve dois setores da sociedade: os renunciantes que desaprovam os celebrantes e a vaidade de seus modos. O diagrama inteiro se torna demasiadamente complicado quando os preceitos dos renunciantes são aceitos pela sociedade em geral e passam a controlar a linguagem da classificação pública. É esse o diálogo competitivo analisado entre os brâmanes e as seitas renunciantes da Índia por Louis Dumont (1966), que identifica nele as raízes do hinduísmo. Um diálogo semelhante entre Roma e a sucessão de moradores do deserto, anacoretas e frades pobres complicou nossa própria cultura. Não temos outra opção que não estar cientes da tradição ascética.

Diagrama 7 Do ascetismo à afirmação

A comparação entre visões de mundo já conduziu aos estilos de vida. Comecei a segunda tarefa, que é a de relacionar os meios de expressão à cosmologia e à estrutura social. Sem mais delongas, estamos prontos para responder às questões sobre as condições sociais nas quais os rituais passam a ser desprezados. Consideramos o ritual como significando formas fixas de comunicação que adquirem eficácia mágica. A metade superior do Diagrama 4 representa o corpo social central. Quanto mais distante do zero em todas as direções para cima, mais forte a crença em signos eficazes; quanto mais próximo do zero, menor a demanda por comunicação e menor a tendência a imbuir signos com algo além de uma função expressiva. A magia é um produto do controle social. Insistir que os símbolos são eficazes é ameaçar a blasfêmia e o sacrilégio com perigo automático e prometer ao adorador bênção automática. A magia é um instrumento de coerção mútua que só funciona quando o consentimento comum mantém o sistema. É inútil para um curandeiro atribuir poder mágico a um fetiche exclu-

Símbolos naturais

sivamente pela autoridade de seu carisma. A magia extrai sua potência da legitimidade do sistema no qual esse tipo de comunicação se estabelece. Como os avisos que alertam para fios elétricos de alta tensão, ela protege os meios de comunicação. À medida que o consentimento deixa o sistema de controle, os líderes (e sua magia) perdem a credibilidade. Isso serve tanto para a sociedade organizada por uma grade e grupo fortes quanto para aquela distribuída nos dois lados do diagrama, onde os Homens Grandes exercem pressão sobre uma longa cadeia de seguidores, pois a magia que, no primeiro caso, dá poder às instituições estabelecidas, no segundo, dá poder ao líder individual. Se esse sucesso o deixa, o mesmo ocorre com sua crença na força de seus feitiços, e os ajudantes espirituais hesitam. A magia é um termômetro de legitimidade política. Disso se segue o restante. Pequenos grupos, com um mínimo de classificação e apenas uma fronteira externa forte que desejam preservar, protegem essa fronteira com magia. Os rituais são para a interação social. Mais perto do zero, as pessoas não estão interessadas em magia. Nesse caso, é a experiência interior, a contemplação e a evolução interna do eu que conta. Essa é a situação em termos estáticos. A falta de interesse no ritual não consiste em antirritualismo. Mas inevitavelmente a mudança social deve se manifestar em uma revolta contra o ritual. O ritual e o antirritual são a linguagem que sistemas simbólicos naturais oferecem para traduzir teorias sobre a sociedade em ações.

Qualquer um que esteja vivendo em uma nova condição social deve, segundo a lógica de tudo que vimos, descobrir que a cosmologia que ele utilizou em seu velho *habitat* não funciona mais. Deveríamos tentar pensar a cosmologia como um conjunto de categorias que estão em uso. Ela é como lentes que enfocam e tornam suportáveis os múltiplos desafios da experiência. Ela não é uma carapaça dura que a tartaruga deve carregar para sempre, mas sim algo muito flexível e de fácil desarticulação. Peças sobressalentes podem ser instaladas e ajustes podem ser feitos sem muitos problemas. De vez em quando, uma revisão geral é necessária para ajustar o foco de conjuntos obsoletos de perspectivas aos novos tempos e à nova companhia. Trata-se de uma conversão. Mas, quase sempre, os ajustes são feitos de maneira tão tranquila que mal se tem ciência das mudanças de ângulo até elas terem criado uma notável desarmonia entre o passado e o presente. Nessa altura, uma conversão gradual, que vem acontecendo lentamente, deve ser reconhecida. Inevitavelmente, esse reconhecimento de um novo ponto de vista produz uma repulsa contra o ritual morto. Não importa para onde uma pessoa tenha se movido (exceto se ela tiver saído ou se distanciado da posição zero), há um fardo de rituais velhos e irrelevantes que deve ser deixado de lado. Eles não têm mais sentido porque a ação social da qual faziam parte não exercem mais atração. Mediante um paradoxo que se torna completamente compreensível, cada conversão gera algum sentimento antirritualista, mesmo que (como costuma acontecer) ela seja uma conversão a uma crença ritualista. Portanto, quanto mais mudança social, mais radical a revisão das cosmologias, mais fenômenos de conversão e maior a depreciação do ritual. Podia Santo Agostinho ter escolhido qualquer credo mais materialmente bitolado e mágico do que o maniqueísmo durante sua revolta juvenil contra o cristianismo africano do século VI? Mas ele o escolheu como um ato de emancipação. O maniqueísmo lhe ofereceria

Símbolos naturais

liberdade intelectual relativa dos ensinamentos ultrapassados do cristianismo local. O que ele selecionou do ensinamento maniqueísta foi a promessa de conhecimento imediato, acesso direto aos mistérios divinos sem autoridade mediadora ou respeito a instituições externas:

Não é de admirar, portanto, que Agostinho tenha adotado uma religião que alegava descartar toda crença que ameaçasse a independência de sua mente extremamente ativa. Pois, enquanto maniqueísta, Agostinho fora capaz de se livrar imediatamente das ideias que entulhavam a religião do cristão convencional. Ele estava possuído por uma certeza vívida:
"Conheci minha alma e o corpo que reside nela
Que eles são inimigos desde a criação dos mundos."
Não havia necessidade de "baixar o tom" de uma consciência tão íntima, de obscurecê-la com o andaime desajeitado das profecias hebraicas que a Igreja Católica erigiu em torno da simples verdade. O maniqueísta não precisava ser ordenado para acreditar. Ele podia compreender sozinho a essência da religião. O imediatismo era o que mais contava. A crucificação de Cristo falou diretamente com esse homem sobre os sofrimentos de sua própria alma. Seu herói era o Incrédulo São Tomé, um homem cujo anseio por um contato imediato e direto com os segredos divinos não fora desprezado por Cristo. (BROWN, 1967, p.49)

É curioso que ele possa significar coisas tão diferentes para os seguidores às margens e para as figuras centrais do culto, pois os próprios professores maniqueístas iniciados parecem ter desenvolvido, a partir da mesma doutrina, uma cosmologia sectária típica. Seu pequeno grupo, rigidamente organizado, mantinha sua identidade por meio de elaborados rituais, uma implacável rejeição do exterior mau e uma afirmação por meios simbólicos da pureza do grupo e de seus eus interiores. Para a maior parte dos seguidores instruídos, eles ofereciam uma liberdade intelectual de que eles mesmos não desfrutavam, dado que estavam ligados pela autoridade de Mani. Mas seu sistema de controle moral e ascetismo corporal oferecia uma técnica para alcançar domínio sobre o eu.

Por fim, há outra fonte de antirritualismo. Os seguidores de líderes distantes no sistema de grade forte se encontram fracamente relacionados a outras pessoas. Suas categorias sociais são parcamente definidas, e seus contratos com outras pessoas são frágeis e não confiáveis. Eles estão em um universo dominado por princípios. É como se as coisas, e não as pessoas, determinassem a sorte deles. E, da mesma forma que com os princípios e as coisas, não há como discutir com essas pessoas, não é possível apelar para a compaixão. Essa é a sujeição mais difícil de suportar. Os controles impessoais sobre o tempo e as marés, embora cruéis, não produzem o senso de injustiça provocado quando as pessoas agem como se elas e aqueles que elas controlam fossem objetos, e não pessoas. Uma fonte violenta de antirritualismo se abre quando se acredita que as pessoas estão por trás dos princípios ou se beneficiando deles.

Os malsucedidos podem se ver forçados a mudar de líder, tentando conseguir um negócio melhor, e, à medida que mudam, eles cortam seus laços sociais. Ou eles se veem incapazes de mudar, localizados com outras pessoas que também gostariam de mudar mas não podem e com quem formam uma massa indiferenciada. As diferenciações delicadas por meio das quais eles estruturam suas relações uns com os outros não têm nenhuma importância para as pessoas que operam as regras contra eles. Embora eles mesmos discriminem reivindicações baseadas em idade, sexo e relacionamento, essas distinções não fazem nenhuma diferença para os princípios impessoais que impiedosamente os separam ou os forçam a se juntar. O que eles vivenciam é o fracasso de outras pessoas em reconhecer suas reivindicações enquanto pessoas. Pessoas no controle se comportam mecanicamente com eles e os tratam como se fossem objetos. Essa, proponho, é a experiência que sempre predispôs ao culto milenarista, que liquida os rituais existentes.

O antirritualismo é, portanto, a linguagem da revolta. Ele deve sê-lo, assim como deve inevitavelmente exercer pressão condenando não apenas os rituais sem sentido, mas todos os rituais enquanto tal. Mesmo quando a situação demanda uma comunicação mais articulada, mesmo quando rituais mais significativos são necessários, o antirritualismo não discrimina em sua condenação generalizada da formalidade. Aqui chegamos à descoberta de Durkheim de que a experiência compartilhada da sociedade estrutura a consciência interna da pessoa privada para que ela combine com a da coletividade. O sistema simbólico público que foi organizado pelas relações sociais coloca sua marca de controle na percepção individual e restringe a compreensão às possibilidades admitidas em sua própria construção do universo. No pequeno grupo, um homem é pego procurando por bruxos debaixo de sua cama quando poderia aprender mais examinando seu próprio coração. Com um grupo e uma grade fortes, as fontes de inovação são exauridas e desprezadas por sua incompatibilidade com as categorias dadas. E, ainda assim, tal sociedade pode estar buscando desesperadamente por novas soluções para seus problemas. Se a teoria da compensação fosse válida, as massas que vivenciam o controle por objetos procurariam, em resposta, diferenciar de forma mais eficiente. Mas, em vez disso, elas se apressam para adotar símbolos de não diferenciação e, dessa forma, acentuam a situação com a qual sofrem. Essa é a perigosa reação no âmbito da experiência simbólica da qual devemos estar cientes. O homem que foi erguido procura símbolos para seu *status* alto; aquele que foi rebaixado procura símbolos de degradação. Depois de ter sido humilhado, T. E. Lawrence só suportava uma vida social que correspondesse a seu senso de degradação. Ele buscava transformar em realidade, aos olhos dos outros, o que sentia dentro de si.

> Daqui em diante, meu caminho será trilhado com esses companheiros [na FAR],[1] aqui me degradando (pois nos olhos deles, nos seus olhos e nos de Winterton, eu vejo que é, sim, uma degradação), na esperança de que algum dia eu realmente me sinta degradado, seja rebaixado, ao nível deles. Desejo que as pessoas me desdenhem e me desprezem, e sou muito tímido para tomar medidas vulgares que me humilhariam publicamente e me fariam cair em desgraça. (KNIGHTLEY; SIMPSON, 1969, p.225)

Portanto, deveríamos esperar que aqueles que possuem a sensação de viver sem categorias significativas e que são tratados como uma massa indiferenciada e insignificante procurarão se exprimir por meio de símbolos desarticulados e indiferenciados.

---

[1] Força Aérea Real, um dos braços das forças armadas do Reino Unido. (N. T.)

Eles deveriam reagir com firmeza contra a não diferenciação e buscar estabelecer categorias e distinções claras que os opressores seriam forçados a reconhecer. Eles deveriam se organizar. Isso envolvê-los-ia em discriminações hierárquicas. Mas a ação expressiva é mais fácil, mais satisfatória e talvez possa ter um valor instrumental. Portanto, eles usam passeatas e protestos em massa como expressões de revolta. Esses podem de fato ser o instrumento mais eficaz para chamar atenção para os problemas enfrentados. Mas, insidiosamente, o modo simbólico seduz o intelecto para seu próprio estado. O impulso para atingir a consonância entre as experiências social, física e emocional também envolve a mente em seu movimento. Daí o fracasso dos milenaristas revolucionários em escrever um projeto que, não importa de que maneira, corresponda à força de sua causa. Daí a aparente frivolidade ou abandono leviano com que eles anunciam seus diagnósticos e remédios. É como se o modo simbólico tivesse sobrepujado a liberdade da mente para enfrentar a realidade.

A cosmologia que acompanha a experiência de massa, da solidariedade humana indiferenciada, exerce uma atração fatal sobre aqueles que mais veementemente desejam remediar seus erros. Eles se veem agindo como revivalistas no estágio efervescente de uma nova religião. Eles rejeitam a diferenciação social e propõem programas para aumentar o senso de valor pessoal, calor humano e espontaneidade. Eles homenageiam esses valores, anunciam seu triunfo supremo. Mas em vez de terem feito algo para concretizá-los, pelo contrário, no passado eles lideraram seus seguidores em marchas e cruzadas simbólicas, geralmente com resultados catastróficos.

Neste curto espaço, não consigo registrar meu argumento de forma elaborada, mas posso resumi-lo e ilustrá-lo. Onde a grade é exercida à distância de forma opressiva, um enfraquecimento adicional de relações delicadas pode transformar a cosmologia passiva em milenarismo revolucionário. Norman Cohn (1957) listou as causas desencadeadoras do milenarismo na Europa medieval. Embora pareçam díspares (COHN, 1962), indo da frustração sexual à ansiedade cósmica, todas elas resultam de um agravamento da fraqueza da estrutura social.

Mas nas áreas mais populosas e economicamente avançadas da Europa, havia inúmeras pessoas pobres que não possuíam nenhuma organização como essa que as apoiasse: no campo, camponeses sem terra e ajudantes nos feudos; nas cidades, artífices (que eram proibidos de se organizar), trabalhadores não qualificados (que não tinham guildas) e uma população flutuante de indigentes e desempregados. Eram pessoas como essas que propiciavam aos profetas revolucionários seu séquito. (COHN, 1962, p.39)

A catástrofe ou o medo da catástrofe: por exemplo, a fome e as pragas que precederam diversas cruzadas populares e movimentos semelhantes; os massacres que precederam os movimentos de massa de judeus dispersos em direção a Jerusalém. (ibidem, p.40)

As áreas que testemunharam a ascensão de cruzadas populares sempre foram aquelas áreas ao norte dos Alpes, que possuíam uma população relativamente densa, incluindo camponeses sem terra, Flandres, o norte da França e o Vale do Reno. [...] É relevante que, na época da Primeira Cruzada, de 1095, as áreas que foram arrebatadas pelo entusiasmo de massa haviam, durante dez anos, sido afligidas pela fome e pela seca e, durante cinco anos, pela praga, enquanto as cruzadas de 1146, 1309 e 1320 foram todas preludiadas pela fome. (ibidem, p.34)

O fato de o fervor milenarista emergir com a fraqueza da classificação é amplamente demonstrado no mesmo volume com relação aos movimentos brasileiro e indonésio (THRUPP, 1962, p.55-69, 80-121, sobretudo 80, 88, 92-3).

Com relação às nossas próprias experiências contemporâneas desse tipo, não é difícil encontrar expressões comparáveis de fervor milenarista. O foco é em pobreza, discriminação por classe e por raça, colonialismo e agitação estudantil. Os porta-vozes, em cada caso, identificam os mesmos sintomas: controle exercido por humanos como se fosse por objetos, não diferenciação e desenraizamento.

O autor de um dos livros mais ponderados sobre as revoltas de Paris em maio e junho de 1968, sob o pseudônimo Epistemon, pergunta por que estudantes universitários, na metade do século XX, passaram a assumir o papel de líderes revolucionários no lugar da classe trabalhadora. Como resposta, ele oferece um relato convincente das ideias revolucionárias que alimentaram as universidades, enaltecendo e dando proeminência em particular ao trabalho filosófico de Sartre. Ele traça de forma muito hábil a separação da forma no drama, na literatura e na filosofia, até o derradeiro solapamento da confiança no conhecimento enquanto tal. Embora ele dê uma prioridade tipicamente gálica à evolução das ideias e atribua um lugar secundário à evolução das estruturas sociais nas quais elas se desenvolveram, ele discute habilmente o caráter desenraizado e marginal do mundo social dos estudantes universitários. Isso encaixar-se-ia perfeitamente na minha análise caso as prioridades fossem invertidas. Já sugeri que a própria biografia de Sartre se encaixa ao diagnóstico. Toda a história das ideias deve ser revisada à luz do poder das estruturas sociais de gerar símbolos próprios. Esses símbolos enganosamente louvam a si mesmos como verdades espirituais desconectadas dos processos carnais de concepção, obedecendo, por consequência, à regra da pureza.

Os pobres dos Estados Unidos na década de 1960 são "vítimas de um desenraizamento burocraticamente imposto" causado pelos despejos de favelas; os trabalhadores sociais são burocratizados, hostis, desumanizados (HARRINGTON, 1962, p.157, 120). Povos coloniais sujeitados são identificados "apenas como massa indistinta" (FANON, 1967, p.34) e eles sabem que é isso que eles são:

> Daqui em diante, os interesses de um serão os interesses de todos, pois, concretamente, *todos* serão descobertos pelas tropas, *todos* serão massacrados – ou *todos* serão salvos. (ibidem, p.37)

> Os homens que o aumento populacional dos distritos do país e a expropriação colonial levaram a abandonar suas propriedades familiares circulam incansavelmente por diferentes cidades na esperança de que um dia eles terão permissão para entrar. É dentro dessa massa da humanidade, dessas pessoas das favelas, no âmago do lumpemproletariado, que a rebelião encontrará sua liderança urbana. (ibidem, p.103)

Os líderes do movimento de emancipação negra acham que seus inimigos são desumanos:

Símbolos naturais

[...] o motorista da caminhonete parou ao lado. Ele tinha um rosto de elenco principal, como todos os rostos que eu tinha visto em noticiários, cuspindo em meninas em Little Rock e soltando cães de polícia rosnando em Birmingham. (NEWFIELD, 1966, p.92)

Os Novos Radicais

estão dizendo que a sociedade como um todo – desde o programa acadêmico ao de antipobreza – tornou-se demasiadamente burocratizada e deve ser descentralizada e humanizada. (ibidem, p.204)

Os estudantes, da mesma forma, protestam contra a burocracia, contra a compartimentalização exagerada dos estudos, contra o conhecimento descontínuo e truncado e contra a perda de ligação pessoal ao valor dos estudos como uma iniciativa humanística (ibidem, p.163).

Para mim, essa é a prova de que a revolta generalizada da esquerda é, de fato, uma revolta, como ela diz que é, contra o controle exercido por humanos como se fosse por objetos. Mas chega de falar sobre a experiência social subjacente. Ela adquire expressão no estilo ritual ordinário. Ela se vale da expressão simbólica do estado que eles deploram, como um meio de resolução. A postura intelectual deles é a rejeição de todos os tipos de categoria, incluindo tanto as discriminações simbólicas quanto as funcionais. Harrington escreve mordazmente sobre "os criadores de definição" (ibidem, p.137). Os estudantes, se sentindo sujeitos a uma máquina burocrática indiscriminada e estúpida, rejeitam a diferenciação enquanto tal.

A tragédia dos movimentos milenaristas, como salientou Norman Cohn, é que eles geralmente não levam a uma sociedade melhor. Ninguém desejaria que uma reforma produzisse uma explosão que criasse mais miséria e opressão do que aquela que provocou o movimento. Esse tipo de desfecho infrutífero resulta da reação do sistema simbólico. Qualquer um que tente corrigir a insensibilidade da máquina burocrática com uma revolução de sentimentos abre mão do controle da situação em prol de símbolos naturais. Após atacar a definição enquanto tal, a diferenciação enquanto tal, o ritual enquanto tal, é muito difícil dar meia-volta e procurar as novas definições, diferenciações e rituais que resolverão a situação. No período das Cruzadas, mendigos e crianças órfãs se propuseram a recuperar a Terra Santa, sob domínio turco, com o simples poder de sua humildade e pobreza. Observadores contemporâneos pensavam que poderiam ter sucesso e que uma era de ouro começaria. Mas os cruzados caíram no mar e se afogaram ou foram capturados por piratas da Barbária. Hoje, nosso clero, nossos pobres e nossos jovens se unem para ocupar grandes espaços demonstrando seu desamparo em passeatas não violentas.

Essa é a última fonte de antirritualismo contemporâneo. É evidente que seu protesto contra símbolos é apenas contra rituais de diferenciação. Sua experiência social é tão limitada por suas próprias formas simbólicas quanto as outras três que já indiquei. Por conseguinte, a solução aos graves problemas de organização social raramente pode vir daqueles que os vivenciam, pois eles inevitavelmente só conseguem pensar de acordo com o tipo cosmológico sobre o qual sua vida social é moldada. Portanto, é necessário que outras pessoas identifiquem e resistam às seduções do zero.

O milenarista é otimista com relação à natureza humana (uma vez liberta da máquina externa) e ao resultado de suas políticas. Ele combina problemas muito diferentes e resiste a tentativas de definir e distinguir. Para seu único problema, a derrocada do sistema perverso, ele defende uma solução simples, geralmente simbólica e da qual se esperam efeitos mágicos. Ele não tem muito respeito pelos processos técnicos ou pelo conhecimento especializado. Como as seitas fundamentalistas, ele despreza o aprendizado e a especialização acadêmica (ou clerical). Sua organização só pode funcionar em explosões espasmódicas porque ele rejeita papéis especializados enquanto tais. A duração de seu pensamento é errática; o milênio virá logo e repentinamente; para ele, imaginar uma diferenciação no tempo é tão difícil quanto imaginar outros tipos de diferenciação.

O milenarismo deve ser levado muito a sério, em todas as suas formas. A solução para os problemas que o causam consiste em não se juntar à debandada. Jogar fora doutrinas diferenciadoras e rituais diferenciadores é recorrer ao veneno que simboliza a doença. Os antirritualistas ao nosso redor que sentem essa excitação no ar, em vez de ceder, deveriam sentir uma compaixão mais prática pelo desenraizamento e desamparo que a inspira. Assim, em vez de acabar com pequenos rituais, como a abstinência às sextas-feiras, que sustentam um senso de pertencimento e de enraizamento, e em vez de depreciar a magia do sacerdócio e dos sacramentos, eles voltariam sua atenção para a restauração das defesas da grade e do grupo.

Como humanizar a máquina é o problema, não como simbolizar seus efeitos desumanizadores. Quando burocratas escutam a palavra "igualdade" (um símbolo de não diferenciação), eles deveriam ficar atentos, pois a igualdade, assim como a simetria, é um princípio mecânico em seu funcionamento. Ela corta a diversidade humana de necessidades de acordo com suas próprias regularidades predeterminadas. O modo de humanizar o sistema é cultivar categorias particulares. A instituição que funciona por meio da adesão estrita a regras gerais abre mão de sua própria autonomia. Se ela tenta adotar a igualdade, a senioridade, a ordem alfabética ou qualquer outro princípio imutável para a promoção e a admissão, ela está fadada a anular o caso difícil. Além disso, ela está fadada a abandonar suas tradições e, assim, sua identidade e seus propósitos originais e especiais, pois essas influências humanizadoras dependem de uma continuidade com o passado, formas benevolentes de nepotismo, caridade irregular, promoções extraordinárias e liberdade para ser pioneiro na tradição dos fundadores, independentemente de quem eles tenham sido. Em vez do antirritualismo, seria mais prático experimentar com formas institucionais mais flexíveis e buscar desenvolver sua expressão ritual.

Mas isso significaria ir para o mundo, misturar-se com a corrupção e o pecado, sujar-se com os que são de fora, negociar com formas desprezíveis, em vez de adorar os mistérios sagrados do zero puro. Os teólogos que deveriam nos oferecer categorias de pensamento mais precisas e originais estão ocupados demolindo rituais sem significado e utilizando sua caixa de ferramentas teológica para atender as demandas dos antirritualistas. Entretanto, o diagrama da grade e do grupo sugere que ir aonde a maré os leva dificilmente pode ser sua vocação.

10
Fora da caverna

A imagem de Platão da caverna, em cuja parede são lançadas as sombras que nós erroneamente acreditamos serem reais, é popular atualmente. Há uma promessa estimulante em vários campos intelectuais de escapar das condições do conhecimento. Com essa promessa, um tipo impossível de liberdade está sendo proposto, a liberdade da necessidade de qualquer tipo. Ela é pregada particularmente em círculos literários e artísticos. Essas são as pessoas que arcaram com a velha responsabilidade do clero de cuidar dos símbolos da sociedade. Eles deveriam saber que a caverna é o corpo socialmente mediado pela imagem do outro corpo. Irromper livre de suas restrições seria tão viável para o artista quanto o é para um filósofo da linguagem desistir das restrições da linguagem. De fato, a ilusão de fuga pode muito bem ser um novo tipo de confinamento. O trabalho de Bernstein nos mostra algo sobre como nossas diferentes cosmologias nos aprisionam. O livre exercício de nossas faculdades é limitado pelos meios de expressão. Há áreas da experiência que podem ser investigadas em um código discursivo, mas não em outro. Há relações sociais possíveis para um mas não para outro. A gama de códigos discursivos disponível é parte do ambiente social de um indivíduo em determinado momento. Uma vez que o código discursivo é uma qualidade inerente à estrutura social, uma forte relação causal de sentido único parece estar implicada. Presumidamente, se pressionado sobre o assunto, Bernstein seria pessimista quanto à possibilidade de algum dia dominarmos os códigos e nos libertarmos de suas restrições. Segundo ele, apenas podemos ter esperança de que alterações auspiciosas na estrutura social introduzam mudanças:

> A tese a ser desenvolvida aqui coloca ênfase nas mudanças na estrutura social como fatores fundamentais na formação ou mudança de determinada cultura por meio de seu efeito sobre as consequências da fala [...] quais códigos discursivos são gerados é uma função do sistema de relações sociais. A forma particular de uma relação social age seletivamente sobre o que é dito, quando é dito e como é dito. [...] A experiência dos falantes pode, então, ser transformada por aquilo que diferentes sistemas discursivos tornam significativo ou relevante. Esse é um argumento sociológico, porque o sistema discursivo é tido como uma consequência da relação social, ou, em termos mais gerais, como uma qualidade da estrutura social. (BERNSTEIN, 1965, p.151)

Se aplicarmos isso para além do caso do discurso, para a cultura em geral, não necessariamente apoiamos uma teoria da sociedade como infraestrutura, o fenômeno básico, com a cultura como superestrutura, mero epifenômeno. Bernstein considera tanto a fala quanto os relacionamentos como qualidades da estrutura social. Nestes últimos, existem pelo menos pequenas opções para lidar com outras pessoas de um jeito ou de outro e, a partir de seleções feitas dentre essas escolhas sociais de pequena escala, é possível que ocorram mudanças nos códigos discursivos. Com base em como entendo sua tese, Bernstein não negaria a criatividade pessoal e a inovação cultural, mas teria que localizá-las principalmente na esfera da interação humana direta. Se a mesma análise fosse aplicada a todos os meios de comunicação e se os seus efeitos sobre a experiência da sociedade que os utiliza fossem levados em conta, inquietações com relação ao determinismo sociológico certamente se amenizariam. Isso porque, desse ponto de vista, tanto a sociedade quanto a cultura são abstrações, categorias aplicadas ao processo que, em última instância, é composto de indivíduos lidando com outros indivíduos. Além disso, o código elaborado oferece um meio para avaliar o valor de um tipo de processo social, os códigos derivados dele e os valores e princípios que acompanham ambos. No longo prazo, o argumento deste livro é que o código elaborado desafia seus usuários a se voltarem para si mesmos e examinarem seus valores, rejeitarem alguns deles e decidirem valorizar formas posicionais de controle e comunicação em qualquer lugar em que elas estejam disponíveis. Esse pareceria ser o único modo de usar nosso conhecimento para nos libertarmos do poder de nossa própria cosmologia. Ninguém escolheria deliberadamente o código elaborado e o sistema de controle pessoal se estivesse ciente das sementes de alienação que eles contêm. Após listar algumas das vantagens do código restrito, que une falantes aos parentes e à comunidade, Bernstein observa:

Uma mudança de códigos envolve mudanças nos *meios* pelos quais a identidade social e a realidade são criadas. Esse argumento significa que as instituições educacionais em uma sociedade fluida carregam em si tendências alienantes. (ibidem, p.168)

Em contrapartida, o código restrito permite que uma pessoa perceba sua identidade como parte de seu mundo social imediato; integração pessoal e social são alcançadas juntas. Aqui, deveríamos esperar encontrar símbolos do corpo humano ativamente exprimindo a solidariedade do corpo social. A primeira coisa impressionante sobre a casa da classe trabalhadora inglesa é a tentativa de proporcionar privacidade apesar das dificuldades de configuração. O respeito pela privacidade das funções corporais corresponde ao respeito pela distinção entre ocasiões privadas e sociais; o fundo da casa é apropriadamente destinado ao preparo da comida, à lavagem e às funções excretoras; a antessala, separada da sala de estar/cozinha, só tem função em representações sociais e públicas. O espaço não é de modo algum desperdiçado, ele é a face da casa, que fala de forma composta e sorri para o resto do corpo; uma pessoa deve correr para fora desse cômodo se desatar a chorar. Algumas famílias de classe média tendem a derrubar a barreira entre público e privado. Elas buscam viver em público juntas em um cômodo aberto e desestruturado, exprimindo adequadamente (talvez desastrosamente) seu sistema de controle desestruturado e pessoal. Em tal família, deve ser difícil assimilar a imagem da sociedade e da casa à imagem do corpo e, suspeita-se, deve ser ainda mais difícil para o indivíduo incorporar à sua identidade pessoal qualquer estrutura simbólica que o integre a sua própria sociedade. Por conseguinte, é previsível que o corpo possa vir a representar uma casca estranha, algo do qual o eu mais íntimo deve escapar, algo cujas exigências não devem ser levadas muito a sério. Ele pode e até deve ser transcendido se o indivíduo encerrado dentro do corpo quiser realizar seu potencial único para a experiência. A descoberta de Bernstein ilumina muito da nossa cultura contemporânea de forma brilhante. A alienação e a integração implicam usos diferentes do corpo como um modo simbólico. É legítimo dizer que eles são códigos diferentes que derivam de sistemas sociais diferentes?

O que foi dito até agora foi estimulado pelo trabalho dele, mas não posso fingir que até o momento fui bem-sucedida em aplicar a análise de Bernstein dos códigos discursivos a outros sistemas simbólicos. Não é fácil distinguir o intervalo entre formas rituais relativamente restritas e formas rituais elaboradas, que ele sugere que deveriam estar presentes em qualquer meio, assim como ocorre no caso do discurso. Pode-se começar considerando a possibilidade de a vida simbólica estar cada vez mais descolada da tarefa de relacionar um indivíduo a sua sociedade e cada vez mais livre para expressar suas preocupações privadas únicas. Isso evoca novamente o uso que Lowie faz das crenças indígenas crow para desacreditar a teoria da religião de Durkheim como sendo sempre e essencialmente uma experiência coletiva. Que tipo de estrutura social primitiva permitiria às ordens simbólicas serem exoneradas do seu cargo durkheimiano de sustentá-la? Colocada dessa forma, a questão sugere que deveríamos comparar sistemas que exigem cada vez menos que membros individuais honrem uma moralidade comum. Quanto mais fracas as pressões sociais, mais livre a pessoa individual. Mas essa gama de comparações apenas mostraria a moral e as dimensões de controle reduzidas do código restrito em alguns sistemas sociais. Ainda temos que procurar algo que corresponda à divisão do trabalho entre nós, algum poder que suscite uma elaboração cada vez maior do meio de expressão, em direção a uma maior universalidade em termos de escopo e a uma maior flexibilidade sintática. Esse poder criaria a necessidade de comunicar sem o conhecimento íntimo das premissas em comum. Um exemplo interessante seria a chamada "linguagem da sogra" dos aborígenes do Rio Tully. Robert Dixon afirma que a linguagem respeitosa que um homem usa para conversar com sua sogra exprime a distância social ao evitar termos com referências específicas e escolher termos genéricos.

> Assim, na linguagem cotidiana, há cerca de uma dúzia de termos para se referir a tipos de larvas [...] não há um termo genérico para "larva" na linguagem cotidiana. Mas, na linguagem da sogra, só há um termo genérico [...]. (DIXON, 1968, p.653)

Esse é um exemplo linguístico. Seria árdua a tarefa de analisar rituais não verbais para ver se qualquer distinção entre símbolos mais particulares e mais universais foi, em algum momento, organizada para expressar dois códigos rituais distintos ou mesmo uma gradação de um ao outro. Mas algo similar ao código elaborado aparece na atividade estética de algumas sociedades da Nova Guiné onde a arte, como todo o resto, é canalizada para a competição individual. Aqui está um desafio para os estudantes de arte primitiva resolverem. Reconhecidamente para além do meu poder de erudição, essa sugestão não exaure o interesse em seguir a analogia do código elaborado e do restrito no ritual. Entretanto, meu próprio interesse está mais voltado para as variedades de código restrito.

Bernstein admitiu que existirão muitos tipos diferentes de códigos restritos. Minha classificação das cosmologias se baseia em quatro tipos sociais: primeiro, a grade e o grupo fortes, o sistema delimitado elevado na linha classificatória; segundo, um sistema delimitado mas, fora isso, desestruturado (pequeno grupo); terceiro, uma grade forte, na qual os líderes são eminentes; e quarto, sua massa de seguidores. Se ignorarmos momentaneamente estes dois últimos, podemos examinar em conjunto os dois sistemas nos quais a fronteira é forte. É possível encontrar no simbolismo do corpo apropriado a eles dois códigos restritos diferentes? No primeiro caso, esperar-se-ia que a ênfase religiosa tratasse o corpo como o foco e o símbolo da vida. Esperaríamos encontrar temas positivos sobre a nutrição simbólica desenvolvidos a ponto de o corpo social e o corpo físico serem equiparados e ambos focarem na identidade dos indivíduos em um sistema delimitado e estruturado. No segundo caso, a fronteira sem estrutura, ou seja, o grupo sem grade, esperaríamos encontrar o corpo como um objeto de inquietação; o medo de envenenamento e debilitação dominariam, e oficiantes de rituais estariam bastante interessados em terapia, física e social. Aqui, proponho, temos duas versões de um código restrito que desempenha a função de mediar entre o indivíduo e a sociedade por meio da manipulação da imagem do corpo humano. Cada tipo impõe suas próprias restrições às percepções e, portanto, às escolhas dos indivíduos; cada sistema simbólico possui seus próprios estímulos e respostas pré-codificados que afetam intimamente o conhecimento da pessoa sobre seu corpo e agem seletivamente sobre sua capacidade de responder a imagens corporais. Eles são códigos restritos que integram o indivíduo ao sistema social.

Em qualquer um desses dois tipos sociais, é possível que subsistemas de uma ordem inferior de inclusão sejam alienados do todo. Quando isso ocorre, podemos ver outro código restrito tomar o controle. O corpo ainda é a imagem da sociedade, mas em algum lugar dentro dele alguém não está aceitando seu domínio. Estou sugerindo que o meio simbólico do corpo possui um código restrito próprio para exprimir e manter a alienação de uma subcategoria em relação à sociedade mais ampla. Nesse código, não se dá muito crédito às reivindicações do corpo e da sociedade mais ampla: cuidados pessoais, dieta, patologia; esses assuntos atraem menos interesse do que outras reivindicações não corporais. O corpo é desprezado e negligenciado, a consciência é conceitualmente separada de seu veículo, e se concede a ela honra independente. Experimentar com a consciência se torna a forma de experiência mais pessoal, contribuindo menos para o sistema social mais amplo e, portanto, mais bem aceita. É aqui que a dicotomia de espírito e matéria se torna um tema insistente.

Se concedermos que há um código restrito para a alienação, abre-se o caminho para uma síntese audaciosa entre a análise durkheimiana da crença religiosa e as controvérsias teológicas, quer elas pertençam à história cristã, islâmica, budista ou hindu. Edmund Leach (1966) tentou relacionar dogmas do nascimento virgem, um tema essencialmente cristão, a teorias sobre os tipos de interação entre deuses e homens tidos como possíveis em diferentes culturas. Leach sugere que o problema é complexo demais para que ele fique satisfeito com as correlações que ele mesmo traça. De fato, a tentativa de Leach de criar uma abordagem sociológica simples é menos interessante do que suas tentativas de encontrar os padrões culturais locais nos quais ideias sobre a procriação natural e divina parecem se encaixar. O maior valor desse ensaio está na insistência de Leach de que as ideias filosóficas sobre as forças físicas e metafísicas do universo estão por trás dos dogmas sobre humanos e deuses poderem ou não misturar suas naturezas. Mas onde, deveríamos perguntar, se cria qualquer equilíbrio entre as forças físicas e as outras forças? A famosa frase de Durkheim, "a Sociedade é Deus", quando elucidada, significa que, em cada cultura em que há uma imagem da sociedade, ela é dotada de sacralidade e, inversamente, que a ideia de Deus só pode ser constituída a partir da ideia de sociedade. Da primeira afirmação, segue-se que a alienação da sociedade será expressa por meio da dessacralização de sua imagem e, da segunda, que a ideia de Deus, destronada dos centros de poder, será estabelecida de novo no grupo pequeno e impessoal que está alienado. Por conseguinte, a imagem de Deus perde sua imponência e se torna íntima, um amigo pessoal que se comunica diretamente, de forma franca, sem qualquer envolvimento com formas instituídas. Isso é óbvio, e a mudança de uso do corpo como um meio de expressar o sagrado passa da reverência ao exterior à reverência exclusiva ao interior. Agora proporei que controvérsias filosóficas sobre a relação entre espírito e matéria, ou mente e corpo, sejam interpretadas como trocas de declarações condensadas sobre a relação da sociedade com o indivíduo.

Tais controvérsias irrompem e abrandam. Pode não haver nenhuma razão em particular para que elas se ativem em um dado momento e não em outro. Mas sugiro que elas só se tornam relevantes como metáforas quando a relação de um subgrupo alienado com o todo social se torna uma questão política grave. Nessas controvérsias teológicas, o corpo ou a carne representam a sociedade mais ampla; a mente e o espírito representam o indivíduo identificado com o subgrupo em questão. Exigir que uma discussão seja conduzida nesses termos é como adotar um código discursivo restrito que é bem compreendido por todas as partes. Ele governa as seleções de relações simbólicas e inclina os juízos em direção a seus próprios valores intrínsecos. Insistir na superioridade dos elementos espirituais sobre os materiais é insistir nas liberdades do indivíduo e insinuar um projeto político para libertá-lo de restrições indesejadas.

Inversamente, declarar que o espírito trabalha por meio da matéria, que valores espirituais se tornam eficazes por meio de atos materiais, que o corpo e a mente estão intimamente unidos, qualquer ênfase na necessidade de misturar espírito e matéria implica que o indivíduo, por natureza, é subordinado à sociedade e encontra a liberdade dentro de suas formas. Essa visão está preparada para sacralizar a carne, enquanto seus oponentes a consideram blasfêmia para ensinar sobre a união física entre a divindade e a humanidade.

O antropólogo nunca pode presumir que os símbolos escolhidos da controvérsia religiosa são arbitrários. Se eles são usados para criar distinções entre posições conflitantes, eles também exprimem algo sobre a situação social. Por isso, antropólogos não podem fazer nada além de admirar a aptidão das doutrinas que negam que Deus possa tomar a carne humana para expressar uma revolta contra a ordem eclesiástica estabelecida. Durante os primeiros séculos do cristianismo, quando suas doutrinas estavam sendo refinadas e articuladas, a maioria das disputas teológicas se referia à natureza da Segunda Pessoa da Trindade. Quando ela finalmente apareceu, a

Símbolos naturais

doutrina ortodoxa da Encarnação insistiu em uma mediação perfeita entre espírito e matéria. De acordo com esse credo, como definido em Niceia, Cristo era integralmente Deus, integralmente humano, ambas as naturezas combinadas misteriosamente em uma pessoa. As heresias dos séculos III e IV que ensinaram que Cristo era um mero homem, não Deus de verdade, e não completamente humano, uma emanação histórica de Deus, concordavam em admitir um abismo entre espírito e matéria. Distanciar-se da doutrina central da Encarnação rumo a qualquer uma das duas direções era diluir a mensagem cristã exclusiva. Não tão obviamente, mover-se em qualquer direção é exaltar o espírito e desvalorizar a matéria e, dessa forma, adotar a atitude filosófica que, de acordo com o pensamento de Durkheim, é apropriada para o afastamento em relação às formas sociais estabelecidas ou para a revolta contra elas. Em seu estudo sobre o arianismo, John Henry Newman (1901) tendia essencialmente a tratar a heresia como não mais do que uma técnica para a revolta. Para ele, não importava qual pomo de discórdia eles escolhiam, o comportamento costumaz dos heresiarcas era suficiente para mostrar que a doutrina deles tinha interesse secundário. É certamente muito difícil demonstrar minha tese de modo convincente para historiadores porque, no longo intervalo de tempo das instituições que eles estudam, um movimento pode começar, como o arianismo, como um discurso configurado no código restrito de alienação e rapidamente se transformar em um discurso no código restrito de integração, como quando Constantino se tornou imperador e proclamou o arianismo como a doutrina oficial de Roma, sendo ele mesmo o representante de Deus na Terra. Com bispos arianos instalados nas grandes sés, as doutrinas que eles defendiam passaram a se diferenciar apenas muito sutilmente daquelas que eles haviam rejeitado tão calorosamente quando a luta estava em curso, e o interesse geral nas questões originalmente em jogo se reduziu aos símbolos básicos de lealdade a um lado ou ao outro.

Também é difícil demonstrar esse tema no campo da religião indiana, por causa de sua grande complexidade. O que se afirma ser sua característica especial, o uso da pureza corporal para simbolizar a hierarquia e as fronteiras do grupo, é, na verdade, o único sistema natural de símbolos. A Índia pode muito bem ter desenvolvido o modo corporal em um nível sem precedentes. Se for o caso, para explicar seu desenvolvimento único, nossa abordagem enfocaria a distinção entre hierarquia e poder, a qual o professor Dumont insiste ser um princípio fundamental do sistema de castas (1966, p.91-3). Onde a hierarquia está verdadeiramente divorciada do poder, a Índia comunicar-se-ia dentro de um código restrito de alienação. Esperaríamos que ela separasse o espírito da matéria e revestisse os altos escalões da hierarquia com os símbolos mais etéreos e não físicos compatíveis com o conforto material. Portanto, as austeridades das seitas, que renunciam ao mundo por meio de um recolhimento monástico, naturalmente proporcionariam os símbolos de *status* para os brâmanes, mundanos ou não, cuja posição na hierarquia é definida por sua oposição à casta dominante. Fazer do vegetarianismo uma tendência, tanto para os deuses quanto para os homens, seria apropriadamente parte do distanciamento de formas religiosas externas e fisicamente mediadas em direção a uma religião do coração interior, sempre preferida pelos pregadores que se isentaram de responsabilidades temporais. Cada subcasta que tenta usar

Símbolos naturais

esse código para se comunicar com outras sobre seu *status* relativo não consegue perceber as mudanças internas e espirituais que isso implica. Cada subcasta está forçosamente envolvida com suas preocupações locais e políticas. Consequentemente, o discurso da renúncia do mundo material ganha um significado espetacularmente material: a espiritualidade formal se torna enrijecida em gestos materiais e serve a fins políticos e muito terrenos. O subcontinente indiano, com seu uso peculiar do meio corporal, certamente deve seu desenvolvimento à forte desinstitucionalização de sua igreja oficial, implícita na doutrina da hierarquia divorciada do poder. Em contrapartida, a Igreja de Roma deve seu desenvolvimento doutrinário paralelo e característico a sua associação inicial entre hierarquia religiosa e poder. Ao dizer isso, não desejo atribuir primazia ao viés ideológico na determinação de formas rituais. A meu ver, esses códigos basicamente se desenvolvem, em primeiro lugar, nas pequenas decisões sobre quem negocia com quem e como. À medida que as doutrinas e as formas sociais interagem, elas tomam impulso e finalmente criam um ambiente simbólico no qual gerações posteriores de indivíduos se encontram. Mas, independentemente de quão forte seja o poder desse meio simbólico de coagir escolhas subsequentes, pelo fato de ser um sistema, ele pode rachar sempre que qualquer uma de suas partes for violada: daí o protestantismo original; daí as mudanças no sistema de casta.

Jung reprovava a Europa protestante por desistir de sua austeridade e buscar desfilar o refinamento das religiões orientais. Em uma passagem que revela sua própria renúncia de juízo para um código restrito de alienação, ele aplaude a perda de sentido dos velhos símbolos religiosos do cristianismo como um nobre se despindo das cascas externas sem sentido até chegar ao eu individual desnudo. Tendo alcançado tanto, ele enxerga um declínio considerável no acolhimento de formas religiosas estrangeiras:

> Se ele agora fosse e cobrisse sua nudez com a deslumbrante vestimenta do Oriente, como os teosofistas, ele trairia sua própria história. Um homem não se esforça para alcançar a mendicância para então posar como um rei indiano no palco. (JUNG, 1940, p.63)

Mas não havia nenhuma mudança de lógica e nenhuma traição aos princípios do protestantismo no recurso dos teosofistas às culturas exóticas, apenas uma evolução natural, porque um europeu recorrendo a doutrinas orientais é um europeu rejeitando o evangelho cristão de Deus se apoderando da carne. Primeiro, a Eucaristia, depois, inevitavelmente, mais cedo ou mais tarde, a Encarnação; pois o mesmo processo social que tornou o primeiro repugnante estava fadado a resultar na rejeição do outro. Visto que a sociedade contém indivíduos que não estão unidos a ela por laços fortes e solidários, sua cultura provavelmente acreditará, romanticamente, na separação entre espírito puro e matéria bruta e procurará adotar um deles e, de algum modo, ao mesmo tempo, rejeitar o outro.

Pode ser que neste século tenhamos nos tornado mais cientes das condições subjetivas da experiência. Com certeza parece que as possibilidades de autoconsciência estão aqui. Mas o problema prático de reter a consciência nunca foi tão grande. Lévi-Strauss buscou expor a ação da mente inconsciente que se exprime por meio de formas sociais. Ele defende que um sistema de metades, no qual a sociedade se divide em duas metades que trocam de esposas, manifesta uma representação visível da propensão natural da mente para dividir e subdividir (1968, p.132 et seq.). A distribuição mundial de sistemas de metades, sua presença nas sociedades menores e mais simples, sua persistência, tudo sugere que, por meio do estudo dessas metades, podemos fazer uma espécie de arqueologia social. Entender como um sistema de metades exerce poder sobre seus membros é como escavar a pré-história da humanidade em uma área onde picaretas e pás nunca chegam. Por meio de distinções binárias, nosso ancestrais das cavernas podem ter criado o contraste cultura/natureza, iniciado todos os contrastes sobre os quais a linguagem se constrói, e até ter criado sua sociedade à imagem da mente. Esse é o argumento implícito de Lévi-Strauss.

Felizmente, atualmente não somos escravos dessa onda particular de criatividade que produz organizações dualistas. Nossa sociedade não está restrita ao sistema de metades. Mas a menos que reflexões sobre o poder autossustentável das metades nos alertem sobre o poder de nossa própria atividade mental inconsciente, essas lições da pré-história serão certamente desperdiçadas. A resiliência do primitivo sistema de metades mostra o quão difícil é romper o ciclo, uma vez que ele esteja estabelecido, entre o impulso da mente inconsciente e sua expressão externa. Quantas pessoas sorriram conscientemente diante dos rabiscos nas paredes do Quartier Latin durante as revoltas de 1968 em Paris. *"La honte est contre-Révolutionnaire"* [A vergonha é contrarrevolucionária] e *"Le discours est contre--Révolutionnaire"* [O discurso é contrarrevolucionário]. Mas os intelectuais demoram a ver seu próprio comportamento sob a mesma luz que a dos agitadores arrancando paralelepípedos. "*Plus je fais la Révolution, plus j'ai envie de faire l'amour*" [Quanto mais faço a revolução, mais tenho vontade de fazer amor]. Bispos reformadores e teólogos radicais, para não falar de marxistas utópicos, mais cedo ou mais tarde devem reconhecer que o calor generoso de sua latitude doutrinária, sua dissolução crítica de categorias e o ataque às distinções intelectuais e administrativas são gerados por uma experiência social análoga. "Os ouvidos têm paredes." Mais um dos grafites de Paris de 1968, ele se refere concisamente às súplicas vãs e a uma rejeição endurecida. Não se pretende aqui fazer nenhum julgamento sobre a acuidade política desse lema naquele lugar e momento. Enquanto declaração geral para a sociologia da percepção, poderíamos modificá-la para "Ouvidos devem ter paredes". A legitimidade deve estar coberta com magia, as palavras devem ser transformadas em coisas, blocos, barricadas, compartimentos são a condição do conhecimento. Os pensadores devem reconhecer a atração destrutiva do sistema natural de símbolos tanto quando ele devasta as fronteiras das categorias quanto quando ele as fecha por engano.

Retornando a nosso tema de abertura, descobrimos que o aparente antirritualismo de hoje é a adoção de um conjunto de símbolos naturais em lugar de outro. É como uma troca entre códigos discursivos restritos. Duas morais podem ser extraídas dessa analogia: primeira, o dever de todos de preservar sua perspectiva diante das restrições dos símbolos naturais quando se está avaliando qualquer situação social; segunda, a oportunidade de os corpos religiosos definirem sua mensagem no sistema natural de símbolos. Para a primeira obrigação, devemos reconhecer que o valor de determinadas formas sociais só pode ser julgado objetivamente pelo poder analítico do código elaborado. Fiquem atentos, portanto, aos argumentos expressos no meio corporal. Atitudes extremamente subjetivas perante a sociedade são codificadas por meio de símbolos corporais. Para a segunda obrigação, pregadores cristãos não conseguem responder ao atual significado do corpo. Aqui, o código elaborado interveio de forma excessiva. Ou talvez a diferença de idade separando aqueles no poder daqueles em contato imediato com os fiéis possa explicar a negligência, na religião, de símbolos que estão sendo espontaneamente explorados em outros lugares. Os mesmos temas religiosos que repeliram radicais há meio século estão agora sendo aproveitados no teatro, na ficção e nas artes visuais e sendo entrelaçados a um sistema simbólico secular. Podemos muito bem perguntar por que os radicais que agora são idosos rejeitaram temas religiosos sobre a renúncia, por que desdenharam da imagética descarada e sexual dos místicos e da doutrina completamente antirracional da ressurreição do corpo, e por que os jovens radicais de hoje exprimem desprezo pelo corpo físico, leem os místicos e cultivam a não racionalidade. A diferença certamente reside nas respectivas atitudes com relação ao poder político, os primeiros buscando-o e os últimos rejeitando-o. As Igrejas poderiam se preocupar em ter suas roupas roubadas enquanto se banham em um riacho de sensibilidade ética, porque a atual dicotomia entre espírito e matéria é uma asserção dos valores espirituais. Enquanto pregam boas ações, elas deveriam relacionar o mero dever social à riqueza de doutrinas que, na história cristã, prestaram serviço ao mesmo código restrito: o corpo místico, a comunicação dos santos, morte, ressurreição, imortalidade e falar em línguas.

Bibliografia

ABERLE, David. *The Peyote Religion among the Navaho*. London: Aldine, 1966.
AUERBACH, Erich. *Literary Language and Its Public*. London: Routledge & Kegan Paul, 1965.
BARTH, Fredrik. *Nomads of South Persia. The Basseri Tribe of the Khamseh Confederacy*. London: Allen & Unwin, 1964.
BARTHES, Roland. *Writing Degree Zero*. London: Jonathan Cape, 1967.
BARTON, R. F. *Ifugao Law*: University of California Publications in American Archaeology and Ethnology, v.15, n.1, p.186 et seq., 1919.
_____. *Ifugao Economics*: University of California Publications in American Archaeology and Ethnology, v.15, n.5, p.385-446, 1922.
_____. *The Religion of the Ifugaos*, Memoirs of American Anthropological Association, n.65, 1946.
_____. *The Kalingas: Their Institutions and Custom Law*, University of Chicago Publications in Anthropology, Social Anthropology Series. Chicago: University of Chicago Press, 1949.
BERGER, P.; LUCKMANN, T. *The Social Construction of Reality, a Treatise in the Sociology of Knowledge*. London: Penguin, 1971.
BERNSTEIN, Basil. Some Sociological Determinants of Perception. In: *British Journal of Sociology*, 9: 159; 174, 1958.
_____. A Public Language – Some Sociological Implications of a Linguistic Form. In: *British Journal of Sociology*, 10, p.311-26, 1959.

BERNSTEIN, Basil. Linguistic Codes, Hesitation Phenomena and Intelligence. In: *Language and Speech*, 5. I, p.31-46, Oct.-Dec. 1962.

_____. Social Class and Psycho-therapy. In: *British Journal of Sociology*, n.15, p.54-64, 1964.

_____. A Socio-Linguistic Approach to Social Learning. In: GOULD, J. (Ed.). *Penguin Survey of the Social Sciences*. London: Penguin, 1965.

_____. A Socio-Linguistic Approach to Socialisation. In: GUMPERZ, J.; HYMES, D. (Eds.). *Directions in Socio-Linguistics*. New York: Holt, Rinehart & Winston, 1970.

_____. *Class, Codes and Control —Theoretical Studies towards a Sociology of Language*, v.I. London: Routledge & Kegan Paul, 1971.

BERNSTEIN, B.; ELVIN, H. L.; PETERS, R. S. *Ritual in Education*, Philosophical Transactions of the Royal Society, Series B, Biological Sciences, n.772, v.251, p.429-36, 1966.

BRADDON, R. *Roy Thomson of Fleet Street*. London: Collins, 1965.

BROWN, Peter. *Augustine of Hippo*. London: Faber & Faber, 1967.

BULMER, Ralph. Why is the Cassowary not a Bird? In: *Man*, N. S. 2, 1, p.5-25, 1967.

BURRIDGE, Kenelm. *Mambu, a Melanesian Millennium*. London: Methuen, 1960.

_____. Tangu, Northern Madang District. In: LAWRENCE, P.; MEGGITT, M. J. (Eds.). *Gods, Ghosts and Men in Melanesia*. London: Oxford University Press, 1965.

BUXTON, Jean. The Mandari of the Southern Sudan. In: MIDDLETON; J. TAIT, D. (Eds.). *Tribes without Rulers*. London: Routledge & Kegan Paul, 1958.

_____. *Chiefs and Strangers*. Oxford: Clarendon, 1963a.

_____. Mandari Witchcraft. In: MIDDLETON, J.; WINTER, E. (Eds.). *Witchcraft and Sorcery in East Africa*. London: Routledge & Kegan Paul, 1963b.

_____. Animals, Identity and Human Peril. Some Mandari Images. In: *Man*, N.S. 3. 1, p.35-49, 1968.

CALLEY, Malcolm J. C. *God's People: West Indian Pentecostal Sects in England*. London: Oxford University Press for Institute of Race Relations, 1965.

CLARK, Francis. *The Eucharistic Sacrifice and the Reformation*. London: The Newman Press, 1960.

COAD, F. Roy. *A History of the Brethren Movement*. London: Paternoster Press, 1968.

COHN, Norman. *The Pursuit of the Millennium*. London: Secker & Warburg, 1957.

_____. Mediaeval Millenarism: Its Bearings on the Comparative Study of bibliography 181 Millenarian Movements. In: THRUPP, Sylvia (Ed.). *Millennial Dreams in Action*. The Hague: Mouton, 1962.

COX, Harvey. *The Secular City*. London: Penguin, 1968.

DE COPPET, Daniel. Pour une étude des échanges cérémoniels en Mélanésie. In: *L'Homme*, 8. 4, p.45-57, 1968.

DIXON, R. Correspondence: Virgin Birth. In: *Man*, N. S. 3. 4, p.653-4, 1968.

DOUGLAS, Mary. *The Lele of the Kasai*. London: Oxford University Press, 1963.

_____. *Purity and Danger*: An Analysis of Concepts of Pollution and Taboo. London: Penguin, 1966.

_____. Pollution. In: *International Encyclopedia of the Social Sciences*, v.12, p.336-42. New York: Macmillan and the Free Press, 1968a.

_____. The Relevance of Tribal Studies. In: *Journal of Psychosomatic Research*, 12. 1, 1968b.

_____. Social Control of Cognition, Factors in Joke Perception. In: *Man*, N. S. 3. 3, p.361-7, 1968c.

DUCHESNE-GUILLEMIN, L. *The Western Response to Zoroaster*: Ratanbei Katrak Lectures, 1956. Oxford: Clarendon, 1958.

DUMONT, Louis. *Homo Hierarchicus – essai sur le système des castes*. Paris: Gallimard, 1966.

DURKHEIM, Émile. *Elementary Forms of the Religious Life* (translated by J. W. Swain). London: Allen & Unwin, 1915.

DURKHEIM, E.; MAUSS, M. *Primitive Classification*, 1903, translated with an introduction by Rodney Needham. London: Cohen & West, 1963.
EPISTEMON. *Ces idées qui ont ébranlé la France*. Nanterre: Fayard, 1968.
EVANS-PRITCHARD, E. E. *The Nuer, a Description of the Modes of Livelihood and Political Institutions of a Nilotic People*. Oxford: Clarendon, 1940a.
———. The Nuer of the Southern Sudan. In: FORTES, M.; EVANS--PRITCHARD, E. E. (Eds.). *African Political Systems*. London: Oxford University Press, 1940b.
———. *Nuer Religion*. Clarendon: Oxford, 1956.
FANON, F. *The Wretched of the Earth*. London: Penguin, 1967.
FIRTH, R. *Tikopia Ritual and Belief*. London: Allen & Unwin, 1967.
FORTES, Meyer. *The Dynamics of Clanship among the Tallensi*. London: Oxford University Press for the International African Institute, 1945.
———. *The Web of Kinship among the Tallensi*. London: Oxford University Press for the International African Institute, 1949.
———. *Oedipus and Job in West African Religion*. Cambridge University Press, 1959.
———. *Totem and Taboo*, Presidential address 1966. In: *Proceedings of the Roya Anthropological Institute*, 1967.
FORTUNE, R. F. *The Sorcerers of Dobu*. London, 1932.
FREEDMAN, M. *Presidential Address to the Royal Anthropological Institute*. In: Proceedings, 1969.
GOFFMAN, E. *The Presentation of the Self in Everyday Life*. London: Penguin, 1971.
GOODENOUGH, E. R. *Jewish Symbols in the Graeco-Roman Period*, v.5. New York: Bollingen Foundation, 1956; London: Oxford University Press, 1968.
GRÖNBECH, W. *The Culture of the Teutons*, v.1. London: Oxford University Press, 1931.
GULLIVER, P. H. *Neighbours and Networks*: The Idiom of Kinship in Social Action among the Ndendeuli of Tanzania. Berkeley, California: University of California Press, 1971.

HALL, Edward T. *The Silent Language*. New York: Doubleday, 1959.
HARRINGTON, Michael. *The Other America*. New York: Macmillan, 1962; London: Penguin, 1968.
HERBERG, Will. *Protestant, Catholic, Jew*. London: Mayflower, 1960.
HIGHER CATECHETICAL INSTITUTE: NIJMEGEN. *A New Catechism, Catholic Faith for Adults*. London: Burns & Oates, 1967.
HORTON, Robin. *Book review*: Divinity and Experience. In: *Africa*, 32. 1, p.78, 1962.
_____. Types of Spirit Possession in Kalabari Religion. In: BEATTIE, John; MIDDLETON, John (Eds.). *Spirit Mediumship and Society in Africa*. London: Routledge & Kegan Paul, 1969.
HUMPHRY, C. E. *Manners for Women*. London: James Bowden, 1897.
JACOBS, Paul; LANDAU, Saul. *The New Radicals, a Report with Documents*. London: Penguin, 1967.
JUNG, Carl G. *The Integration of the Personality*. London: Routledge & Kegan Paul, 1940.
KEYNES, J. M. *Essays in Biography (Mr Lloyd George)*. London: Macmillan, 1933.
KLEIN, Melanie. *Envy and Gratitude, a Study of Unconscious Sources*. London: Tavistock, 1957.
_____. *Our Adult World and Other Essays*. London: Heinemann, 1963.
KLUCKHOHN, Clyde. *Navaho Witchcraft*. Cambridge, Mass.: Peabody Museum, 1944.
KNIGHTLY, Phillip; SIMPSON, Colin. *The Secret Lives of Lawrence of Arabia*. London: Nelson, 1969.
LAWRENCE, P. *Road Belong Cargo*: A Study of the Cargo Movement in the Southern Madang District, New Guinea. Manchester: Manchester University Press, 1964.
LAWRENCE, P.; MEGGITT, M. J. (Eds.). *Gods, Ghosts and Men in Melanesia*: Some Religions of Australia, New Guinea and the New Hebrides. London: Oxford University Press, 1965.
LEACH, E. R. *Virgin Birth*, Henry Myers Lecture. In: Proceedings of the Royal Anthropological Institute, p.33-9, 1966.

LÉVI-STRAUSS, C. Introduction to Marcel Mauss. In: *Sociologie et anthropologie*. Paris: Presses Universitaires de France, 1950.

_____. *Mythologiques I*: Le cru et le cuit. Paris: Plon, 1964.

_____. *Mythologiques II*: Du miel aux cendres. Paris: Plon, 1966.

_____. *Mythologiques III*: L'Origine des manières de table. Paris: Plon, 1968.

_____. *Structural Anthropology*. London: Penguin, 1972.

LEWIS, I. M. Spirit Possession and Deprivation Cults. In: *Man*, N. S. 1, 3, p.307-29, 1966.

LIENHARDT, Godfrey. Some Notions of Witchcraft among the Dinka. In: *Africa*, 21. 1, p.303-18, 1951.

_____. The Western Dinka. In: MIDDLETON, J.; TAIT, D. (Eds.). *Tribes without Rulers*. London: Routledge & Kegan Paul, 1958.

_____. *Divinity and Experience*: The Religion of the Dinka. Oxford: Clarendon, 1961.

_____. The Situation of Death: An Aspect of Anuak Philosophy. In: *Anthropological Quarterly*, 35. 2, p.74-85, Apr. 1962.

LOWIE, R. H. *Primitive Religion*. London: Routledge & Kegan Paul, 1925.

MAIMONIDES, Moses. *The Guide for the Perplexed*, translated from the Arabic by M. Friedlander. London: Routledge & Kegan Paul, 1956.

MARSHALL, Lorna. !Kung Bushman Religious Beliefs. In: *Africa*, 32. 3, p.221-52, 1962.

MARTIN, David. Towards Eliminating the Concept of Secularisation. In: GOULD, J. (Ed.). *Penguin Survey of the Social Sciences*. London: Penguin, 1965.

MARWICK, M. G. Another Modern Anti-Witchcraft Movement in East Central Africa. In: *Africa*, 20. 2, p.100-12, 1950.

_____. The Social Context of Cewa Witch Beliefs. In: *Africa*, 22. 2, p.120-35, 215-33, 1952.

_____. *Sorcery in its Social Setting, a Study of the Northern Rhodesia Cewa*. Manchester: Manchester University Press, 1965.

MAUSS, Marcel. Les Techniques du corps. In: *Journal de la Psychologie*, 32, Mar.-Apr. 1936.

MEGGITT, M. J. The Mae Enga of the Western Highlands. In: LAWRENCE, P.; MEGGITT, M. J. (Eds.). *Gods, Ghosts and Men in Melanesia*. London: Oxford University Press, 1965.

MERTON, R. K. *Social Theory and Social Structure* (revised edition). Glencoe: The Free Press, 1957.

MIDDLETON, J.; TAIT, David (Eds.). *Tribes without Rulers. Studies in African Segmentary Systems*. London: Routledge & Kegan Paul, 1958.

MIDDLETON, John. *The Religion of the Lugbara*, International African Institute. London: Oxford University Press, 1960.

MITCHELL, Clyde. *The Yao Village*. Manchester: Manchester University Press, 1956.

NEAL, Irmã Marie Augusta. *Values and Interests in Social Change*. London: Prentice-Hall, 1965.

NEEDHAM, Rodney. Percussion and Transition. In: *Man*, N. S. 2. 4, p.606-14, 1967.

NEWFIELD, Jack. *A Prophetic Minority*: The American New Left. London: Anthony Blond, 1966.

NEWMAN, J. H. *The Arians of the Fourth Century*. London: Longman, 1901.

OLIVER, D. L. *Human Relations and Language in a Papuan-Speaking Tribe of Southern Bougainville, Solomon Islands*. Papers of the Peabody Museum, v.29, n.2, p.3-38, 1949.

_____. *A Solomon Island Society*: Kinship and Leadership among the Siuai of Bougainville. London: Oxford University Press, 1957.

OTTO, Rudolph. *The Idea of the Holy*. London: Oxford University Press, 1957.

PARSONS, T.; SMELSER, Neil. *Society and Economy*. London: Routledge & Kegan Paul, 1956.

PAULO VI. *Encyclical letter*: Mysterium Fidei, 1965.

_____. *Decree*: Paenitemine, 1966.

RICHARDS, A. I. A Modern Movement of Witch-Finders. In: *Africa*, 8. 4, p.448-61, 1935.

RIVIÈRE, Peter. Factions and Exclusions in Two South American Village Systems. In: DOUGLAS, Mary (Ed.). *Witchcraft Confessions and Accusations*, A.S.A. Monograph n.9. London: Tavistock, 1970.

ROVERE, Richard. *Senator Joe McCarthy*. New York: Harcourt, Brace & World, 1959.

SACRED CONGREGATION OF RITES. *Instruction on the Worship of the Eucharistic Mystery*. London: Catholic Truth Society, 1967.

SAPIR, E. *Encyclopedia of the Social Sciences*, v.9, p.155-69, 1933.

SARTRE, Jean-Paul. *Words*. London: Penguin, 1967.

SCHBESTA, P. *Die Bambuti-Pygmaen vom Ituri*, v.2, parte 3, *Die Religion*. Brussels: Mem. Inst. Royal Colonial Belge, 1950.

SMELSER, Neil J. *Theory of Collective Behaviour*. London: Routledge & Kegan Paul, 1962.

SMITH, W. Robertson. *Lectures on the Religion of the Semites*. London: Black, 1894.

SPENCER, Paul. *The Samburu*: A Study of Gerontocracy in a Nomadic Tribe. London: Routledge & Kegan Paul, 1965.

STRINDBERG, August. *The Son of a Servant*: The Story of the Evolution of a Human Being. 1849-67. London: Jonathan Cape, 1967.

STRIZOWER, S. Clean and Unclean. *Jewish Chronicle* (London), 26 Aug. 1966.

TAYLOR, A. J. P. *English History 1914–1945*. London: Penguin, 1970.

THRUPP, Sylvia L. (Ed.). *Millennial Dreams in Action. Essays in Comparative Study*. The Hague: Mouton, 1962.

TREVOR-ROPER, H. R. *Religion, the Reformation and Social Change and Other Essays*. London: Macmillan, 1967.

TURNBULL, Colin, M. *The Forest People*. London: Chatto & Windus, 1961.

_____. *Wayward Servants*: The Two Worlds of the African Pygmies. London: Eyre & Spottiswoode, 1965.

TURNER, V. W. *Chihamba, the White Spirit. A Ritual Drama of the Ndembu*. Manchester: Manchester University Press, 1962.

_____. *The Drums of Affliction*: A Study of Religious Processes among the Ndembu of Zambia, International Africa Institute. Oxford: Clarendon, 1968.

VAN GENNEP, A. *The Rites of Passage* (translated by M. B. Vizedom and G. L. Caffee). London: Routledge & Kegan Paul, 1960.

WEIL, Simone. *Waiting on God*. London: Routledge & Kegan Paul, 1951.

WHORF, B. L. The Relation of Habitual Thought and Behaviour to Language. In: *Language, Culture and Personality: Essays in Memory of Edward Sapir*. Menasha, Wisconsin: Sapir Memorial Publication Fund, 1941.

WILSON, Bryan R. (Ed.). *Patterns of Sectarianism*. London: Heinemann Educational Books, 1967.

WOODBURN, James. *The Social Organization of the Hadza of North Tanganyika*. Doctoral thesis, University of Cambridge, 1964.

WORSLEY, Peter. *The Trumpet Shall Sound*: A Study of "Cargo" Cults in Melanesia. London: MacGibbon & Kee, 1957.

Índice remissivo

A
Aberle, D., 71-2, 238
abstinência às sextas-feiras, 58-9, 64, 70, 111-13, 116, 118-19, 121, 125, 293
abstinência e jejum, 119
academia e arte, 172
adultério, 204
África Central, 151, 222-23, 235
Agostinho, Santo, 163, 282-3
ajuan, 242
"Algumas formas primitivas de classificação" (Durkheim e Mauss) 143-4
aliança, 112, 137, 154
alienação, 85
alta classificação, 152, 155, 157, 268
América Central, 223
anomia, 145
antirritualismo, 57-62, 85, 284-5;
   causas, 105;
   Igreja Católica Romana, 58-9;
   navajo, 74
Antônio, Santo: velas, 68
antropologia social, 15
antropomorfismo, 276
anuak, povo, 107, 241-2
anurara (concha-moeda), 260
'Are'are (povo da Melanésia), 248-9;
   "Homem Grande", 249-51
Arianismo, 305
aristocracias: estrutura de papéis, 101
ascetismo 280-84;
   à afirmação 284
atos simbólicos, 57, 82, 174
Austen, J., 222

B
banto, religião, 75-7, 278
Barth, F. 81-3
Barthes, R. 164-5
basseri, nômades, 81-3, 106
Bernstein, B., 87-93, 95-7, 105, 296;

categorias discursivas, 89;
código linguístico, 90-2
biografia (Sartre), 102-3
bispos: EUA, 123-4
Bloor, D., 38
boxímanes: transe, 181
Braddon, R., 256-9
Brâmanes, 306
Brown, P., 37, 283
Bruxaria, 151-2, 222-7, 235-7;
    características, 226-7;
    fluidos corporais, 225;
    navajo, 237
Bruxas de Salem, As (Miller), 269
Bulmer, R., 113-4
Burridge, K., 251, 266
Buxton, J., 209

C
caçadores hadza, 214;
    divisão sexual, 216-7;
    menstruação, 214, 216
Cage, J., 149
Calley, M., 182
catecismos, 129
catolicismo *ver* Igreja Católica Romana
católicos franceses, 34
ceia do Senhor, 128
Centro Norueguês de Organização e Administração, 41
Cícero, 163
Circuncisão, 115
classe média, 65, 101, 279
classe trabalhadora: inglesa, 298;

não qualificada, 62
classe menos favorecida, 32
código elaborado, 90, 101, 297, 300, 311
código linguístico, 90
código restrito, 90-1, 94, 104-7, 137, 139, 297;
    ritual, 139
Cohn, N., 188, 288, 292
Colonialismo, 153, 264
comportamento sexual, 159-60
comunicação: animais, 56;
    não verbal, 158
comunidade fechada, 25-6, 275
Conferência de Bispos Católicos sobre a Prática Penitencial (1966), 124
congregação religiosa, 19
Constantino, imperador, 305
controle: social, 97;
    sistema, 150
conversão, 19, 282
corpo: comportamento, 50;
    ajeitado/desgrenhado, 171;
    controle (dincas), 202;
    estilos, 165;
    fluidos, 225;
    intestino, 48;
    símbolo do mal, 53;
    símbolos, 83;
    social e físico, 159-86
cosmologia, 142, 212, 281;
    ideias, 99
Cox, H., 80-1
crença: determinantes sociais, 273;

tipos, 157
criador onisciente, 234
crianças, 95-7, 102, 104-6, 108,
   122, 134-5, 141-2, 145-6,
   170, 236, 238-40;
   mãe inglesa, 142;
   socialização, 170
cristianismo, 48, 60; *ver também*
   protestantismo
Cristóvão, São, 68
culto de carga, 266
cultos de possessão: mulheres, 193
cultura, 159;
   primitiva, 65, 98;
   teoria, 41
Cultura dos teutões, A (Grønbech), 252
Curandeiros, 179-80

D
"dançar no Espírito", 183
Darby, J. N., 166
de Coppet, D., 248-9
de metades, sistema, 308-9
densidade populacional, 208
Deus, 48, 108;
   povo nuer, 79
dimensão frente-trás, 170
dinastia Ming, 254-5
dinca, povo, 78-9, 175, 178, 196-8;
   carne, 203;
   controle corporal, 202;
   mestre do arpão, 201-2;
   morte, 206;
   teoria política, 207-8;

transumância, 207
discursivas, 88-9, 98, 105, 138;
   categorias, 88;
   códigos, 98
discurso elaborado, 100
dissidente, enclave, 30
distância social, 47
Dixon, R., 300
Dualismo, 234
Duchesne-Guillemin, L., 234
Dumont, L., 279, 306
Durkheim, E., 20-6, 36, 46, 56,
   89-90, 144-5, 157, 172, 261,
   285, 303

E
Efervescência, 173-4
Eleazar, 112, 116
Encarnação, 48,68
enclave; dissidente, 30
Ensaios sobre a sociologia da percepção
   (Douglas), 37
Ensor, J., 148
escravos, 193-4
espírito da água: Duminea, 191;
   menor, 190-1
Estados Unidos da América
   (EUA) 123;
   catolicismo, 64;
   denominações cristãs, 87
estilo: corporal, 165;
   humilde (*lingua humilis*), 163;
   intermediário, 163;
   níveis, 163;
   sublime, 163

estrutura de papéis: aristocracias, 101
estudantes: protestos, 289, 309
etnografia, 77, 209, 214, 222
etnolinguistas, 138
Eucaristia, 66-7, 119, 125, 130
Evans-Pritchard, E. E., 78, 197-9, 203-4, 206
existencialistas, 102, 133-4
exogamia, 198
expansão econômica, 212

F
falar em línguas, 133
família, 239;
    autoridade, 94;
    controle, 96-7;
    estrutura, 141;
    militar, 103;
    pessoal, 106;
    posicional, 92, 101-4;
    sistema de papéis, 92;
    sistema pessoal, 95, 96
fantasmas: antepassado mae enga, 251
fatos sociais, 21-4
feng shui, sistema: geomancia, 253, 255
fenomenólogos, 168
filosofia ocidental, 234
Firth, R., 71, 175,
físico e social, corpo, 159, 186
Formas elementares da vida religiosa, As (Durkheim), 22
Fortes, M., 150-1

Fortune, R. F., 270
Freedman, M., 253-4
Freud, S., 56, 60, 160, 185
Fundação Russell Sage (Nova York), 37-39
Fundamentalistas, 34

G
garia, povo, 245-6, 265
geomancia: chinesa, 253-5, 261
Gana, 150-1
Goffman, E., 169
Goodenough, E. R., 119
grade e grupo, 147;
    tipos sociais, 268-270
Griffiths, R., 34
Gross, J., 36-8
grupo social, 74, 91, 138, 236, 262
guerra, 151;
    África Central, 151
Gulliver, P., 11, 153-4

H
Harrington, M., 290-1
Herberg, W., 87, 125
hierarquia, 29, 32-6, 38, 40, 92, 103, 105-6, 108, 112, 121, 124, 137, 150, 167, 171, 210, 230, 238-9, 242, 249, 306-7
hinduísmo, 24, 279
Homem Grande, 154, 250-1;
    Melanésia, 264, 266
Homicídio, 204-5, 213
Horton, R., 11, 78-9, 189, 192,

I

Iconoclastia, 242
Igreja Católica Romana, 17, 33, 34, 58, 128, 283;
  abstinência às sextas-feiras, 58-9, 64, 70, 111-3, 116, 118-121, 125
  América, 64;
  antirritualismo, 57, 60-1;
  Eucaristia, 66, 69, 86, 119, 125-130;
  França, 34;
Igreja Pentecostal, 133, 234;
  Londres, 234
Igualdade, 31-2
ilhéus de Dobu, 270
impessoal ao pessoal, 277
impessoalidade: sociedade industrial, 156
incesto, 198, 204;
  dinca, 205
inconsciência, 178
indianas ocidentais, seitas:
  Londres, 182
indígenas crow, 261, 299
infância, 92, 102-3, 116, 144
  inglesa: mãe, 142
Instituto Católico de Relações Internacionais, 122
Instituto de Tecnologia e Sociedade (Viena), 41
Instrução sobre o culto do mistério eucarístico, 129
intercultural, 45, 51
irlandês, povo, 59-62, 64-5, 70, 103, 111-13, 193

Irmãos Unidos, movimento dos, 226, 229
Irmãos Unidos de Plymouth, 229-70
Irmãos Unidos Exclusivos *ver* Irmãos Unidos, movimento dos
Isaías, 47-8

J

jantar: celebração dominical, 106
jejum e abstinência, 119-20,

K

Keynes, J. M., 196
Kingsley, M., 215
Klein, M., 134-5
Kluchhohn, C., 237
Knightly, P. e Simpson, C., 286
Kung, 178-80;
  boxímanes, 178, 181;
  deserto Kalahari, 178

L

Landau, S. e Jacobs, P., 279
Lawrence, D. H., 101
Lawrence, P., 246-7, 264-6
Lawrence, T. E., 286
Leach, E., 54, 302-3
lei: dada por Deus, 58
lepra, 26
Lévi-Strauss, C., 50, 161-2, 308-9
Levítico, 113
Lewis, I., 192, 200, 202
Lienhardt, G., 10, 78-9, 176, 178, 197, 201, 205-7, 237, 241-2

Lim, R., 41
limpeza contra bruxos, 235-7
lingua humilis, 164
linguagem, 18, 20-2, 33, 42, 47, 49, 64, 87-8, 94, 98, 104, 135, 165, 175, 265, 281, 285, 295, 300; *ver também* Bernstein
"linguagem da sogra", 300
Linguagem silenciosa, A (Hall), 161
línguas: dom das, 133, 182;
   falar em, 311
línguas nilóticas, 197
liturgia: reforma, 67
livros de oração, 129
Lloyd George, D., 52, 195
locais de sepultamento, 248-9
Londres, 108;
   escolas, 91;
   famílias, 91-2, 104, 140;
   seitas indianas ocidentais, 182-3
Lortz, J., 128
Lowie, R. H., 261, 299
lugbara, povo, 235

M
Macabeus, 112-16
mãe inglesa, 91-95
magia natural, 160
mágica, 59, 65-6, 68, 71, 79, 127, 131, 174, 210, 248, 280;
   civilização; natural, 160;
   teologia, 65, 68
Maimônides, 47-8
Maine, H. J. S., 138
Mal, 221-44

Malinowski, B., 104, 192
mandari, povo, 209-10;
   possessão espiritual, 210-11
   manifestação psicopática, 232
maniqueísmo, 133, 282;
Manual de Boa Conduta para Mulheres (Humphry), 49
Marshall, L., 178, 180
Martin, D., 133-4
Marwick, M. G., 222, 236
Mauss, M., 25, 46, 144, 159-61, 164
McCarthy, J., 269
Mediunidade espiritual e sociedade na África (Beattie e Middleton), 189
Meggitt, M. J., 251
Melanésia, 264, 266
Menstruação, 214
Merton, R. K., 56
mestre do arpão: dinca, 176-7, 201-2, 206
metodologia, 38
Middleton, J., 189, 235,
militares, famílias, 101-2
Mitchell, C., 222
Mitos, 70, 104, 144, 165, 192
mobilidade profissional, 96
modos à mesa, 171
moeda feita de dentes, 249
mórmons, 33
morte: dinca, 204
movimentos milenaristas, 188, 236, 271-2, 292
mudança social, 61-3, 145-7, 281-2
mulheres, 151, 157, 169, 177, 179-81, 188, 191, 193-5, 216-17, 242;

cultos de possessão, 192-3;
oru, 191;
vida social, 193-4
Mysterium Fidei (Papa Paulo VI), 125-6

N
nascimento virgem, 302
navajo, povo, 72-5, 79;
   antirritualismo, 75;
   bruxaria, 75, 237
ndembu, povo: rituais, 69
ndendeule, povo, 154
Neal, Irmã M. A., 64, 87
Needham, R., 10, 168-9
Nelson Darby, J., 166, 228-32
Neófitos, 19
Newfield, J., 55, 291
Newman, J. H., 305
nilótico, povo, 178, 196-7, 209, 211, 241
nômades: basseri, 82-3, 106;
   persas, 81-2, 139
Nova Guiné, tribos da, 80, 82, 153-5, 245, 251, 256, 262-63;
   cultos de carga, 263-4
Novo catecismo, 129
nuer, povo, 195-211;
   Deus, 78;
   religião, 78;
   ritos, 79
nyok, 211

O
Observador Romano, O (Bertrams), 120
ofícios e profissões, 172

Oliver, D. L., 250-1, 259-60
órgãos internos: Deus, 47-8
Ostrander, D., 38
Otto, R., 160-1

P
Padrões do sectarismo (Wilson), 61
Palavras, As (Sartre), 102-3
parentesco, 73, 105, 153, 197, 214-15, 247, 265-6
párias voluntários, 148
Parsons, T., 173;
   e Smelser, N., 63, 173
Pastores, 65, 103, 108, 130, 140, 197, 207, 212, 231, 237, 240
pastores rendille, 212;
   controle social, 212
Paulo VI, Papa (1966), 119, 125-6, 129
Pecado, 25-6, 59, 65-6, 69, 72, 75, 98-9, 108, 157, 174, 203-5, 208, 210-8, 272, 277, 294
Peiotistas, 72, 156
Penitência, 111, 119-24
Pentecostais, 182
pequeno grupo, 152-3, 155, 157, 268, 285
persas, nômades, 81-2, 139
pessoal, família, 95-6
pigmeus, 70-1, 75-9, 106, 108, 125, 139-40, 156, 158, 214, 217, 276;
   caçadores que utilizam redes, 76;
   Ituri, 70, 75, 158, 276;
   mbuti, 70, 76, 214, 278;
   parentesco, 214-5

poder sobrenatural, 71
porco, carne de, 70, 82, 112-7
posicional, família, 92, 101-4,
    107, 143, 145
possessão espiritual, 189, 198, 200,
    202, 208, 210;
    mandari, 210
Primeira Cruzada (1095), 288-9
Prisioneiro da graça (Carey), 16
privação, 62-3, 120-1, 184, 187,
    189, 193, 267
profetas, 189, 195, 199-200, 202,
    288
profissões e ofícios, 172
Protestantes, católicos, judeus
    (Herberg), 87
protestantismo, 127-8, 242, 307-8
proto-hierarquia, 36
psicanálise, 160, 185, 242-3
psicologia, 16, 21-2
Pureza e perigo (Douglas), 13, 15,
    17, 47, 113

Q
quaresma, 120, 123

R
Rayner, S., 32, 36, 38, 41
realidade: construto social, 274
redenção, 111, 122-3, 127
redes, caçadores que utilizam:
    pigmeus, 76-7
Reforma, 242
regra da pureza, 47, 170-1, 185,
    275, 290

regras alimentares, 113-5
relação social, 46, 92, 139, 296
religião: banto, 75;
    abordagem forense, 24-7;
    crow, 261;
    garia (Nova Guiné), 265;
    primitiva, 78;
    privada, 26;
    sacramental, 77;
    sociologia da, 17-8;
    transe, 172-3
religiosa, congregação, 17, 19, 22-3,
    182
Ressurreição, 311
Rio Tully, aborígenes do, 300
risco, 39-40
Risco e cultura (Wildavsky e
    Douglas), 40
Riso, 49-50
Ritual, 55-84;
    ação simbólica, 57, 65-6
    código restrito, 90-1, 94, 104-7,
        137-9;
    comunicação, 56;
    submissão, 56, 59;
ritualista primitivo, 107
Rivière, P., 223
Rousseau, J. J., 62
Rovere, R., 269

S
sacramento, 66-9, 126-7, 129, 293
sacrifício, 78, 116, 126, 127-8,
    198, 201, 203-5, 222, 242
sacrifício animal 210

Sacrifício eucarístico e a Reforma,
O (Clark), 127
Salmos, 47-8
samburu, povo, 175, 212
santos, 68, 86, 227-8, 230-1, 282, 311
Sapir, E., 87, 89
Sartre, J.-P., 102, 289-90
Schebesta, P., 79
sectarismo, 28-30, 34, 40, 61, 173, 226, 229-30
secularismo, 26, 81, 83
seitas, 27-31
servos, 193-4
Sexta-Feira Santa, 111
sexual: frustração, 188;
papel, 95;
relação, 54, 198
símbolo do mal: corpo, 53
símbolos condensados, 107
símbolos: corporais, 83;
condensados, 65-6;
cristãos, 69-70;
difusos, 69;
não verbais, 67, 104;
naturais, 45-54;
poder dos, 124;
socialmente determinados, 67
símbolos naturais: quatro sistemas, 52
Simpson, C. e Knightly, P., 286
sistema burocrático, 151
sistema de casta 306-7
sistema de classificação 144-5
sistemas alimentares, 39
sistemas tribais, 150

siuai, povo, 250, 259
Sivan, E., 34
Smelser, N.; e Parsons, T., 63
Smith, R., 67, 70
social, controle, 51, 97, 140, 167, 170-2, 181, 200, 212, 215, 221, 277, 280;
sociedade industrial, 218;
sociedade rendille, 212
socialização, 170
sociedade industrial: impessoal, 155-6;
controle social, 218
sociolinguistas, 87
sociologia da religião, 17-20, 42, 58
solidariedade: mecânica/orgânica, 90, 138
Spencer, P., 175, 212,
Spickard, J., 41
Status, 254
Strindberg, A., 238-40
Strizower, S., 113, 118
sucesso: pessoal, 99, 109, 261
Suécia: urbana (anos 1850), 238

T
tabu, 59, 65, 67, 71-2, 131, 205, 208, 214, 217, 247-8
tallensi, povo, 150, 152
tangu, povo, 251, 266
Tanzânia: ndendeule, 154
tensão, 63
teologia, 65
teoria social, 17
terapia convulsiva, 211

teutões, 252-4
Thompson, M., 11, 37-40
Thomson, R., lorde de Fleet, 255-60
Thurber, J., 169
tipos ideais, 20
tipos sociais, 156, 268, 301-2
transe, 175-81;
    boxímanes, 180-81;
    culto religioso, 175;
    dincas ocidentais, 176
    samburu, 175;
transgressão, 66, 69, 76, 204, 210, 213, 217-8
transubstanciação, 126
transumância, 207
tribos, 173
Tribos sem governantes (Lienhardt), 206
Trindade: perspectiva feminista, 41
trio, 223
Turnbull, C., 70, 75-7, 125, 214-5
Turner, V., 10, 69, 71

U
Universidade de Londres, 37

V
Van Gennep, A., 184
velas; Santo Antônio, 68

W
Weber, M., 20, 60, 142
Weil, S., 187
Werke (Weimar), 128
Whorf, B. L., 88
Wildavsky, A., 38-41
Wilson, B., 10, 61, 226-9

X
Xamanismo, 175
xavante, povo, 223

Z
Zâmbia, 69

SOBRE O LIVRO

Formato: 14 x 21 cm
Mancha: 23 x 44 paicas
Tipologia: Venetian 301 12,5/16
Papel: Off-white 80 g/m² (miolo)
Cartão Supremo 250 g/m² (capa)
1ª *edição Editora Unesp*: 2021

EQUIPE DE REALIZAÇÃO

Edição de texto
Giuliana Gramani (Copidesque)
Carmen T. S. Costa (Revisão)

Capa
Marcelo Girard

Editoração eletrônica
Eduardo Seiji Seki

Assistência editorial
Alberto Bononi
Gabriel Joppert